高等院校财经类规划教材

U0958301

管理会计

（第二版）

陈昌龙／主编

立信会计出版社
LIXIN ACCOUNTING PUBLISHING HOUSE

图书在版编目(CIP)数据

管理会计 / 陈昌龙主编. —2 版. —上海：立信会计出版社，2019.5(2025.2 重印)
高等院校财经类规划教材
ISBN 978-7-5429-6151-8

Ⅰ. ①管… Ⅱ. ①陈… Ⅲ. ①管理会计—高等学校—教材 Ⅳ. ①F234.3

中国版本图书馆 CIP 数据核字(2019)第 093600 号

责任编辑　孙　勇
封面设计　南房间

管理会计(第二版)

出版发行	立信会计出版社		
地　　址	上海市中山西路 2230 号	邮政编码	200235
电　　话	(021)64411389	传　　真	(021)64411325
网　　址	www.lixinaph.com	电子邮箱	lixinaph2019@126.com
网上书店	http://lixin.jd.com		http://lxkjcbs.tmall.com
经　　销	各地新华书店		

印　　刷	上海万卷印刷股份有限公司	
开　　本	710 毫米×1000 毫米	1/16
印　　张	15.5	
字　　数	295 千字	
版　　次	2019 年 5 月第 2 版	
印　　次	2025 年 2 月第 2 次	
书　　号	ISBN 978-7-5429-6151-8/F	
定　　价	34.00 元	

前言 Foreword

管理会计是从传统财务会计中分离出来、侧重于为企业内部改善经营管理、提高经济效益服务的会计分支，是多种学科相互融合的边缘性学科。管理会计在我国的应用始于20世纪80年代中期，伴随着我国市场经济的逐步深入，尤其是会计改革与发展“十三五”规划纲要的实施，围绕管理会计理论、指引、人才队伍、信息化和咨询服务的“4＋1体系”取得长足发展。

撰写一本充分展现管理会计研究和实践成果、理论与实务有机融合且易教易学的管理会计学教材，一直是我们多年的愿望，本书就是基于这一愿望而做出的一种努力与尝试。本书在充分借鉴近年来国内外管理会计学教材优点的基础上，还具有如下鲜明的特点。

通俗性。本书主要介绍管理会计的基本概念、基本内容和基本方法，力求深入浅出，不仅介绍“是什么”，而且还解释应该“怎么做”。

新颖性。本书在借鉴传统管理会计基本内容的基础上，大量吸收了近年来国内外管理会计理论研究的最新成果。

操作性。本书注重培养学生参与管理会计工作所需的基本技能和基本观念，以培养学生解决实际问题的操作能力，真正做到学有所得、学可致用。

本书由陈昌龙担任主编，负责撰写全书整体框架与体例设计，提出编写大纲，并对全书初稿进行修改与总纂。具体分工如下：陈昌龙编写第一、第二、第四、第七、第八章，周芹编写第三、第五章，张红侠编写第六、第九章，李海香编写第十章。

本书适用于高等院校经济类、管理类各专业的教学，也可作为企业管理人员的培训教材和自学参考书。本书配有 PPT 和习题参考答案，授课老师可发 E-mail 至 pastwater11@163.com 联系索取。

本书在编写过程中参阅了大量国内外专家的相关论著，在此致以诚挚的谢意。限于编者的学识水平，本书难免存在不足甚至谬误之处，诚望广大读者批评指正。

编　者

2019 年 6 月

目录 Contents

第一章　管理会计概论

【本章导读】

管理会计是运用一系列专门的方法，通过确认、计量、归集、分析、编制、解释、传递等一系列工作，为管理和决策提供信息，并参与企业经营管理，以提高经济效益为最终目的的会计信息处理系统。管理会计主要包括预测决策会计、规划控制会计和责任会计。管理会计目标包括确定各项经营目标、合理使用经济资源、调节控制经营活动、评价考核经营业绩。管理会计具有预测经营前景、参与经营决策、规划经营目标、控制经济过程、考核评价经营业绩的职能。管理会计与财务会计是现代企业会计的两大分支，它们之间既有联系也存在一定的区别。

通过本章学习，理解管理会计的概念，掌握管理会计的基本内容、目标和职能，掌握管理会计与财务会计的关系。

第一节　管理会计的定义

对于什么是管理会计，国内外会计学界众说纷纭。有学者认为管理会计就是预测、决策会计，还有学者认为管理会计是为企业内部管理提供决策信息的内部会计。

一、国外会计学界对管理会计的定义

1952 年，会计师国际代表大会正式提出“管理会计”术语。美国会计学会管理

会计委员会在 1958 年和 1966 年两次提出："管理会计是指在处理本企业历史的和计划的经济资料时，运用被认为适当的技术和概念，协助经营管理人员拟定能达到合理经营目的的计划，并做出能达到上述目的的职能的决策。"这表明管理会计的活动领域局限于企业。

世界著名管理会计大师、哈佛大学卡普兰教授在 1982 年出版的专著《高级管理会计》中指出，"管理会计是一个对信息进行搜集、分类、汇总、分析和报告的系统，它有助于管理者进行决策和控制"。

1982 年，英国成本和管理会计师协会提出了一个观点，把审计以外的各个组成部分都界定为管理会计的范围，指出管理会计是"向管理当局提供所需要的信息的那部分会计工作，使当局得以确定方针政策；对企业的各项活动进行计划和控制，保护财产的安全；向企业外部人员反映财务状况；向企业职工反映财务状况；对各个行动的备选方案做出决策。为此，需要确定为达到各个目标而制定的计划（编制长期计划）；确定短期经营计划（编制全面预算）；对实际业务进行记录（财务会计）；采取行动纠正偏差，将未来的实际业务纳入控制轨道（财务控制）；获取并控制各种资源"。

1986 年，美国会计师协会管理会计实务委员会对管理会计的定义："管理会计是向管理当局提供用于企业内部计划、评价、控制以及确保企业资源的合理使用和经济管理责任的履行所需财务信息的确认、计量、归集、分析、编报、解释和传递的过程。管理会计还包括编制供诸如股东、债权人、规则制定机构及税务当局等非管理集团使用的财务报表。"这是一个广义管理会计的概念，包括了财务会计、成本会计和财务管理；管理会计的服务对象也从企业管理当局扩大到了股东、债权人、规则制定机构及税务当局等非管理集团。

1997 年，由美国著名管理会计学家罗伯特·S·卡普兰教授等四人合著的《管理会计（第 2 版）》中定义："管理会计是一个为组织的员工和各级管理者提供财务和非财务信息的过程。这个过程受组织内部所有人员对信息需求的驱动，并能引导他们做出各种经营和投资决策。"这一定义扩展了管理会计应用主体的外延，不仅在企业中，各类组织，包括事业单位、政府机关、学校、医院等非营利性的社会福利组织中也可以应用管理会计；会计的服务对象也从企业的管理者扩展到各级各部门的管理人员，甚至是每一位员工；过去管理会计仅限于用货币单位计量的财务信息，但该定义把管理会计对信息的收集和处理扩展到非财务信息。

1997 年，美国管理会计师协会对管理会计的定义："管理会计是提供价值增值，为企业规划设计、计量和管理财务与非财务信息系统的持续改进过程，通过此过程指导管理行动、激励行为、支持和创造达到组织战略、战术和经营目标所必需的文化价值。"该定义把管理会计的目标定位为提供价值增值，既考虑了短期的利润增加，也考虑了持续的利润增长；适应知识经济时代关于企业或组织只有持续改进、不断创新，才能降低成本、提高质量、增强自身的核心竞争能力、永保生机和活力的观念，提出了“持续改进”的概念；“激励行为”的表述渗透出行为科学将对管理会计的重大影响；另外，战略管理会计等新领域在定义中也得以体现。

2009年美国管理会计师协会(IMA)公布了最新的管理会计综述——《管理会计定义》。其定义是：“管理会计是一个包括支持管理决策制定、计划及绩效管理系统，并且在财务报告和控制中提供专业见解，在战略制定过程中辅助管理的职业。”IMA认为，对于管理会计的重新定义可以有许多作用，可以是教学的基础、评估实务人士的方法、定义这一职业在目前和将来社会中的地位等。

从以上美国会计学界对管理会计属性认识的演变过程中可以看出，管理会计属性在不断进化，不断适应经济的发展、环境的变迁。在这个过程中，管理会计是一个信息系统的观点似乎是人们的共识；为企业管理者提供用于经营决策和战略决策信息是其基本的目的，这些信息不仅要包括财务信息，各种非财务信息在管理会计中的作用也应当受到人们的重视。随着信息经济学、行为科学、代理理论等知识不断引入到管理会计中，管理会计的内容范围不断扩大、方法不断演进。

二、国内会计学界对管理会计的定义

在国内，对什么是管理会计也存在着多个不同的观点。

汪家佑教授认为，管理会计是西方企业为了加强内部经营管理、实现最大利润的目的，灵活运用多种多样的方式方法，收集、加工和阐明管理当局合理地计划和有效地控制经济过程所需的信息，围绕成本、利润、资本三个中心，分析过去、控制现在、规划未来的一个会计分支。①

李天民教授认为，管理会计主要是通过一系列专门方法利用财务会计提供的资料及其他有关资料进行整理、计算、对比和分析，使企业各级管理人员能据以对日常发生的一切经济活动进行规划与控制，并帮助企业领导做出各种专门决策的一整套信息处理系统。②

温坤教授认为，管理会计是企业会计的一个分支，它运用一系列专门方法，收集、分类、汇总、分析和报告各种经济信息，借以进行预测和决策，制订计划，对企业经营业务进行控制，并对业绩进行评价，以保证企业改善经营管理，提高经济

① 汪家佑：《管理会计》，北京：经济科学出版社，1987。
② 李天民：《管理会计学》，北京：中央广播电视大学出版社，1984。

效益。①

我国《管理知识手册》(1983 年 9 月出版)中指出,"管理会计作为现代管理的方法之一,从传统的会计中分离出来,成为与财务会计并列的一门独立学科","现代管理会计就是把会计同现代管理技术结合起来,以会计提供的经济信息为基础,对经营管理各方面情况的变化和未来趋势进行预测,为领导进行正确决策提供最优化抉择,以便确定经营目标,引导和监督经济活动,达到增收节支,提高经济效益的目的"。

国内外学者对管理会计的各种定义虽有差异,但是又有许多共同的地方,这些论述对于理解和研究管理会计是十分重要的。

三、管理会计的定义

本书认为:管理会计是以现代管理科学和会计学为基础,以加强企业内部管理为目的,运用科学的方法,通过对企业经营活动过程进行预测与决策、规划与控制以及考核与评价,为企业管理人员提供信息的管理活动。

正确理解管理会计应注意以下四点。

第一,从属性看,管理会计属于管理学中会计学科的边缘学科,是以提高经济效益为最终目的的会计信息处理系统。

第二,从范围看,管理会计既为企业管理者的管理目标服务,同时也为股东、债权人、规章制度制定机构及税务当局甚至国家行政机关等服务。也就是说,其研究范围并不局限于企业。

第三,从内容看,管理会计既要研究传统管理会计所要研究的问题,也要研究管理会计的新领域、新方法,并且应把成本管理纳入管理会计研究的领域。

第四,从目的看,管理会计要运用一系列专门的方法,通过确认、计量、归集、分析、编制与解释、传递等一系列工作,为管理和决策提供信息,并参与企业经营管理。

第二节　管理会计的形成与发展

管理会计是现代会计学重要的一个分支,是经济发展到一定阶段的产物。随着社会经济的不断发展,管理会计的基本特征也在发生着改变。管理会计从 20 世

---

① 温坤:《管理会计学》,北京:中国人民大学出版社,1989。

纪初产生到现在，其发展大致经历了三个阶段：传统管理会计阶段、现代管理会计阶段以及战略管理会计阶段。

一、传统管理会计阶段——以成本控制为基本特征

19世纪的工业革命使得生产力得到了空前的发展，企业的规模也迅速扩大。为了适应这种发展，企业的经营权与所有权发生了分立。由于企业的所有者不再参与企业具体的经营管理，所以对会计的要求也相应提高。在这个时期，泰罗(F. W. Taylor)提出了科学管理理论，该理论的主要观点就是提高劳动生产率，使每个人都发挥最大的工作效率。科学管理理论要求为每一个岗位挑选合适的工人，并采用科学方法对工人的操作方法、使用的工具、劳动和休息时间进行安排；消除工人重复、多余的劳动，使工人的动作都标准化，从而提高工人的工作效率。同时，科学管理理论实行激励性的工资制度，通过工时研究确定工资标准，实行差别计件工资制，并根据工人的实际工作表现确定工资。该理论的发展使得企业产量得到了大规模的提高，同时对成本管理的要求也更加严格。

在这个阶段，标准成本制度、预算控制制度和差异分析制度等相应产生，这些内容构成了管理会计体系的重要组成部分。1912年，美国会计学者奎因斯坦出版《管理会计—财务管理入门》一书。在这本书中，奎因斯坦首次提出了“管理会计”的概念，管理会计的理论体系逐步建立起来。

二、现代管理会计阶段——以预测、决策为基本特征

第二次世界大战以后，科学技术飞速发展。科学技术在企业中的应用范围越来越广，使得企业的生产效率进一步提高。商品市场从供不应求转变为供大于求，而消费者对于产品的要求也越来越高，简单雷同的商品不再能满足消费者的需要。而科学管理理论推崇的单一品种大批量生产不再适应经济发展的需要。企业想要扩大市场、提高盈利能力就必须采用按顾客要求进行多品种小批量生产。在这一阶段，仅仅依靠成本管理已经不能给企业盈利提供保证。企业想要在市场上站稳脚跟就必须对市场的变化做出正确的预测。传统的管理会计重点是确定标准成本，提高生产效率，而现代管理会计必须为管理层提供更多的有助于其决策的信息，如全面预算。管理会计体系在这一时期得到了进一步完善，内容涵盖了预测、决策、预算、控制、考核和评价这几个方面。

(1) 预测。预测主要是利用过去的信息对企业未来的经营状况进行推测，包括销售预测、成本预测、利润预测以及资金预测。

(2) 决策。决策主要是利用历史数据以及预测数据对企业可采纳的各种经营方案做出评价，为管理者提供决策依据。如生产决策(企业生产何种产品，各种产品之间如何组合，亏损产品是否应该停产，半成品是进一步加工还是直接出售，零部件是自制还是外购等)、定价决策(产品应该如何确定价格)、长期投资决策(各个投资项目如何进行比较评价)。

(3) 预算。预算是指企业经营者为了实现未来一定时期的经营目标，以货币为计量单位，对企业所拥有的资源，进行科学合理的规划、测算和分配，以约束企业的经营活动，保证经营目标顺利完成的一系列具体计划，包括业务预算、财务预算等。

(4) 控制。控制是指为了保证预算的顺利完成，对企业的销售、生产、供应、财务等活动进行调节或干预，包括成本控制和责任会计等。

(5) 考核和评价。考核和评价主要是将经营的结果与预算进行比较，确定是否存在差异，并找到形成差异的原因，对企业下一期的预算进行调整，并对相关责任人进行奖惩。

三、战略管理会计阶段——以重视环境为基本特征

美国哈佛大学教授波特将战略定义为："战略是公司为之奋斗的一些终点与公司达到他们而寻求的途径的结合物"。20 世纪 50 年代末，战略从军事领域扩展到经济领域。战略管理理论得到发展和完善。1981 年，英国著名管理学家首次提出了"战略管理会计"一词。战略管理会计概念的提出，将战略管理与管理会计有机地结合到了一起。战略管理会计要求收集并分析与企业战略有关的信息，特别强调对竞争对手管理会计信息的收集与分析。战略管理会计与传统管理会计有着很大的不同。传统管理会计是一种对内的会计，其分析处理的重点仍是企业自身，强调为企业内部的管理职能服务。而战略管理会计扩大了管理会计处理信息的范围，从企业自身扩展到了顾客以及竞争对手，为企业的战略服务，强调企业整体、长远的利益。战略管理会计的出现对会计人员提出了更高的要求。传统管理会计只要求会计人员处理企业内部的财务信息。然而战略管理会计却要求会计人员同时处理企业内部与外部的信息，而这些信息有的是财务信息，而有些则是非财务信息。所以，会计人员必须具有全局意识，综合素质要求也更高。

战略管理会计为企业战略服务，其基本内容也是围绕企业战略展开的，具体包括宏观环境分析、价值链分析、成本动因分析、竞争优势分析四个方面。

(1) 宏观环境分析。宏观环境分析要求企业管理人员关注宏观环境的变化。企业的发展与宏观环境密不可分。企业想要获得持续地发展就必须意识到宏观环境的变化可能会带来的机会与威胁，并做好应对这种变化的准备。

（2）价值链分析。“价值链”由迈克尔·波特于1985年提出。价值链分析就是对企业创造价值的一系列活动进行分析，明确哪些活动可以为企业创造价值，可以为企业形成核心竞争力创造条件，价值链包括社会价值链、行业价值链、企业内部价值链以及竞争对手价值链。

（3）成本动因分析。所谓成本动因就是导致成本变化的因素。对成本动因进行分析就可以明确哪些是影响成本的关键因素，哪些是次要因素，然后就可以针对这些关键因素进行成本控制。

（4）竞争优势分析。竞争优势分析就是明确企业的竞争优势，调整企业的战略，使之在竞争日益激烈的环境中取得成功。企业的竞争优势可以通过波特的五力模型进行分析，即通过对新进入者的威胁、顾客讨价还价的能力、供应商讨价还价的能力，替代品的威胁以及现有竞争者的竞争进行分析。

随着经济的发展，管理会计涉及的内容也得到扩展，管理会计理念也在不断地发生着变化，管理会计在企业管理中占有越来越重要的地位，管理会计理论的发展也为管理会计实践工作提供更多的理论依据。

第三节 管理会计的内容、目标与职能

一、管理会计的内容

管理会计内容是指与其职能相适应的工作内容，包括预测分析、决策分析、全面预算、成本控制和责任会计等方面。其中预测分析和决策分析称为预测决策会计，全面预算和成本控制称为规划控制会计。预测决策会计、规划控制会计和责任会计三者既相对独立、又相辅相成，其中预测决策会计是前提，规划控制会计是核心，责任会计是保证，共同构成了现代管理会计的基本内容。

（一）预测决策会计

预测决策会计是以企业的经营目标为依据，运用一系列现代管理技术和方法预测企业前景，决定日常业务经营和长期投资活动的可行性方案，主要包括经营预测、短期经营决策和长期投资决策等方面，是现代管理会计形成的关键标志之一。

（二）规划控制会计

规划控制会计是指企业在进行预测与决策的基础上，将预测所确定的目标进

一步细化与分解，将决策所选取的最优方案进一步落实，从而制定出详细的预算，并对预算的执行情况进行监督与检查的过程，主要包括全面预算、成本控制等。

（三）责任会计

责任会计是指在组织企业经营时，按照分权管理思想划分各内部管理层次的相应职责、权限及所承担义务的范围和内容，通过考核评价各有关方面履行责任的情况，反映其真实业绩，从而调动企业全体职工积极性的管理会计子系统。责任会计的内容主要包括确定责任中心、落实责任预算、记录实际结果、比较执行情况、编制业绩报告、控制和调整生产经营活动等。

二、管理会计的目标

美国经济学家艾哈迈德·贝尔考依教授在其《管理会计概念基础》专著中指出管理会计的基本目标是帮助管理当局对资源的最优化使用做出决策。《关于印发〈管理会计基本指引〉的通知》(财会[2016]10 号)指出，"管理会计的目标是通过运用管理会计工具方法，参与单位规划、决策、控制、评价活动并为之提供有用信息，推动单位实现战略规划"。至于它的具体目标，应与其主要职能联系起来，表现在以下四个方面。

（一）确定各项经营目标

确定各项经营目标，包括对目标利润、目标销售量(或销售额)、目标成本、目标资金需要量的预测与确定；协助管理当局对计划期间重大经济问题做出专门决策(包括短期经营决策和长期投资决策)，以及在上述基础上编制出资源最佳配合与流动的全面预算与责任预算。

（二）合理使用经济资源

合理使用经济资源，包括在责权利相结合的基础上制定适合本企业具体情况的责任会计制度，并利用行为科学的原理与策略，充分调动职工的主观能动性，促使他们自觉自愿地以最少的人力、物力、财力和最低的资金占用来完成计划所规定的各项目标。

（三）调节控制经营活动

调节控制经营活动，包括事前制定成本控制制度和开展价值工程活动进行预防性和前馈性的控制与调节，以及日常根据各责任单位定期编制的业绩报告所反映的实际数与预算数的差异进行反馈性的控制与调节，借以保证各项经济目标的实现。

（四）评价考核经营业绩

评价考核经营业绩，包括利用标准成本制度结合变动成本计算法，对日常发生的经营活动进行追踪、收集和计算；定期根据各责任单位编送的业绩报告评价和考核它们的实绩与成果；确定它们履行经营管理责任的情况和应受的奖惩；总结经验、揭露矛盾，挖掘增产节约、增收节支的潜力，并及时提出合理化建议，促进生产效率的提高。

三、管理会计的职能

管理会计职能是指管理会计客观上所具有的功能。由于管理会计是管理学和会计学相结合的产物，为企业管理服务，所以管理会计职能也应当与企业管理的职能相匹配，其职能也是随着社会经济的发展而逐步扩大的。

（一）预测经济前景

预测经济前景，是指按照企业未来的总目标和经营方针，充分考虑经济规律的作用和经济条件的约束，选择合理的量化模型，有目的地预计和推测未来企业销售、利润、成本及资金的变动趋势和水平，为企业经营决策提供原始信息。

（二）参与经济决策

参与经济决策，是指根据企业决策目标收集、整理有关信息资料，选择科学的方法计算有关长短期决策方案的评价指标，并做出正确的财务评价，最终筛选出最优的行动方案。

（三）规划经营目标

规划经营目标，是指通过编制各种计划和预算，要求管理会计提供高质量的历史信息和未来信息，采用适当的方式，量化并说明未来经济活动对企业的影响。在最终决策方案的基础上，将事先确定的有关经济目标分解落实到有关预算中去，从而合理有效地组织、协调企业供、产、销，以及人、财、物之间的关系，并为控制和责任考核创造条件。

（四）控制经济过程

控制经济过程，是指将经济过程的事前控制与事中控制有机地结合起来。一方面，企业应监督计划的执行过程，确保经济活动按照计划要求进行，从而为完成目标奠定基础；另一方面，企业也应对采取的行动及计划本身的质量进行反馈，以确定计划阶段对未来期间影响经济变动各因素的估计是否充分、准确，从而调整计划或工作方式，以确保目标的实现。因此，为了实现控制职能，企业应建立完善的控制体系，确保该控制体系所提供的与经济活动有关的信息真实、完整，确保该控制体系能够适时、有效地调整计划及管理人员的行为。

（五）考核评价业绩

考核评价经营业绩，是指通过建立责任会计制度来实现的，即在各部门、各单位及每个人均明确各自责任的前提下，逐级考核责任指标的执行情况，找出成绩和不足，从而为奖惩制度的实施提供依据。

第四节　管理会计与财务会计的联系与区别

管理会计从传统的会计学分离出来以后，会计学中涉及日常会计核算及对外报告的那部分称为财务会计，在预测、分析、控制、决策、计划、评价、考核中除了成本会计那部分，剩下的部分就是管理会计。

一、管理会计与财务会计的联系

管理会计与财务会计是现代企业会计的两大系统，它们之间的联系主要表现在以下五个方面。

（一）起源相同

管理会计和财务会计源于同一母体，共同构成了现代企业会计系统的有机整体，两者相互依存、相互制约、相互补充。

（二）目标一致

管理会计与财务会计所处的工作环境相同，同为经济管理的重要内容，两者提供的会计报告都是为有关方面提供决策服务，最终目标都是为了改善企业经济管理、提高经济效益。在实现目标的过程中两者使用的方法相互渗透、相互促进。

（三）基本信息同源

管理会计与财务会计的原始资料大多相同，都以企业的经营信息为主要的信息来源。但管理会计一般不涉及会计核算的专门方法和固定程序，其信息可直接从财务会计的账册中取得，也可对来自财务会计的信息进行加工、处理、改制和延伸，再结合其他有关信息，进行计算、对比、分析后，以各种管理会计报表的形式向企业管理者提供。

（四）服务对象交叉

虽然管理会计与财务会计有内外之分，但服务对象并不严格、唯一，在许多情况下，管理会计的信息可以为外部利益集团所利用（如盈利预测），财务会计信息对企业内部决策也至关重要。

（五）某些概念相同

管理会计使用的某些概念，如成本、收益、利润等与财务会计相同，有些概念则是根据财务会计的概念引申出来的，如边际成本、边际收益、机会成本等。

二、管理会计与财务会计的区别

管理会计和财务会计既然是从会计这个大学科中分离出来，两者之间肯定是有差别的。管理会计与财务会计的区别主要表现在以下七个方面。

（一）会计主体不同

管理会计侧重于部分，应用主体视管理决策主体而定，可以是单位整体，也可以是单位内部的责任中心；而财务会计侧重于整体，通常以整个企业为会计主体。

（二）具体目标不同

管理会计作为企业会计的内部管理系统，其重点主要是为企业内部服务；财务会计的重点在于为企业外部各种利益主体提供高质量的会计信息。

（三）基本职能不同

管理会计主要履行预测、决策、规划、控制和考核的职能，属于“经营型会计”；财务会计主要履行核算、报告企业经营成果和财务状况的职能，属于“报账型会计”。

（四）核算依据不同

管理会计只根据内部的需要进行核算，不受财务会计“会计准则和会计制度”的限制和约束；财务会计必须按照国家统一的会计准则制度的规定进行核算和提供会计信息，具有强制性。

（五）方法程序不同

管理会计适用的方法灵活多样，工作程序性较差；而财务会计核算时往往只需要运用简单的算术方法，遵循固定的会计核算程序。

（六）信息特征不同

首先，管理会计信息跨越过去、现在和未来三个时态；而财务会计信息则大多为过去时态。其次，管理会计大多以没有统一格式、不固定报告日期和不对外公开的内部报告为信息载体；财务会计在对外公开信息时，其载体是具有固定格式和固定报告日期的财务报表。最后，管理会计在向企业内部管理部门提供定量信息时，除了价值单位外，还经常使用非价值单位，此外还可以根据部分单位的需要，提供定性的、特定的、有选择的、不强求计算准确的，以及不具有法律效用的信息；财务会计主要向企业外部利益关系主体提供以货币为主要计量单位的信息，并使这些信息满足全面性、系统性、连续性、综合性、真实性、准确性、合法性等原则和要求。

（七）规范程度不同

财务会计工作具有规范性和统一性，体系相对成熟，形成了通用的会计规范和统一的会计模式；管理会计缺乏规范性和统一性，体系尚不健全。

思考题

1. 管理会计的发展经历哪几个阶段？
2. 管理会计主要包括哪些内容？
3. 管理会计具有哪些目标？
4. 管理会计具有哪些职能？
5. 管理会计与财务会计具有哪些联系与区别？

练习题

一、单项选择题

1. 现代企业会计具有两大分支：一是财务会计，二是（　　）。

A. 成本会计 B. 预算会计 C. 税务会计 D. 管理会计

2. 在现代企业会计系统中，管理会计又可称为（ ）。

A. 算呆账的报账型会计 B. 外部会计

C. 算活账的经营型会计 D. 责任会计

3. 管理会计的基本内容包括预测决策会计、规划控制会计和（ ）。

A. 内部会计 B. 外部会计 C. 责任会计 D. 管理会计

4. 在某种意义上被称为“内部会计”的是（ ）。

A. 财务会计 B. 成本会计 C. 管理会计 D. 责任会计

5. 划分传统管理会计和现代管理会计两个阶段的时间标志是（ ）。

A. 19世纪90年代 B. 20世纪20年代

C. 20世纪50年代 D. 20世纪70年代

6. 下列项目中，不能够解释管理会计与财务会计之间共性特征的表述是（ ）。

A. 两者都是现代会计的组成部分 B. 两者具体目标相同

C. 两者共享部分信息 D. 两者相互制约、相互补充

二、多项选择题

1. 现代管理会计具有（ ）职能。

A. 预测经济前景 B. 参与经济决策

C. 控制经济过程 D. 规划经营目标

2. 下列项目中，属于在现代管理会计阶段产生和发展起来的有（ ）。

A. 规划控制会计 B. 预测决策会计

C. 责任会计 D. 管理会计师职业

3. 下列表述中，能够揭示管理会计特征的有（ ）。

A. 以责任单位为主体 B. 必须严格遵守公认会计原则

C. 工作程序性较差 D. 可以提供未来信息

4. 管理会计的内容与其职能相适应，包括（ ）。

A. 预测决策会计 B. 规划控制会计

C. 责任会计 D. 国际管理会计

三、判断题

1. 现代管理会计的特征在于以预测决策会计和责任会计为主，以规划控制会计为辅。 （ ）

2. 因为管理会计最初出现在西方社会，所以可以断定它是资本主义的必然产物。 （ ）

3. 因为管理会计只为企业内部管理服务，因此与对外服务的财务会计有着本

质上的区别。（　）

4. 管理会计既为企业管理服务，又属于整个企业管理系统的有机组成部分，处于企业价值管理的核心地位。（　）

5. 战略管理会计是当今管理会计理论研究的热点之一。（　）

6. 管理会计与财务会计的奋斗目标完全是一致的。（　）

7. 管理会计的职能是客观的，但它所起到的作用大小却受到人的主观能动性影响。（　）

8. 只有在企业中的执业管理会计师才能从事管理会计专业工作。（　）

第二章　成本性态分析

【本章导读】

成本性态是指在业务量变化时所表现出来的某种特性，研究成本性态是管理会计学的重要基石。成本按成本性态可以分为固定成本、变动成本和混合成本。成本性态分析就是在成本性态分类的基础上，按一定的程序和方法最终将全部成本分解为固定成本和变动成本两类，并建立成本函数模型的过程。成本性态分析方法通常有历史资料分析法、技术测定法和直接分析法。

通过本章学习，掌握成本性态分类与成本性态分析的概念及其区别，掌握固定成本、变动成本、混合成本的概念、特征及其类型，掌握混合成本分解的历史资料分析法，了解混合成本分解的技术测定法和直接分析法。

第一节　成本的概念与分类

一、成本的概念

在管理会计学中，成本及其分类不仅属于最基本的概念，而且往往被赋予与传统的财务会计学截然不同的含义。

财务会计将成本定义为生产成本或制造成本。成本是企业为生产一定种类和一定数量产品所发生的各种生产耗费。这是一个狭义的概念，是从会计角度来研究如何把为生产商品和提供劳务所发生的耗费和支出归集、计算出生产成本。

管理会计中使用的是广义的概念。成本是指企业在生产经营过程中对象化的、以货币表现的、为达到一定目的而应当或可能发生的各种经济资源的耗费。在管理会计的范畴中，强调成本形成的原因和所发生的必要支出，成本的时态可以是过去时、现在完成时或将来时。它不仅为核算服务，而且也为管理服务。

二、成本按经济用途分类

由于各种管理职能的目的不同，因而履行其所需的成本信息的要求也不尽相同，因此需要根据各种管理职能的要求来核算和提供符合各种用途的成本信息。按照企业管理的不同要求，成本一般是按经济用途分类。这是财务会计中有关成本分类的最主要方法，也是一种传统的成本分类方法。其分类结果主要用来确定存货成本和期间损益，满足对外财务报告的需要。成本按经济用途的不同可以分为制造成本和非制造成本两类。

（一）制造成本

制造成本，也称为生产成本，是指为制造产品或提供劳务而发生的支出。就制造企业而言，制造成本可根据其具体的经济用途分为直接材料、直接人工和制造费用。

1. 直接材料

直接材料是指在生产过程中直接用于构成产品主要实体的各种材料成本。这里所说的材料对具体企业而言，是指构成其产品的各种物资。例如，汽车制造厂所用的汽车轮胎购自橡胶厂，对橡胶厂而言，轮胎当然是产成品；而对汽车制造厂来说，轮胎只不过是汽车这一产品的原材料之一。

2. 直接人工

直接人工是指在生产过程中直接对制造对象施以影响以改变其性质或形态所耗费的人工成本。会计核算上即为生产工人的工资。

直接材料和直接人工的共同特征是都可以将其成本准确地归属于某一产品上，最能体现成本“归属性”这一传统意义上的本质属性。

3. 制造费用

制造费用是指为制造产品或提供劳务而发生的各项间接生产费用。从会计核算的角度看，包括直接材料、直接人工以外的，为制造产品或提供劳务而发生的、只是无法直接归属于某一产品的全部支出。制造费用内容复杂，通常可以进一步分为间接材料、间接人工和其他制造费用。

(1) 间接材料。间接材料是指在产品制造过程中被耗用、但不容易归入某一特定产品的材料成本,或者是不必要单独选择分配标准以确定其归属某一特定产品的材料成本,如各种工具、物料的消耗成本。

(2) 间接人工。间接人工是指为生产提供劳务而不直接进行产品制造的人工成本,如设备维护、维修人员的工资。

(3) 其他制造费用。其他制造费用是指不属于直接人工和直接材料的其他各种间接费用,如固定资产的折旧费、保险费、车间用动力费、照明费等。

应该指出的是,生产方式的改进对上述直接材料、直接人工和制造费用的划分或三者的构成有直接的影响。例如,生产自动化水平的提高会导致上述意义上的制造费用在生产成本总量中所占的比重增大;生产专业化分工的加深会导致制造费用的形象更加"直接化"。

当制造费用按一定的标准在各受益对象,即产品中分配完毕,制造成本也就演化成为所谓的"产品成本",即以产品品种来识别的成本。

(二) 非制造成本

非制造成本,也称为期间成本或期间费用,这些成本是根据它们发生的期间来确认的,主要包括销售费用、管理费用和财务费用。其中,销售费用是指为了销售产品和在产品销售过程中发生的各项费用,如专职销售人员的工资、销售机构固定资产的折旧费、广告费、宣传费、展览费、包装费等;管理费用是指企业行政管理部门为组织和管理生产而发生的各项费用,如董事经费、行政管理人员薪金、办公费、管理部门固定资产折旧费、财产保险费、业务招待费、技术转让费等;财务费用是指企业为筹集生产经营资金等而发生的费用,如利息支出、手续费、汇兑损失等。

三、成本按成本性态分类

成本性态,也称成本习性,是指在一定条件下成本总额与特定业务量之间的依存关系。这里的成本总额是指为取得营业收入而发生的全部成本费用,包括全部生产成本和非生产成本。这里的业务量是指企业在一定生产经营期间内投入或完成的经营工作量的统称,可以是产量、销量,也可以是直接人工小时、机器工作小时等。在简单条件下,业务量通常是指生产量或销售量。

成本性态具有相对性、暂时性和可转化性的特点。其中,相对性是指在同一时期内,同一成本项目在不同企业之间可能具有不同的习性;暂时性是指就同一企业而言，同一成本项目在不同时期可能具有不同的习性；可转化性是指在同一时空条件下，某些成本项目可以在固定成本和变动成本之间实现相互转化。

成本性态是指在业务量变化时所表现出来的某种特性。因此，成本总额与业务总量的依存关系是客观存在的，而且具有规律性。研究成本性态分类可以说是管理会计这一学科的重要基石，可以揭示成本与业务量之间的规律性联系，可使企业进行最优管理决策，改善经营管理绩效。管理会计作为决策会计，其许多决策方法特别是短期决策方法都必须借助于成本习性这一概念。按成本性态可以将企业的全部成本分为固定成本、变动成本和混合成本三类。

（一）固定成本

1. 固定成本的定义

固定成本是指在相关范围内成本总额不受业务量变动的影响而保持固定不变的成本。例如，行政管理人员薪金、办公费、财产保险费、按直线法计提的固定资产折旧费、职工教育培训费等，均属于固定成本。固定成本具有总额不变性和单位固定成本反比例变动性等特点。固定成本总额的不变性是指在相关范围内，其成本总额总是保持在同一个水平上；单位固定成本的反比例变动性是指单位固定成本与业务量的乘积恒等于一个常数的特征，即单位固定成本与业务量成反比关系。

2. 固定成本的性态模型

假设 y 表示成本总额，x 表示业务量，a 表示固定成本总额，则固定成本总额的性态模型可表示为

$$y = a$$

单位固定成本的性态模型可表示为

$$y = a/x$$

在 xoy 平面直角坐标系中，固定成本总额的性态模型是一条平行于 x 轴的直线；单位固定成本的性态模型是一条反比例曲线。固定成本的性态模型如图 2-1 所示。

【例 2-1】 某企业生产一种产品，其专用生产设备的租金为 60 000 元，该设备最大加工能力为 240 000 件/年。要求：计算当产量为 60 000 件、120 000 件、180 000件和 240 000 件时的单位产品负担的固定成本。

解 单位产品负担的固定成本计算如表 2-1 所示。

表 2-1　单位产品负担的固定成本

产量 x（件）	设备租金 a（元）	单位产品负担固定成本 a/x（元/件）
0	60 000	
60 000	60 000	1
120 000	60 000	0.5
180 000	60 000	0.33
240 000	60 000	0.25

从上例可以看出，每年可生产产品 240 000 件，在 0～240 000 件的范围内机器设备的租金总额保持不变，即每年均支付租金 60 000 元。尽管租用设备的总成本不变，但随着产量的变化，单位产品所负担的固定成本与产量成反比关系，即产量的增加会导致单位产品负担的固定成本下降，反之亦然。如表 2-1 所示，每件产品的租金成本从 1 元/件降至 0.25 元/件。

将[例 2-1]的有关数据在坐标图中表示，固定成本的性态模型如图 2-1 所示。

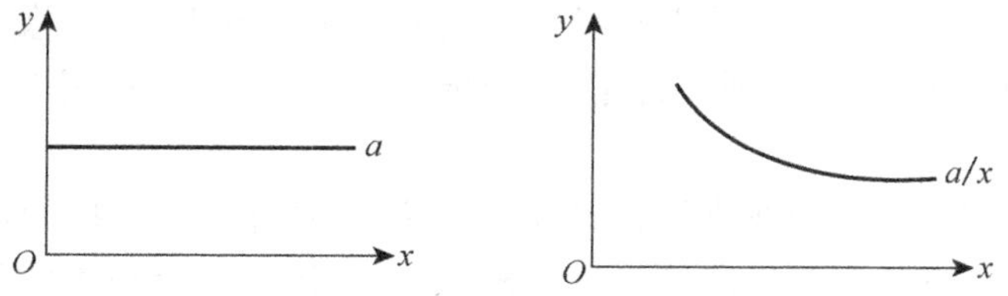

图 2-1　固定成本的性态模型

3. 固定成本的分类

固定成本按其是否受管理当局短期决策行为的影响，可进一步细分为酌量性固定成本和约束性固定成本。区分固定成本的意义在于寻求降低固定成本的正确途径。

1）酌量性固定成本

酌量性固定成本，也称为选择性固定成本或任意性固定成本，是指管理当局的决策可以改变其支出数额的固定成本。如广告费、租赁费、职工教育培训费、技术开发费等。酌量性固定成本具有以下特征：

（1）预算期较短，通常为 1 年。由于其预算额只在预算期内有效，因此企业的经理人员可以适应情况的变化及时调整不同预算期的开支数额。

（2）成本支出数额大小由企业根据经营方针确定。因此，管理当局的判断能力高低就显得非常重要了。

当然,这并不意味着酌量性固定成本可有可无、可以拒绝。因为,从性质上讲,酌量性固定成本仍是企业的一种“存在成本”,是一种为企业的生产经营提供良好条件的成本,而非生产产品的成本。从短期看,其发生额同企业的业务活动水平并无直接关系。要降低这部分成本,应在预算时精打细算,在执行中厉行节约,在保证不影响生产经营的前提下尽量减少其支出总额。我们通常讲的降低固定成本总额就是指降低酌量性固定成本。

2) 约束性固定成本

约束性固定成本,也称为经营能力固定成本,是指管理当局的决策不能随意改变其支出数额的,用于形成和维护生产经营能力、对生产经营能力具有约束力的固定成本。如厂房及机器设备按直线法计提的折旧费、房屋及设备租金、财产税、财产保险费、照明费、管理人员薪金等,均属于约束性固定成本。约束性固定成本具有以下特征。

(1) 成本支出额大小取决于生产经营能力的规模和质量。它在很大程度上制约着企业正常的生产经营活动,管理当局的当前决策无法改变,即不能轻易削减此项成本。

(2) 预算期比较长。如果说酌量性固定成本预算着眼于在总量上进行控制,那么约束性固定成本预算则只能着眼于更为经济合理地利用企业的生产经营能力。

约束性固定成本是企业维持正常生产经营能力所必须负担的最低固定成本,其支出数额只取决于企业生产经营的规模和质量,因而具有很大的约束性,企业管理当局的当前决策不能改变其数额。正是由于约束性固定成本与企业的经营能力相关,因而又被称作“经营能力成本”,又由于企业的经营能力一旦形成,短期内难以改变,即使经营暂时中断,该项固定成本仍将维持不变,因而也被称为“能量成本”。

因此,约束性固定成本具有很大的约束性,要想降低约束性固定成本,只能从合理充分地利用其创造的生产经营能力的角度入手,提高产品产量,相对降低其单位成本。

4. 固定成本的相关范围

固定成本的“固定性”并不是绝对的,而是有限制条件的。这一条件通常称为“相关范围”。固定成本的相关范围具有以下两层含义。

(1) 相关范围是指特定的期间。固定成本表现为在某一特定期间内具有固定性。因为从较长时期看,所有成本都具有变动性,即使“约束性”很强的约束性固定成本也是如此。随着时间的推移,一个正常成长的企业,其经营能力无论是从规模上还是从质量上均会发生变化,如厂房扩大、设备更新、管理人员增加等,均会导致折旧费用、财产保险费、财产税、管理人员薪酬的增加。经营能力的逆向变化当然也同样会导致上述费用发生变化。由此可见，只有在一定的期间内，企业的某些成本才具有不随产量变动的固定性特征。

(2) 相关范围是指特定的业务量水平。因为业务量一旦超出这一水平，势必扩大厂房、更新设备和增加管理人员，相应的费用也势必增加。很显然，固定成本的固定性也是针对某一特定业务量范围而言的，如果脱离了一定的“相关范围”，固定成本的固定性将不复存在。

(二) 变动成本

1. 变动成本的定义

变动成本是指在相关范围内成本总额随着业务量的增减变动而成正比例变动的成本。例如，直接材料费、产品包装费、按件计酬的工人薪金、推销佣金及按加工量计算的固定资产折旧费等，均是典型的变动成本项目。变动成本具有变动成本总额正比例变动性和单位变动成本不变性的特点。变动成本总额正比例变动性是指在相关范围内，其成本总额随着业务量的变动而成正比例变动的特性；单位变动成本不变性是指无论业务量怎样变化其单位成本都保持在原有水平上的特性。

2. 变动成本的性态模型

仍以 y 表示成本总额，x 表示业务量，b 表示单位变动成本，则变动成本总额的性态模型可表示为

$$y = bx$$

在 xoy 平面直角坐标系中，变动成本总额的性态模型是一条通过原点，以单位变动成本 b 为斜率的直线。显然，单位变动成本越大，即斜率越大，变动成本总额线的坡度越陡。

如果以 y 表示成本，则单位变动成本的性态模型可表示为

$$y = b$$

在 xoy 平面直角坐标系中，单位变动成本的性态模型是一条平行于横轴的直线。变动成本的性态模型如图 2-2 所示。

【例 2-2】 某企业生产一种产品，单位产品的直接材料消耗量为 3 千克，原材料单价为 2 元/千克。要求：计算当产量分别为 200 件、400 件、600 件、800 件和 1 000 件时，耗用材料总成本和单位产品材料成本。

解 当产量分别为 200 件、400 件、600 件、800 件和 1 000 件时，耗用材料总成本和单位产品材料成本计算如表 2-2 所示。

表 2-2 耗用材料总成本和单位产品材料成本

产量 x（件）	材料总成本 bx（元）	单位产品材料成本 b（元）
200	1 200	6
400	2 400	6
600	3 600	6
800	4 800	6
1 000	6 000	6

由此可见，该企业发生的产品材料总成本（bx）与完成的产品产量成正比例变化趋势，但单位产品的材料成本（6 元）却与产量的多少没有任何关系。

将[例 2-2]有关数据在坐标图中表示，则变动成本的性态模型如图 2-2 所示。

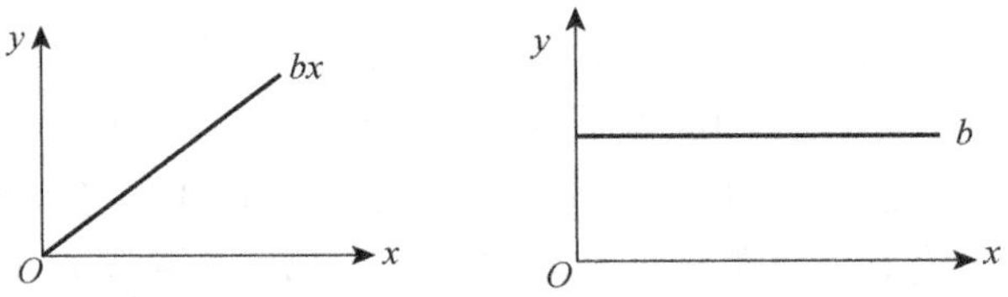

图 2-2　变动成本的性态模型

3. 变动成本的分类

变动成本可以根据其发生的原因分为酌量性变动成本和约束性变动成本。区分变动成本的意义在于寻求降低变动成本的正确途径。

（1）酌量性变动成本。酌量性变动成本是指通过企业管理当局的决策行动可以改变其支出数额的变动成本，如按产量计酬的工人薪金、按销售收入的一定比例计算的销售佣金等。这些支出比例或标准取决于企业管理当局的决策。当然，企业管理当局在作上述决策时不能脱离当时的市场环境。例如，在确定计件工资时就必须考虑当时的劳动力市场情况，在确定销售佣金时必须考虑所销售产品的市场情况，并由经理决定销售佣金的计提比例，因此这部分支出也属于酌量性变动成本。这类成本的显著特点是其单位成本的发生额可由企业最高管理层决定。要想降低这类成本，应当通过合理决策、优化劳动组合、降低材料采购成本、严格控制费用开支等措施来实现。

（2）约束性变动成本。约束性变动成本，也称技术性变动成本，是指企业管理当局的决策无法改变其支出数额的，并与业务量有明确的技术关系的变动成本。这类成本的实质是利用生产能力进行生产所必然发生的成本。它通常表现为企业所生产产品的直接物耗成本，以直接材料成本最为典型。当企业所生产的产品定型以后，上述成本的大小就具有了很大程度上的约束性。这类成本的改变往往也就意味着企业的产品改型了。如企业生产组装某计算机需用的部件，在外购价格一定的条件下，其成本属于受设计技术影响的与计算机产量成正比的技术性变动成本。要想降低这类成本，应当通过改进设计方案，改造工艺技术条件，提高劳动生产率、材料综合利用率和投入产出比率，以及避免浪费、降低单耗等措施来实现。

4. 变动成本的相关范围

与固定成本一样，变动成本的变动性，即"随着业务量的变动而成正比例变动"也有其"相关范围"。

从时间范围看，即使业务量保持不变，随着时间的推移，由于客观条件的变化，如价格波动等原因，也会使得单位产品成本发生改变。

从业务量范围看，通常当企业的产品产量较小时，单位产品的材料成本和人工成本可能比较高。但当产量逐渐上升到一定范围时，由于材料的利用可能更加充分、工人的作业安排可能更加合理等原因，会使单位产品的材料成本和人工成本逐渐降低。而当产量突破上述范围继续上升时，可能是某些变动成本项目超量上升，从而导致单位产品中的单位成本由降转升。因此，可以说明同一产品的生产，在小量生产、正常生产、超量生产这三种情况下，单位产品原材料和工时消耗量是不同的，所以不同产量上的单位变动成本也可能是不相等的。

（三）混合成本

1. 混合成本的定义

混合成本顾名思义是指那些"混合"了固定成本和变动成本两种不同性态的成本，也就是介于固定成本和变动成本之间，其总额既随业务量变动又不成正比例变动的那部分成本。如企业的电话费、机器设备的维护保养费等都属于混合成本。如前所述，人们为了进行决策特别是短期决策，需要将成本按成本性态划分为固定成本和变动成本。但现实经济生活中，许多成本项目并不直接表现为固定成本性态或变动成本性态。这类成本的基本特征是：其发生额的高低虽然直接受业务量大小的影响，但不存在严格的比例关系，人们需要对混合成本按性态进行近似的描述，只有这样才能为决策所用。其实，企业的总成本就是一项混合成本。它的存在具有客观必然性，这是因为全部成本按性态分类，并采用了"是否变动"和"是否正比例变动"的双重分类标志，其结果必然导致出现游离于固定成本和变动成本之间的混合成本。

2. 混合成本的分类

混合成本根据其发生的具体情况，通常可以分为半变动成本、半固定成本、延期变动成本和曲线式混合成本四类。

1）半变动成本

半变动成本，也称标准式混合成本。此类成本的特征通常是有一个基数部分，它不随业务量的变动而变动，体现着固定成本性态；但在基数部分以上，则随业务量的变动而成比例地变动，又呈现出变动成本性态。因此，此类成本是由固定成本和变动成本两部分组成的成本。企业的公用事业费，如水电费、电话费等均属于半变动成本。

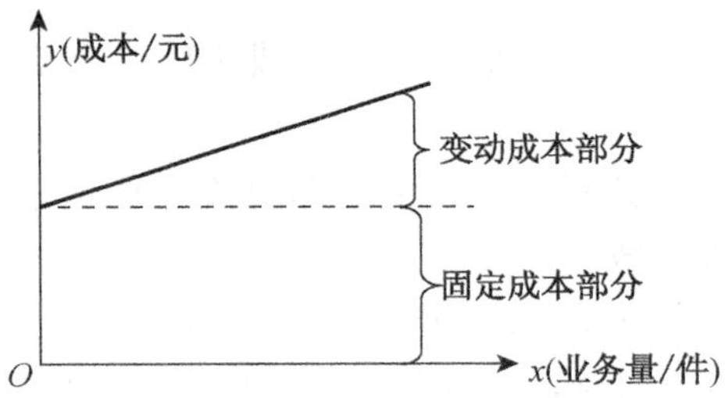

图 2-3　半变动成本模型

标准式混合成本是混合成本中较为普遍的一种存在类型，具有广泛的代表性。由于企业总成本实质上就是混合成本，因此企业总成本和半变动成本表现为相同的性态，也可以用 $y=a+bx$ 这样的数学模型来表示，如图 2-3 所示。

2）半固定成本

半固定成本，又称阶梯式混合成本。此类成本的特征是在一定业务量范围内，其成本不随业务量的变动而变动，体现着固定成本性态；但当业务量突破这一范围，成本就会跳跃上升，并在新的业务量变动范围内固定不变，直到出现另一个新的跳跃为止。从这些描述中不难看出，在每一个相关范围内半固定成本均体现着固定成本性态。那么，半固定成本与前述的固定成本有何差异呢？就某一特定企业而言，两者的差异表现在针对固定成本的业务量相关范围较大，直接取决于企业的经营能力，而半固定成本的业务量相关范围相对较小，固定成本的相关范围可以分割为若干个半固定成本的相关范围。半固定成本在这若干个相关范围内呈现阶梯式跃升，因而也被称为“阶梯式变动成本”。企业工资费用中化验员、质检员的工资，受开工班次影响的设备动力费，按订单进行批量生产并按开机次数计算的设备折旧费等，均属于半固定成本。

【例 2-3】　假设某企业的产品生产下线以后，需要经过专门的质检员检验方能入库。按照规定，每个质检员最多检验 500 件产品，也就是说产量每增加 500 件就必须增加 1 名质检员。假设质检员的工资标准为 2 000 元。要求：画出质检员工资支出的性态模型图。

解　质检员工资支出的性态模型图可以用图 2-4 表示。

3）延期变动成本

延期变动成本，也称低坡式混合成本。此类成本的特征是在业务量的某一临界点以下其总额表现为固定不变，超过这一业务量的限度，则表现为变动成本。例如，当企业职工的工资实行计时工资制，其支付给职工的正常工作时间内的工资总

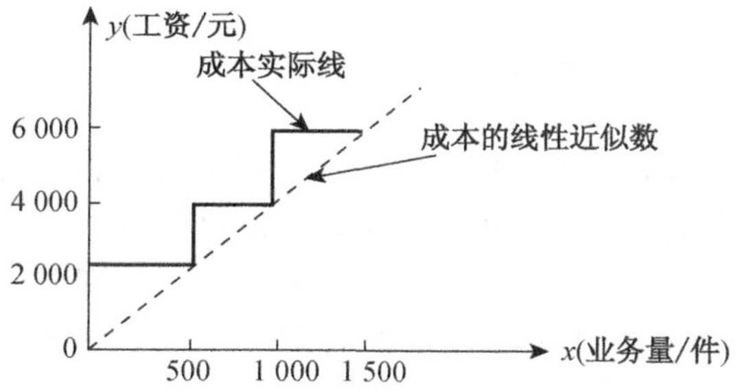

图 2-4　半固定成本模型

额是固定不变的；但当企业职工的工作时间超过了正常水平，企业需按规定支付加班工资，且加班工资的大小与加班时间的长短存在着某种比例关系。

延期变动成本的数学模型可以表现为图 2-5 所示。

假设某企业职工正常工作时间为 3 000 小时，正常工资总额为 30 000元（即小时工资率为 10 元），职工加班时按规定需支付 2 倍的工资。该企业工资总额的成本性态如图 2-5 所示。

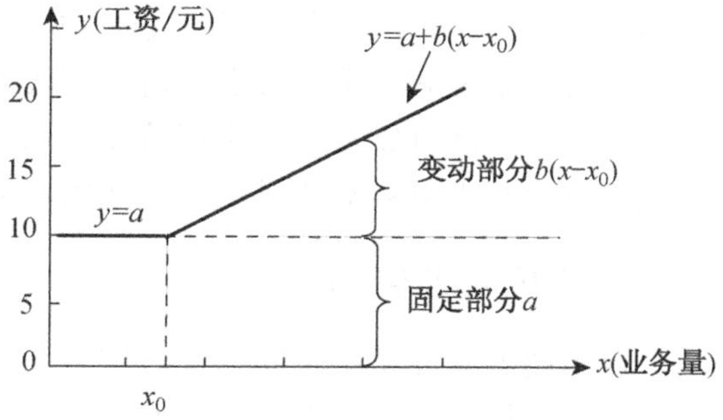

图 2-5　延期变动成本模型

将图 2-5 与图 2-3 中的半变动成本进行比较，不难看出，延期变动成本就是将横轴“延伸”至业务量“临界点”时的半变动成本。延期变动成本的数学模型可以表现为

$$y = a + bx$$

4）曲线式混合成本

曲线式混合成本通常有一个初始量，且保持不变，相当于固定成本；在这个初始量的基础上，成本随业务量变动但不存在线性关系，在平面直角坐标图上表现为一条抛物线。按照曲线斜率的变动趋势，这类混合成本可以分为递增型混合成本和递减型混合成本。

需要说明的是，现实经济生活中，成本的种类繁杂、形态各异，从性态划分成本也是如此。上述所介绍的固定成本、变动成本、混合成本当然不能囊括成本的全部内容，但至少可以将某一种成本近似地描述为某一种性态。

四、其他成本特性及分类

经营决策中,需要通过比较不同备选方案经济效益的大小进行最优化选择。而影响经济效益大小的一个重要因素就是成本的高低,在某些情况下,成本的高低甚至决定了备选方案的优劣。当然,与财务会计相比,管理会计进行决策所应用的成本概念不仅在内涵上而且在外延上都有很大不同。为此,必须熟悉这些成本特性。

(一)成本的时效性

成本的时效性是指不同时期发生的成本会对决策产生不同的影响。按照成本的时效性可将成本分为沉没成本、重置成本和付现成本。

沉没成本是指过去已经发生并无法由现在或将来的任何决策所改变的成本,也即“历史成本”。由于沉没成本是对现在或将来的任何决策都无影响的成本,因此决策时不予考虑。重置成本是指目前从市场上购买同一项原有资产需支付的成本,亦可称为“现时成本”或“现行成本”。付现成本是指由现在或将来的任何决策所能够改变其支出数额的成本。付现成本是决策必须考虑的重要影响因素。

(二)成本的差异性

成本的差异性是指不同备选方案发生的成本一般是不会相等的,即存在着差异和分歧。按照成本的差异性可将成本分为差量成本和边际成本。

差量成本是指两个备选方案的预期成本的差异数额。边际成本是指产品成本对产品产量无限小变化的变动部分,其实质是在企业的生产能力的相关范围内,每增加或减少一个单位产量而引起的成本变动数额。

(三)成本的排他性

成本的排他性是指任何一项成本支出,用于某一方面就不能同时用于另一方面的特性。按照成本的排他性可将成本分为机会成本和实付成本。

机会成本是指在使用资源的决策分析过程中,选取某个方案而放弃其他方案所丧失的“潜在收益”(即可能实现的收益)。实付成本是指过去和现在实际发生的现金流出,并应记入会计账册的成本。

(四)成本的可避免性

成本的可避免性是指成本中有一部分可随管理当局的决策行动改变其数额的

特性。按照成本的可避免性可将成本分为可避免成本和不可避免成本。

可避免成本是指通过管理当局的决策行动可改变其支出数额的成本。不可避免成本是指通过管理当局的决策行动不能改变其支出数额的成本。

（五）成本的可递延性

成本的可递延性是指已决定选用的方案的成本中，有一部分推迟到以后会计年度再行支付的特性。按照成本的可递延性可将成本分为可递延成本和不可递延成本。

可递延成本是指在企业财力负担有限的情况下，对已决定选用的某一方案如推迟执行，还不致影响企业大局，那么与这一方案有关的成本，就称为“可递延成本”或“可延缓成本”。不可递延成本是与可递延成本相对立的成本，若对其暂缓开支会对企业未来生产产生重大不利影响，即使在企业财力负担有限的情况下，也必须及时保证对不可递延成本的支付，也称为“不可延缓成本”。

（六）成本的可溯性

成本的可溯性是指固定成本中有一部分可被认定归属于某些特定成本对象的特性。按照成本的可溯性可将成本分为专属成本和共同成本。

专属成本是指明确可归属于某种、某批次或某个部门的固定成本。共同成本是指那些需由几种、几批或几个有关部门共同分担的固定成本。

（七）成本的可分性

成本的可分性是指在联产品或半成品成本中，有一部分可按阶段分开。按照成本的可分性可将成本分为可分成本和联合成本。

可分成本是指联产品或半成品在进一步加工阶段中所需追加的变动成本和固定成本。联合成本是指联产品或半成品在进一步加工前所发生的变动成本和固定成本。

（八）成本的相关性

成本的相关性是指成本中有一部分与当前或未来的决策有关联。按照成本的相关性可将成本分为相关成本和无关成本。

相关成本是指与未来决策有关联的成本。该方案采用，该成本就发生，否则该成本就不会发生，如重置成本、付现成本、差量成本、边际成本、机会成本、可避免成本、可递延成本、专属成本、可分成本等。无关成本是指过去已经发生，或虽已发生但对未来决策没有影响的成本概念，如沉没成本、实付成本、不可避免成本、不可递延成本、共同成本、联合成本等。

第二节 成本性态分析

一、成本性态分析的定义

成本性态分析就是在成本性态分类的基础上，按一定的程序和方法最终将全部成本分解为固定成本和变动成本两类，并建立成本函数模型的过程。成本按性态分类是管理会计学科的重要贡献之一，而对各项成本进行成本性态分析也是采用变动成本法的前提条件。实际工作中固定成本与变动成本只是经济生活中诸多成本性态的两种极端类型，多数成本是以混合成本的形式存在的，因而需要将其进一步分解为固定成本和变动成本两部分。在实践中，人们往往在一类成本中选择具有代表性的成本项目进行形态分析，并以此为基础推断该类成本的性态。这样做，只要分类合理、选择得当，就可以以一个较低的分解成本而获得一个相对而言较为准确的结果。

成本性态分析是管理会计的一项最基本工作，研究成本性态分析是在成本分类和一元线性假设的基础上进行的。它可以把握成本与业务量之间的依存关系和变动规律，也是采用变动成本法的前提；成本性态分析为企业应用本量利分析、进行经营决策和实行责任会计奠定了基础。因而成本性态分析具有十分重要的意义。

二、成本性态分析的方法

成本性态分析方法很多，通常有历史资料分析法、技术测定法和直接分析法。

（一）历史资料分析法

历史资料分析法是根据企业以往若干期成本与业务量的相关历史资料，运用数学方法进行数据处理，以完成成本性态分析任务的一种定量分析方法。历史资料分析法的基本原理是：在既定的生产流程和工艺设计条件下，历史数据可以比较准确地表达成本与业务量之间的依存关系，而且只要生产流程和工艺不变，这种相互关系还可以应用到现在或将来的决策当中。

历史资料分析法通常又分为高低点法、散布图法和回归分析法三种。

1. 高低点法

高低点法是历史资料分析法中最简便的一种成本性态分析方法。高低点法的基本原理是任何一个项目的混合成本都是由固定成本和变动成本两种因素构成，因而它的成本函数模型与总成本函数模型一样，可用 $y=a+bx$ 来表示。在这个相关范围内，固定成本 (a) 既然不变，那么总成本随业务量的变动而产生的变动就全部为变动成本。

高低点法是以某一期间内最高业务量（即高点）的混合成本与最低业务量（即低点）的混合成本的差额，除以最高业务量与最低业务量的差额，以确定业务量的成本变量（即单位业务量的变动成本额），进而确定混合成本中的变动成本部分和固定成本部分。高点和低点的选择，完全是出于尽可能覆盖相关范围的考虑。

高低点法分解混合成本的计算步骤如下。

第一步，选择高低点坐标。在一定时期内的历史资料中，找出最高点业务量及其对应的成本 (x_1, y_1) 和最低点业务量及其对应的成本 (x_2, y_2)，即

$$y_1 = a + bx_1 \tag{2-1}$$

$$y_2 = a + bx_2 \tag{2-2}$$

第二步，计算 b 值。将两式相减，则有

$$y_1 - y_2 = b(x_1 - x_2) \tag{2-3}$$

即

$$b = (y_1 - y_2)/(x_1 - x_2) \tag{2-4}$$

第三步，计算 a 值。将式(2-4)代入式(2-1)或(2-2)，则有

$$a = y_1 - bx_1 \quad 或 \quad a = y_2 - bx_2$$

需要说明的是，高低点坐标的选择必须以一定时期内业务量的高低来确定，而不是按成本的高低确定。

【例 2-4】　假定某企业 2×15 年 12 个月的产量和某项混合成本的有关数据如表 2-3 所示。要求：利用高低点法分解该项混合成本，并建立相应的成本函数模型。

表 2-3 某企业的产量与某项混合成本数据

月份	产量(件)	成本(元)
1	800	2 000
2	600	1 700
3	900	2 250
4	1 000	2 550
5	800	2 150
6	1 100	2 750
7	1 000	2 460
8	1 000	2 520
9	900	2 320
10	700	1 950
11	1 100	2 650
12	1 200	2 900

解 由表 2-3 可知,该企业 2×15 年产量最高点在 12 月份,为 1 200 件,相应电费为 2 900 元;产量最低点在 2 月份,为 600 件,相应电费为 1 700 元。

根据题意计算如下。

$$b = (2\,900 - 1\,700) \div (1\,200 - 600) = 2(\text{元}/\text{件})$$
$$a = 2\,900 - 2 \times 1\,200 = 500(\text{元})$$

以上计算表明,该企业这项混合成本属于固定成本的为 500 元;单位变动成本为每件 2 元,以数学模型来描述这项混合成本为

$$y = 500 + 2x$$

运用高低点法分解混合成本应注意以下几个问题。

(1) 高点和低点的业务量为该项混合成本相关范围,超出这个范围不一定适用所得出的数学模型。之所以说"不一定",是因为如果超过相关范围,则需要重新用高低点法计算固定成本 a。

(2) 高低点法是以高点和低点的数据来描述成本性态的,其结果会带有一定的偶然性。这种偶然性会对未来成本的预计产生影响。因此,在使用高低点法描述成本性态的时候,往往会对其模型进行一些修正。

(3) 当高点或低点业务量不止一个(即有多个期间的业务量相同且同属高点

或低点)而成本又不同时,高点应取成本最大者,低点应取成本最小者。

高低点法优点在于简便易行,便于理解。缺点是由于它只选择了历史资料中的两组数据作为计算依据,使得建立起来的成本性态模型很可能不具有代表性,容易导致较大的计算误差。因此,这种方法只适用于成本变动趋势比较稳定的企业。

2. 散布图法

散布图法,也称为布点图法或目测画线法,是指将所分析的各期业务量和成本的历史数据在坐标图上标注,形成散布的成本点,通过目测画出一条尽可能接近所有坐标点的直线,并据此来推算固定成本和单位变动成本的一种成本性态分析方法。它的基本原理与高低点法一样,也认为混合成本的性态可以被近似地描述为 $y=a+bx$,只不过 a 和 b 是在坐标图上得到的。

散布图法的基本步骤如下:

第一步,设立坐标图。在坐标图中,以横轴表示业务量 x,以纵轴表示混合成本 y。

第二步,标注散布点。将各种业务量水平下的混合成本逐一标明在坐标图上,由此绘制的图为散布图。

第三步,通过目测画出成本线。通过目测,在各成本点之间画出一条反映成本变动平均趋势的直线(理论上这条直线距各成本点之间的离差平方和最小)。这条直线与纵轴的交点就是固定成本,斜率则是单位变动成本。

第四步,确定固定成本的平均值和计算单位变动成本。所画的直线与纵轴的交点即为固定成本。在所画的直线上任取一点,即可对应地查出成本的值,则由 $b=(y-a)/x$ 计算得到单位变动成本。

【例 2-5】 仍以[例 2-4]的有关数据为依据。要求:采用散布图法对该企业的混合成本进行分解。

解 这项混合成本的性态可以通过坐标图的方式来表达,如图 2-6 所示。

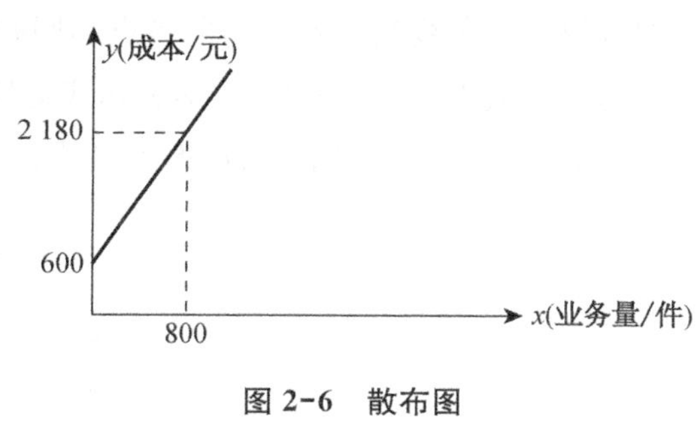

图 2-6 散布图

本例所确定的固定成本即所画直线与纵轴的交点,为 600 元。根据所画直线,选择产量为 800 件,混合成本按坐标图查得为 2 180 元,则单位变动成本为

$$b=\frac{y-a}{x}=\frac{2\,180-600}{800}=1.975(\text{元/件})$$

根据散布图法得到 a 和 b 的值后，这项混合成本用数学模型表示就是

$$y = 600 + 1.975x$$

散布图法的优点是全面考虑了已知的所有历史成本数据，其图像可以反映成本的变动趋势，形象直观、易于理解，并且排除了高低点法的偶然性，因而计算结果较高低点法更为准确。尽管散布图法与高低点法原理相同，但两者除基本做法相异之外还有两点差别：一是高低点法先有 b 值而后有 a 值，散布图法则正好相反；二是虽然散布图法通过目测得到的结果仍不免带有一定程度的主观臆断性，但由于该法是将全部成本数据均作为描述混合成本性态的依据，因而较之高低点法还是要准确一些。

3. 回归分析法

回归分析法，也称最小二乘法或最小平方法，它是运用数理统计中常用的最小平方法的原理，对所观测到的全部数据加以计算，从而确定最能代表平均成本水平的直线。如前所述，散布图法是通过目测的结果来确定混合成本性态的。不管相差大小，人们总是可以确定出多条反映成本性态的线来，而用目测的方法很难判断哪一条直线描述得更为准确。这条通过回归分析得到的直线就被称为回归直线，它的截距就是固定成本 a，斜率就是单位变动成本 b。这种分解方法也就被称作回归分析法。因为回归直线可以使各观测点的数据与直线相应各点的误差的平方和实现最小化，所以这种分解方法又被称为最小平方法。

回归分析法是根据若干期业务量和成本的历史资料，运用最小平方和原理计算固定成本(a) 和单位变动成本(b) 的一种成本性态分析方法。假定有 n 个(x，y) 的观测数据，那么就可以建立一组决定回归直线的联立方程式，定有一条由 a 和 b 两个数值决定的直线能够使各观测值(即成本 y) 与这条直线上相应各点的离差平方和最小，这条线当然就是离散各点的回归直线了。根据离差平方和等于最小值原理，对混合成本 $y = a + bx$ 数学表达式运用 $\sum(y_i - a - bx_i)^2 =$ 最小值这一数学性质，分别对 a 与 b 求偏导数，得出参数 a 与 b 的求解公式为

$$a = \frac{\sum y - b\sum x}{n}$$

$$b = \frac{n\sum xy - \sum x\sum y}{n\sum x^2 - (\sum x)^2}$$

对于 a 与 b 的求解推导也可以用简单的过程，即对方程 $y = a + bx$ 的每一项求和的形式表示，可得

$$\sum y = na + b\sum x \tag{2-6}$$

再将式(2-6)的每一项都乘以 x 得到

$$\sum xy = a\sum x + b\sum x^2 \tag{2-7}$$

由式(2-6)和式(2-7)求得

$$a = \frac{\sum y - b\sum x}{n} \tag{2-8}$$

$$b = \frac{n\sum xy - \sum x\sum y}{n\sum x^2 - (\sum x)^2} \tag{2-9}$$

根据 a 和 b 的计算公式即可得出方程

$$y = a + bx$$

【例 2-6】　仍以[例 2-4]的有关数据为依据。要求:采用回归分析法对该企业的混合成本进行分解。

解　根据历史资料列表,求 n,$\sum x$,$\sum y$,$\sum xy$,$\sum x^2$ 的值,如表 2-4 所示。

表 2-4　计算的各项数值

月份 n	产量 x(件)	混合成本 y(元)	x_iy_i	X_i^2
1	800	2 000	1 600 000	640 000
2	600	1 700	1 020 000	360 000
3	900	2 250	2 025 000	810 000
4	1 000	2 550	2 550 000	1 000 000
5	800	2 150	1 720 000	640 000
6	1 100	2 750	3 025 000	1 210 000
7	1 000	2 460	2 460 000	1 000 000
8	1 000	2 520	2 520 000	1 000 000
9	900	2 320	2 088 000	810 000
10	700	1 950	1 365 000	490 000
11	1 100	2 650	2 915 000	1 210 000
12	1 200	2 900	3 480 000	1 440 000
合计	11 100	28 200	26 768 000	10 610 000

$$b=(12\times 26\ 768\ 000-11\ 100\times 28\ 200)\div(12\times 10\ 610\ 000-123\ 210\ 000)$$
$$=1.99(\text{元}/\text{件})$$
$$a=(28\ 200-11\ 100\times 1.99)\div 12=509.25(\text{元})$$

则成本性态模型为

$$y=509.25+1.99x$$

需要注意的是，当回归直线的 b 值确定之后，可以通过式(2-6)，即 $\sum y=na+b\sum x$ 比较简便地得到 a 的值，但 b 的数值应该尽量保留尾数，否则误差较大。另外，采用回归分析法分解固定成本 a 和单位变动成本 b，应先要测试 y 与 x 之间的相关程度，确定有无分解的必要性。x 与 y 之间的相关程度可以通过计算相关系数说明。相关系数计算如下

$$r=\frac{n\sum xy-\sum x\sum y}{\sqrt{[n\sum x^2-(\sum x)^2][n\sum y^2-(\sum y)^2]}}$$

相关系数 r 的计算结果越接近于1，表明业务量与混合成本关联程度越高，用回归分析法分解的固定成本与变动成本越接近实际情况；反之，相关系数 r 越小，用回归分析法分解很可能歪曲混合成本的真实情况。

回归分析法利用了微分极值原理，相对而言计算比较麻烦，公式更为复杂。但与高低点法相比较，由于选择了包括高低两点在内的全部观测数据，因而避免了高低两点可能带来的偶然性；与散布图法相比较，则是以计算代替目测方式，所以是一种比较好的混合成本分解方法。回归分析法计算结果比高低点法和散布图法更为准确，分解的结果仍具有一定的假定性和估计的成分，决策者在据以决策时需加以考虑；同时，与高低点法和散布图法一样，应剔除非正常因素的影响。回归分析法更适用于采用计算机管理的企业。

（二）技术测定法

技术测定法，也称工程技术法，是指利用工业工程中投入产出的关系和项目财务评价方法来研究影响各有关成本项目数额大小的每个因素，即用各种材料、人工、费用的消耗数据与产量之间的直接联系，来合理区分哪些耗费是变动成本、哪些耗费是固定成本，并在此基础上直接估算出固定成本和单位变动成本的一种成本分解方法。

技术测定法分解混合成本的基本步骤如下：

第一步，在项目可行性研究基础上确定成本项目。

第二步，对导致成本形成的工业生产过程进行观测和分析。

第三步，确定工业生产过程的最佳操作方法。

第四步，以最佳操作方法为标准，测定成本项目的每一项构成内容，并按成本性态分别确定为固定成本和变动成本。

【例 2-7】 某企业新购置一台热处理设备(无历史成本资料)，其电耗属于混合成本，经技术人员测定，该设备每天使用前需要预热，耗电 5 度；每使用 1 小时耗电 20 度；电费每度 0.6 元。假设全月工作日为 22 天。要求：以月为单位，建立该企业热处理电费总成本分解的数学模型。

解 设每月电费总成本为 y，每月固定电费成本为 a，单位电费成本为 b，x 为热处理业务量。可用公式表示为

$$a = 22 \times 5 \times 0.6 = 66(\text{元})$$
$$b = 20 \times 0.6 = 12(\text{元})$$

该企业热处理电费总成本分解的数学模型为

$$y = 66 + 12x$$

在企业创立之前，必须进行项目的可行性研究。可行性研究报告中包括有关的工程设计说明书和成本费用估算表，规定了在一定生产条件下应耗用的材料、燃料、动力、工时等消耗标准，这些数据通常可较为准确地反映出在一定生产技术和管理水平条件下的投入产出规律。在企业投产初期，可以参照这种关系来进行成本性态分析。

技术测定法的优点是确定了理想的投入产出关系，所以企业在建立标准成本和制定预算时，就具有较佳的科学性和先进性。同时，它也是在缺乏历史成本数据资料的条件下可用的最为有效的方法。技术测定法的缺点是工作量大，需要对每一项耗费进行分析，因此一般只适用于新建企业或新产品生产的成本性态分析。

（三）直接分析法

直接分析法，也称为个别确认法，是指直接根据构成成本的费用项目的性质划分和事先规定的比例，并按项分解和分类汇总以确定固定成本和变动成本的一种方法。

采用这种方法的企业，根据各项费用与产量的关系逐项区分固定成本和变动成本，不需要大量复杂的计算；对于混合成本性质的费用项目，一般都考虑实际情况，以其性态主要表现确定归属。例如，企业生产中所发生的燃料和动力项目，即使不与产量的变化成正比关系，也非固定不变，但由于与产量的变化关系比较密切，比较接近于变动成本，因而就将此项成本项目划分为变动成本。又如，车间管

理人员的工资费用，虽然产量增大，也需适当增加管理人员，但由于其特点接近于固定成本，因而可将其划分为固定成本。

直接分析法具有简便易行的优点，而且它的计算结果也不像其他方法那样抽象，还可以具体了解固定成本、变动成本包括的项目有哪些，如果实际总成本发生超支，也可据此进一步查明原因。因此，这种方法在实际工作中得到广泛运用。但是，这种方法在很大程度上取决于会计人员对费用项目成本性态的主观判断，容易产生较大的误差。

思考题

1. 什么是成本性态？成本按成本性态如何分类？
2. 成本性态分析与成本性态分类有什么不同？
3. 什么是固定成本？固定成本具有哪些特征？
4. 什么是变动成本？变动成本具有哪些特征？
5. 什么是混合成本？混合成本分解的方法包括哪些？
6. 高低点法、散布图法和回归分析法在计算 a 和 b 值方面有什么不同？

练习题

一、单项选择题

1. 在财务会计中，应当将销售费用归属于下列各项中的（　　）。

A. 制造费用　　B. 主要成本
C. 加工成本　　D. 非生产成本

2. 下列成本项目中不属于固定成本的是（　　）。

A. 广告费　　B. 管理人员工资
C. 按件计酬的生产工人工资　　D. 房屋租赁费

3. 下列项目中属于酌量性固定成本的是（　　）。

A. 保险费　　B. 折旧费
C. 管理人员工资　　D. 职工培训费

4. 企业质量检验员的工资属于（　　）。

A. 半固定成本　　B. 半变动成本
C. 延期变动成本　　D. 曲线式混合成本

5. 在应用历史资料分析法进行混合成本分解时，首先确定 a 然后才能计算 b 的方法是（　　）。

A. 直接分析法　　B. 高低点法

C. 散布图法　　D. 回归分析法

6. 当相关系数的取值接近(　　)时，利用回归直线描述成本的变动趋势才有意义。

A. 0　　B. 1　　C. 2　　D. −1

7. 在历史资料分析法的具体应用方法中，计算结果最为精确的方法是(　　)。

A. 高低点法　　B. 散布图法

C. 回归分析法　　D. 直接分析法

二、多项选择题

1. 根据成本性态，可将成本划分为(　　)。

A. 固定成本　　B. 责任成本　　C. 变动成本　　D. 混合成本

2. 按经济用途对成本进行分类，其结果应包括的成本类型有(　　)。

A. 生产成本　　B. 非生产成本　　C. 未来成本　　D. 责任成本

3. 下列成本中属于变动成本的有(　　)。

A. 直接材料费　　B. 外部加工费

C. 动力费　　D. 计时工资下的生产工人工资

4. 成本性态分析的历史资料分析法包括(　　)。

A. 直接分析法　　B. 高低点法

C. 散布图法　　D. 回归分析法

5. 固定成本具有(　　)的特点。

A. 成本总额的不变性　　B. 单位成本的反比例变动性

C. 成本总额的正比例变动性　　D. 单位成本的不变性

三、判断题

1. 成本按经济用途分类，是财务会计传统成本核算的基础。　(　　)

2. 成本性态分析的最终目的就是要把全部成本区分为固定成本、变动成本和混合成本三类。　(　　)

3. 定期支付的广告费属于约束性固定成本。　(　　)

4. 在一般情况下，直接成本与变动成本具有相同的内容，间接成本与固定成本具有相同的内容。　(　　)

5. 高低点法的优点是计算精度高，缺点是计算过程过于复杂。　(　　)

6. 成本性态模型 $y=a+bx$ 中的 b，就是指单位变动成本。　(　　)

四、计算题

1. 某企业甲产品1～8月份的产量及总成本资料如表2-5所示。

表 2-5 资料表

月份	1	2	3	4	5	6	7	8
产量(件)	18	20	19	16	22	25	28	21
总成本(元)	6 000	6 600	6 500	5 200	7 000	7 900	8 200	6 800

要求:采用高低点法进行成本性态分析。

2. 某企业 2×16 年 1～12 月份实际发生的机器小时及维修成本如表 2-6 所示。

表 2-6 机器小时及维修成本

月份	机器小时	维修成本(元)
1	1 064	312
2	1 264	356
3	960	261
4	1 120	284
5	756	232
6	800	282
7	856	278
8	1 234	295
9	750	228
10	1 172	311
11	860	240
12	1 220	303

要求:采用散布图法对维修成本进行分解。

3. 某企业 2×16 年 1～6 月份实际发生的业务量和维修费有关资料如表 2-7 所示。

表 2-7 有关资料

月份	1 月	2 月	3 月	4 月	5 月	6 月
业务量(千机器小时)	300	280	340	330	400	390
维修费(元)	1 200	1 100	1 350	1 300	1 520	1 540

要求:

(1) 根据上述资料,用高低点法和回归分析法分解维修费的固定成本和变动成本部分,并写出混合成本公式;

(2) 如果预计 2×16 年 7 月份的业务量为 380 千机器小时,则其维修费是多少?

4. 某企业 2×15 年各月中最高业务量为 75 000 机器小时,其制造费用总额为 176 250 元,其中,变动成本 75 000 元,固定成本 60 000 元,混合成本 41 250 元;最低业务量为 50 000 机器小时,其制造费用总额为 142 500 元。要求:

(1) 采用高低点法分解混合成本;

(2) 如该企业 2×16 年预计生产能力为 65 000 机器小时,则制造费用总额为多少。

5. 某企业 2×15 年产量最高的月份是 5 月份,产量最低的月份是 12 月份,这两个月的制造费用资料如表 2-8 所示。

表 2-8　制造费用资料

	5 月	12 月
产量(件)	75	42
制造费用(元)	31 660	24 400

制造费用中包括变动成本、固定成本和混合成本,其中,单位变动成本 200 元,每月固定成本总额 15 000 元。要求:

(1) 采用高低点法分解制造费用中的混合成本,并写出混合成本公式;

(2) 若 2×16 年 1 月份计划产量为 60 件,预测其制造费用总额为多少?

第三章　变动成本法

【本章导读】

变动成本法是以成本性态分析为前提条件，将产品生产过程中所消耗的直接材料、直接人工和变动性制造费用作为产品成本的构成内容，而将固定性制造费用及非生产成本作为期间成本，并按贡献式利润确定程序计量利润的一种成本计算方法。由于变动成本法和完全成本法应用前提条件和提供信息用途的不同，使得两种方法产品成本构成内容、销售成本及存货成本水平、利润确定程序及中间指标的计算存在不同。

通过本章学习，掌握变动成本法的概念，理解变动成本法与完全成本法的区别，能够利用变动成本法和完全成本法进行产品成本、销货成本及利润的计算，掌握变动成本法的评价。

第一节　成本计算与变动成本法

一、成本计算及其类型

（一）成本计算的内涵

在管理会计学中，成本计算即成本管理，包括成本计划、成本控制、成本核算和成本考核等。

(二) 成本计算的类型

1. 按成本计算流程分类

成本计算流程是指成本计算的时间和空间特征,它主要取决于企业的生产工艺技术特点和生产组织特点及成本管理的要求,表现为成本归集对象及期末存货计价方法等方面的不同。成本计算按照计算流程可分为按批量进行的分批成本计算(简称分批法)和按加工步骤进行的分步成本计算(简称分步法)。

2. 按成本计算时态分类

成本计算按照成本计算时态可以分为估计成本计算、实际成本计算和标准成本计算。估计成本计算是指按照经验对未来可能发生的成本进行的预计和估算;实际成本计算是指基于客观性和相关性的原则,为满足事后成本核算及分析而进行的成本计算,又称为实际成本制度;标准成本计算是将事前的成本估算、事后的成本核算同事中的成本控制结合起来,据以实现对成本的全过程控制的一种成本计算方法,又称标准成本制度。

3. 按成本计算对象分类

成本计算按其计算对象可以分为业务成本计算、责任成本计算和质量成本计算。业务成本计算的对象是企业的业务活动,目的是提供反映业务活动成果的成本信息;责任成本计算是以责任中心为成本计算对象,目的是对责任中心及其责任的考核,提供评价企业经营业绩的成本信息;质量成本计算则是为确保产品或服务质量而于近 20 年发展起来的一种全新的成本计算方法。

4. 按成本计算手段分类

成本计算按照成本计算手段可以分为手工式成本计算和电算化成本计算。手工式成本计算的每一个数据的取得、处理、传递和报告,都是依靠手工进行的。随着电子计算机在会计中的广泛应用,复杂的成本计算也被纳入电算化会计系统内。这种分类是区分传统成本计算和现代成本计算的主要标志之一。

5. 按成本计算规范性分类

成本计算按其规范程度可以分为常规成本计算和特殊成本计算。常规成本计算程序相对稳定,规范性较强,可纳入日常成本核算体系,它主要用来提供日常管理所需的成本信息;特殊成本计算程序比较灵活,缺乏规范性,是为满足管理上的特殊需要而进行的成本计算。产品成本计算属于常规成本计算,决策成本计算属于特殊成本计算。

6. 按利润确定程序分类

成本计算按利润确定程序可以分为完全成本计算和变动成本计算。完全成本计算是财务会计核算成本的基本方法,是在计算产品成本时,以成本按经济用途分类为前提,将全部生产成本作为产品成本的构成内容,而将非生产成本作为期间成本的成本计算方法。变动成本计算是管理会计学核算产品成本的基本方法,是在计算产品生产成本时,将固定性制造费用作为期间成本处理的成本计算方法。

二、变动成本法的含义

(一) 变动成本法的概念

变动成本法,是变动成本计算方法的简称,是指在计算产品成本时,以成本性态分析为前提,只将变动生产成本作为产品成本的构成内容,而将固定生产成本及非生产成本作为期间成本,并按贡献式利润确定程序计量利润的成本计算方法。变动成本法能为企业内部经营管理提供重要的成本信息,为正确进行成本计划、成本控制、成本核算和成本考核等提供有价值的资料。

(二) 变动成本法的前提

变动成本法既是产品成本计算方法,又是利润的计算方法。它产生于 20 世纪 30 年代的美国。第二次世界大战以后,广泛地运用于美国、日本、西欧各国企业的内部管理。传统的完全成本法将企业的全部成本分为生产成本和非生产成本,因而完全成本法所计算的产品成本包括直接材料、直接人工和制造费用;为制造产品发生的销售费用、管理费用和财务费用属于非生产成本,作为期间成本。显然,按照完全成本法计算的企业利润,不仅受销售量和成本水平的影响,而且受产量的影响,既不符合经济学原理,也不易被人们所理解,尤其是不易被销售人员理解,这种现象会直接影响管理者的决策。

管理会计理论认为:在变动成本法下,应将成本按成本习性分为变动成本和固定成本两部分。因此,应重新解释产品成本和期间成本的定义,产品成本只包括变动生产成本;固定性制造费用应当作为期间成本处理。这就是变动成本法的理论前提。

变动成本法区别于完全成本法,将固定性制造费用作为期间成本来处理,是基于以下理由。

第一,产品成本应该只包括变动生产成本。管理会计理论认为:产品成本应该是那些随产品实体的流转而流转、产品销售出去才能与相关收入实现配比得以补偿的成本。按照变动成本法的解释,产品成本必然与产品产量密切相关,在生产工艺没有发生实质性变化、成本消耗水平不变的情况下,所发生的产品成本总额应当随着产品产量成正比例变动。如果不存在产品这个物质承担者,就不应当有产品成本存在。因此,在变动成本法下,只有生产成本中的变动成本才构成产品成本的内容。

第二，固定性制造费用应当作为期间成本处理。在管理会计中，期间成本是指那些不随产品实体的流转而流转，而是随企业生产经营持续期间长短而增减，其效益随时间的推移而消逝，不能递延到下期，只能于发生的当期计入利润表，由当期收入补偿的成本。期间成本于发生当期直接转作本期费用，不能计入期末存货并随产品实体的流转而递延至下期。

与完全成本法不同的是，变动成本法下的产品成本不包含固定性制造费用，而是将其作为期间成本，直接计入当期利润。因此，固定性制造费用主要是为企业提供一定的生产经营条件而发生的，这些条件一经形成，不管其实际利用程度如何，有关费用照样发生，同产品的实际生产没有直接联系，并不随产量的增减而增减。也就是说，这部分费用所联系的是会计期间而非产品，其效益随着时间的推移而逐渐丧失，不能递延到下一会计期间。因此，固定性制造费用应当作为期间成本来处理。

第二节　变动成本法和完全成本法的比较

为了使管理会计能满足企业预测、决策、规划、控制、考评等管理职能的需要，必须采用与财务会计完全成本法不同的成本核算方法，这就是变动成本法。由于变动成本法与完全成本法对固定性制造费用的处理方法不同，因而两种方法之间存在着很大的差异，主要表现在如下四个方面。

一、应用的前提条件和提供的信息用途不同

变动成本法的应用前提是成本性态分析，即把全部成本划分为变动成本和固定成本两部分，尤其是将具有混合成本性质的制造费用分解为变动性制造费用和固定性制造费用两部分，如图 3-1 所示。

- 总成本
  - 变动成本
    - 变动生产成本
      - 直接材料
      - 直接人工
      - 变动制造费用
    - 变动销售费用
    - 变动管理费用
    - 变动财务费用
  - 固定成本
    - 固定制造费用
    - 固定销售费用
    - 固定管理费用
    - 固定财务费用

图 3-1　总成本按习性分类

完全成本法是财务会计核算成本的基本方法。完全成本法的前提是把成本按其经济职能或经济用途分为生产成本和非生产成本。那些发生在生产领域为生产产品发生的成本就应归属于生产成本,那些发生在流通和服务领域为组织日常销售和日常管理发生的成本则应归属于非生产成本,如图 3-2 所示。

- 总成本
  - 生产成本
    - 直接材料
    - 直接人工
    - 制造费用
  - 非生产成本
    - 销售费用
    - 管理费用
    - 财务费用

图 3-2　总成本按经济职能分类

变动成本法与完全成本法所提供的信息用途不同,这是两者最本质的区别。完全成本法是适应企业内部事后将间接成本分配给各种产品,反映产品发生的全部资金耗费。它提供的成本信息可以确定产品实际成本和利润,并满足对外提供报表的需要,有助于促进企业扩大信息,刺激企业增产的积极性,因而能被外界广泛接受。变动成本法是为强化企业内部管理的要求,满足企业未来决策需要而产生的。由于变动成本法揭示了成本、业务量和利润之间的规律信息,从而有助于企业加强成本管理,强化预测、决策、计划、控制和业绩考核等职能,促进以销定产,减少或避免因盲目生产而带来的损失。

二、成本构成内容不同

变动成本法与完全成本法成本的构成内容不同主要是指产品成本和期间成本的构成内容不同。

(一) 产品成本构成内容不同

变动成本法是先将制造费用按成本习性分为变动性制造费用和固定性制造费用两类,计入产品成本的是直接材料、直接人工和变动性制造费用;而完全成本法则将直接材料、直接人工和全部制造费用计入产品成本。

(二) 期间成本构成内容不同

变动成本法下的期间成本由固定性制造费用、销售费用、管理费用和财务费用构成,即变动成本法下的期间成本为固定生产成本和非生产成本之和。完全成本法下的期间成本即非生产成本,包括销售费用、管理费用和财务费用。

【例 3-1】 某公司只生产一种产品，本期业务资料如下：全年产量 5 000 件，期初存货 0 件，全年销售量为 3 000 件，期末存货量为 2 000 件，销售单价为 100 元，本期发生的成本资料如表 3-1 所示。要求：分别按变动成本法和完全成本法计算当期发生的产品成本和期间成本。

表 3-1 有关资料 单位：元

成本项目	直接材料	直接人工	制造费用	销售费用	管理费用	财务费用
变动成本	60 000	40 000	10 000	6 000	3 000	
固定成本			50 000	10 000	25 000	5 000
合　计			60 000	16 000	28 000	5 000

解 根据上述资料按两种成本方法计算产品成本和期间成本如表 3-2 所示。

表 3-2 产品成本和期间成本计算表 单位：元

成本项目	变动成本法			完全成本法		
	产品成本	单位产品成本	期间成本	产品成本	单位产品成本	期间成本
直接材料	60 000	12		60 000	12	
直接人工	40 000	8		40 000	8	
变动性制造费用	10 000	2		10 000	2	
固定性制造费用			50 000	50 000	10	
合　计	110 000	22		160 000	32	
销售费用			16 000			16 000
管理费用			28 000			28 000
财务费用			5 000			5 000
合　计			49 000			49 000
总　计	110 000	22	99 000	160 000	32	49 000

由以上计算结果可以看出，完全成本法单位生产成本为 32 元，比变动成本法单位生产成本 22 元多 10 元；变动成本法计算的期间成本为 99 000 元，比完全成本法计算的期间成本 49 000 元高 50 000 元。这种差异是固定性制造费用处理不同，即每件产品负担固定性制造费用 10 元(50 000 元/5 000 件)而造成的。

产品成本和期间成本的构成内容不同，是完全成本法和变动成本法的主要区别，两种成本计算方法下的其他区别也由此产生。

三、销货成本及存货成本水平不同

企业产品实体随着企业的经济活动不断处于流动状态。广义的产品则以销货和存货两种实物形态存在。当销货量与期末存货量不为零时，本期所发生的产品成本则表现为销货成本与存货成本。在变动成本法下，固定性制造费用作为期间成本直接计入当期利润表，因而没有转化为销货成本或存货成本的可能。即本期发生的固定性制造费用全部计入利润中，不会递延到下一期间。在完全成本法下，固定性制造费用计入产品成本，本期所发生的固定性制造费用随存货的流动而流动，期末存货存在时，它需要在本期销货成本与存货成本之间分配，计入销货成本中的固定性制造费用直接计入当期利润表中；计入存货成本中的固定性制造费用随着存货成本的流动而会递延到下一期。因此，两种成本计算方法所确定的销货成本与存货成本水平不同。

【例3-2】 仍用[例3-1]的资料。要求：分别采用变动成本法和完全成本法计算本期销货成本和期末存货成本。

解 采用变动成本法和完全成本法计算本期销货成本和期末存货成本如表3-3所示。

表3-3 销货成本与存货成本计算表

项目内容	变动成本法	完全成本法
期初存货量	0	0
本期生产量	5 000(件)	5 000(件)
本期销售量	3 000(件)	3 000(件)
期末存货量	2 000(件)	2 000(件)
本期销售成本	3 000×22=66 000(件)	3 000×32=96 000(元)
期末存货成本	2 000×22=44 000(件)	2 000×32=64 000(元)

从上述计算结果可以看出，变动成本法下的产品成本只包括了变动生产成本，而不包括固定性制造费用。若采用完全成本法，则在已销售产品、库存产成品和在产品之间都分配了固定性制造费用，因此从期末产成品和在产品的存货计价来看，也包含了固定性制造费用这一部分，因此存货中的成本金额必然大于变动成本法存货的成本金额。

从理论上看，无论是变动成本法还是完全成本法，都可以按照下列公式计算销售成本，即

本期销售成本 = 期初存货成本 + 本期生产成本 − 期末存货成本

对于变动成本法，由于销售成本由变动生产成本构成，所以在以下两种情况下，可以使用简化公式计算，即

本期销售成本=本期销售量×单位变动生产成本(即单位产品成本)

第一种情况要求期初存货量为零。在这种情况下，单位期末存货成本、本期单位产品成本和本期单位销货成本这三个指标相等，所以在计算本期销货成本时可以直接用单位产品成本计算本期的销货成本。

第二种情况要求前后期单位变动生产成本水平不变。因为在这种情况下，单位期初存货成本、单位期末存货成本、本期单位产品成本和本期单位销货成本这四个指标可以用统一的单位变动生产成本指标来表示。

完全成本法下只有当期初存货为零时，本期单位产品成本、本期单位销售成本和单位期末存货成本才是相同的，所以在计算本期销货成本时，可以直接用单位产品成本计算本期的销货成本，即

本期销货成本 = 本期销售量 × 单位产品成本

除此以外，必须用通用公式来计算本期的销货成本。

四、利润确定程序和中间指标计算不同

企业利润计划和经营决策的重要依据是生产产品的盈利能力。在变动成本法下，产品的利润确定程序是以贡献式利润程序来表现的，也就是使用的产品盈利能力是通过贡献毛益来表现的，它是产品的销售收入扣减变动成本后的余额。贡献毛益补偿企业的固定成本后的余额，才是企业最终实现的税前利润。利润的确定和计算公式为

贡献毛益=销售收入−变动成本

其中

变动成本 = 变动生产成本 + 变动销售费用、管理费用及财务费用

税前利润 = 贡献毛益 − 固定成本

而

固定成本 = 固定性制造费用 + 固定销售费用、管理费用及财务费用

由以上公式可以看出，贡献毛益超过固定成本越多，则企业的盈利越大。因此，

产品的贡献毛益可以反映盈利能力，它是变动成本法计算利润的中间盈利能力指标。

完全成本法计算利润是根据销售收入扣除本期已销售成本的差额(即销售毛利)，再用销售毛利扣除期间费用后的差额，得到的就是税前利润。利润的确定和计算公式为

$$销售毛利=销售收入-销售成本$$

其中

$$销售成本 = 期初存货成本 + 本期生产成本 - 期末存货成本$$
$$税前利润 = 销售毛利 - 销售费用 - 管理费用 - 财务费用$$

【例 3-3】 仍以[例 3-1]资料。要求：分别采用变动成本法和完全成本法计算税前利润。

解 采用变动成本法和完全成本法计算税前利润如表 3-4 所示。

表 3-4 利润表 单位：元

贡献式利润表		职能式利润表	
销售收入	300 000	销售收入	300 000
变动成本		销售成本	
变动生产成本	66 000	期初存货成本	0
变动销售费用	6 000	本期生产成本	160 000(5 000×32)
变动管理费用	3 000	期末存货成本	64 000
变动财务费用	0	销售成本合计	96 000
变动成本合计	75 000		
贡献毛益	225 000	销售毛利	204 000
固定成本		期间成本	
固定性制造费用	50 000	销售费用	16 000
固定销售费用	10 000	管理费用	28 000
固定管理费用	25 000	财务费用	5 000
固定财务费用	5 000	期间成本合计	49 000
固定成本合计	90 000		
税前利润	135 000	税前利润	155 000

第三节 变动成本法的评价

变动成本法的评价是相对于完全成本法而言的。例如,变动成本法下的产品成本不符合传统的成本概念,完全成本法下的产品成本符合传统的成本概念。但变动成本法与完全成本法之间也并非是一种简单的“此是彼非”和“此非彼是”关系。例如,变动成本法使人们更加重视销售环节,当然是优点,而完全成本法使人们重视生产环节,也不一定就是缺点,至少不一定总是缺点。

一、变动成本法的优点

变动成本法是适用于面向未来、加强企业内部管理的需要而产生的。由于它能够提供反映成本与业务量之间、利润与销售量之间变化规律的信息,因而有助于加强成本管理,强化管理预测、决策、规划、控制和业绩考核等职能。变动成本法的优点主要包括以下五个方面。

(一)变动成本法能够促进企业重视市场

从理论上讲,在产品售价、成本水平不变的情况下,变动成本法计算的利润应与销售量的变动相一致,使利润真正成为反映企业经营状况的晴雨表,促使管理者重视市场销售,增强现代经营管理意识,实现以销定产,防止盲目生产带来的产品大量积压,提高企业的经济效益。

(二)变动成本法能够提供重要的管理信息

采用变动成本法提供的单位变动成本和贡献毛益,揭示了业务量与成本水平变化的内在规律,表现了产销量、成本和利润之间的依存关系,提供了各种产品盈利能力的重要资料和经营风险等重要信息,这些为企业管理部门进行本量利分析,以及正确地进行成本计划、控制和经营决策提供了重要依据,增强了成本信息的有用性,有利于企业短期决策。从前面的例子中可以看出,完全成本法下计算的利润受到存货变动的影响,而这种影响是违背逻辑规律的。尽管产品的生产是企业实现利润的必要条件之一,但只有产品销售出去其价值才为社会所承认,企业也才能取得收入和利润。产品销售不仅是企业实现收入和利润的必要条件,也是充分条件,多销售才会多得利润。而在完全成本法下,多生产即可多得利润,这当然有悖于逻辑规律。至于在产销均衡的条件下,多生产当然会多得利润,但这在变动成本法和完全成本法下计算的结果是完全一致的。

完全成本法下由于产量波动而导致的利润波动，有时会达到令人无法忍受的程度，即当期增加销售不仅不会提高利润，反而会使利润下降。也就是说，完全成本法下提供的成本信息不仅无助于进行正确的决策，有时还可能是不利的。而在变动成本法下则可以完全避免上述问题的发生。

变动成本法将产品制造成本按成本性态划分为变动性制造费用和固定性制造费用两部分，认为只有变动性制造费用才构成产品成本，而固定性制造费用应作为期间成本处理。换句话说，变动成本法认为固定性制造费用转销的时间选择十分重要，它应该属于为取得收益而已经丧失的成本。

（三）变动成本法更符合"配比原则"

变动成本法以成本性态分析为基础计算存货成本。它的基本原理就是将当期所确认的费用，按照成本性态分为两个部分。一部分是与产品生产数量直接相关的成本（即变动成本），包括直接材料、直接人工和变动性制造费用。这部分成本中由已销售产品负担的相应部分（即当期销售成本）需要与销售收入（即当期收益）相配比，未销售产品负担的相应部分（即期末存货成本）则需要与未来收益相配比。另一部分则是与产品生产数量无直接联系的成本，即固定性制造费用。这部分成本是企业为维持正常生产能力所必须负担的成本，它们与生产能力的利用程度无关，既不会因为产量的提高而增加，也不会因为产量的下降而减少，只会随着时间的推延而丧失，所以是一种为取得收益而已经丧失的成本，当然应全部列为期间成本而与当期的收益相配比。至于销售费用与管理费用，变动成本法下同样是作为期间成本，只不过在进行相关决策时，也需要按成本性态进行必要的划分。

（四）变动成本法可以简化成本计算

采用变动成本法，把所有的固定成本都列作期间成本，从贡献毛益中直接扣除，节省了许多间接费用的分摊手续，简化了成本计算工作。同时，也防止了间接费用中的主观随意性。因为在变动成本法下，固定性制造费用被全部作为期间成本而从贡献毛益中一次性扣除，从而省却了各种固定性制造费用的分摊工作（在完全成本法下则必须分摊）。

这样做不仅大大简化了产品成本的计算工作，而且避免了各种固定性制造费用分摊中的主观随意性。在多品种生产的企业，变动成本法的上述优点尤为突出。

（五）变动成本法便于正确评价经营业绩

变动成本法强调销售环节对企业利润的贡献。由于变动成本法将固定性制造费用列作期间成本，所以在一定产量条件下，利润对销量的变化更为敏感，这在客观上有刺激销售的作用。产品销售收入与变动成本（包括变动性制造费用和其他变动成本）的差量是管理会计中的一个重要概念，即贡献毛益。以贡献毛益减去期间成本（包括固定性制造费用和其他固定性费用）就是利润。

与完全成本法相比，应该说变动成本法的优点是主要的，正因为如此，不少人认为变动成本法不仅适用于提供与短期决策相关的成本信息，也适用于对外报告计算利润的基础。

二、变动成本法的局限性

（一）产品成本不符合会计准则规定

按照传统的成本观念，产品成本应该包括变动生产成本和固定生产成本。而变动成本法按成本性态将成本划分为固定成本与变动成本，本身具有局限性，这种划分在很大程度上是假设的结果，并且其产品成本至少目前不合乎税法的相关规定。

（二）难以适应长期决策的需要

因为从长期来看，固定成本不可能不发生变动。而长期决策涉及的时间较长，并要解决生产规模的问题，则必然要超过相关范围。因此变动成本法所提供的资料，不适用于长期决策的需要。

（三）现实中的问题——对所得税、投资者的影响

由于目前国内外财务会计都采用完全成本法，因此，产品存货成本包括了变动生产成本和固定生产成本，几乎所有正常生产经营的企业，年末都有一定的产品存货。如果下个年度开始施行变动成本法计算产品成本，那么势必导致新的年度要多承担上个年度递延下来的固定生产成本，从而导致新年度的营业利润降低，进而影响国家的税收和投资者的收益。这也是阻碍变动成本法推行的原因。

思考题

1. 什么是变动成本法？变动成本法有哪些特点？
2. 变动成本法的理论依据是什么？
3. 变动成本法与完全成本法相比有哪些区别？其中最本质的区别是什么？

4. 如果生产量大于销售量，采用何种成本计算方法可获得较高利润？为什么？

5. 如果生产量小于销售量，采用何种成本计算方法可获得较高利润？为什么？

6. 变动成本法有哪些优点与不足？

7. 您认为在我国应如何应用变动成本法？

练习题

一、单项选择题

1. 变动成本法的产品成本是指（　　）。

A. 固定生产成本　　B. 变动生产成本

C. 固定非生产成本　　D. 变动非生产成本

2. 下列各项中，能构成变动成本法产品成本内容的是（　　）。

A. 变动成本　　B. 固定成本

C. 生产成本　　D. 变动生产成本

3. 在变动成本法下，固定性制造费用应当列作（　　）。

A. 非生产成本　　B. 期间成本

C. 产品成本　　D. 直接成本

4. 在变动成本法下，销售收入减变动成本等于（　　）。

A. 销售毛利　　B. 税后利润

C. 税前利润　　D. 贡献边际

5. 变动成本法下期末存货成本不包括（　　）。

A. 直接材料　　B. 直接人工

C. 固定性制造费用　　D. 变动性制造费用

6. 完全成本法下期间成本包括（　　）。

A. 直接材料　　B. 变动性制造费用

C. 销售及管理成本　　D. 固定性制造费用

7. 在变动成本法下，其利润表所提供的中间指标是（　　）。

A. 贡献毛益　　B. 营业利润

C. 销售毛利　　D. 期间成本

二、多项选择题

1. 营业利润在贡献式利润确定程序下的计算公式有（　　）。

A. 销售收入－变动成本－固定成本

B. 贡献边际一固定成本

C. 贡献边际一变动成本

D. 销售毛利一销售费用

2. 完全成本法和变动成本法共同的产品成本有(　　)。

A. 直接材料　　B. 直接人工

C. 固定性制造费用　　D. 变动性制造费用

3. 变动成本法下的期间成本有(　　)。

A. 变动性销售费用　　B. 固定性销售费用

C. 固定性制造费用　　D. 全部管理费用

4. 变动成本法与完全成本法的区别表现在(　　)。

A. 产品成本的内容　　B. 净收益额

C. 利润确定程序　　D. 期末存货成本的内容

5. 变动成本法所提供的信息对强化企业管理有相当大的积极作用,比如可以(　　)。

A. 加强成本管理　　B. 促进以销定产

C. 调动企业增产的积极性　　D. 简化成本核算

三、判断题

1. 按变动成本法的解释,期间成本中只包括固定成本。(　　)

2. 无论在哪一种成本计算法,非生产成本都被作为期间成本处理,必须在发生的当期全额计入利润表;所不同的只是计入利润表的位置或补偿的顺序上有差别。(　　)

3. 变动成本法既有利于短期决策,也有利于长期决策。(　　)

4. 两种成本法计入当期利润表的期间成本,虽然形式上不同,但实质上相同。(　　)

5. 两种成本法出现不为零的利润差额,只有可能性,没有必然性。(　　)

四、计算题

1. 某公司生产甲产品,产品单价为 10 元/件,单位产品变动生产成本为 4 元,固定性制造费用总额为 24 000 元,销售及管理费用为 6 000 元,全部属于固定性的,存货按先进先出法计价,最近 3 年的产销量资料如表 3-5 所示。要求:

(1) 分别按两种方法计算单位产品成本;

(2) 分别按两种方法计算期末存货成本;

(3) 分别按两种方法计算期初存货成本;

(4) 分别按两种方法计算各年营业利润。

表 3-5　产销量资料

产销量＼年份	第一年	第二年	第三年
期初存货量	0	0	2 000
本期生产量	6 000	8 000	4 000
本期销售量	6 000	6 000	6 000
期末存货量	0	2 000	0

2. 某工厂生产B产品，由于生产能力的限制，虽然所有的销售都发生在第四季度，但工厂必须全年从事生产。B产品销售单价为20元/件，单位变动成本为10元/件，每年固定制造成本为20万元，管理费用(全部固定)每年8 000元。本年营业状况如表3-6所示。

表 3-6　本年营业状况　　单位:件

时间	生产量	销售量
第一季度	100 000	0
第二季度	120 000	0
第三季度	130 000	0
第四季度	150 000	500 000

要求：

(1) 使用变动成本法计算每个季度的收益情况；

(2) 使用完全成本法计算每个季度的收益情况。

3. 某公司2×16年生产一种产品，产品的有关资料如下：本年度生产量为5 000件，销售单价为18元/件，直接材料费为20 000元，直接人工费为5 000元，变动性制造费用为20 000元，固定性制造费用为20 000元，销售及管理费用(全部固定)为10 000元。要求：

(1) 按照完全成本法和变动成本法计算单位产品成本；

(2) 假设本年度销售产品5 000件，期初无存货，请按照完全成本法和变动成本法计算该公司当年的利润。

4. 某厂只生产一种产品，第一、第二年的产量分别为30 000件和24 000件；销售量分别为20 000件和30 000件；存货计价采用先进先出法。产品单价为15元/件。单位变动生产成本为5元/件；每年固定性制造费用的发生额为180 000元。销售及管理费用都是固定性的，每年发生额为25 000元。要求：分别采用变动成本法和完全成本法计算确定第一、第二年的营业利润(编制利润表)。

5. 某厂2×16年度生产并销售甲产品6 000件,单位售价400元,期初无存货,该厂用变动成本法编制的利润表如表3-7所示。要求:

(1) 用完全成本法为该厂编制2×16年度的利润表;

(2) 若该厂2×16年度甲产品期初存货1 500件,本期生产6 000件,本期销售7 000件;请用变动成本法和完全成本法计算税前利润。

表3-7 利润表 单位:元

销售收入	2 400 000	固定成本	
变动成本		制造费用	900 000
变动生产成本	840 000	销售与管理费用	300 000
变动销售与管理费用	120 000	固定成本合计	1 200 000
变动成本合计	960 000	税前利润	240 000
贡献毛益	1 440 000		

第四章　本量利分析

【本章导读】

本量利分析是对成本、业务量和利润三者之间的相互依存关系进行的分析。通过本量利分析，进一步揭示了贡献毛益、保本点、安全边际、保利点等一系列重要指标，分析了单价、成本和产销量等变动对保本点和保利点的影响。

通过本章学习，理解本量利分析的基本原理，掌握保本点、保利点和保净利点的有关计算，能够应用本量利分析、经营安全程度评价指标解决企业实际问题。

第一节　本量利分析概述

一、本量利分析的定义

本量利分析，又称量本利分析，是指在变动成本法的基础上，对成本、业务量和利润三者之间依存关系进行的分析。这一分析是在人们认识到成本可以也应该按成本性态进行划分的基础上发展起来的，具体研究销售量、价格、变动成本、固定成本和利润等变量之间的内在规律性联系，为企业预测、决策、计划和控制诸多方面提供必要的信息，是企业计划和决策十分有用的工具，因而具有广泛的用途，也是管理会计中的一项基础内容。

本量利分析的文字记载最早出现在1904年英国出版的会计百科全书中。1922年美国哥伦比亚大学的一位会计学教授提出了完整的保本分析理论。进入20世纪50年代以后，本量利分析方法在西方会计实践中得到广泛应用，其理论更臻完善,成为现代管理会计学的重要组成部分。

本量利分析的应用无论是在西方国家还是在我国都十分广泛。它与企业的经营风险分析密切联系,可促使企业努力降低风险,合理地处理成本与利润的关系,正确地确定产品的产销量,降低产品成本,增加企业利润,并能与预测方法结合,进行保本预测和确保目标利润实现的业务量预测。本量利分析与决策融为一体,据此进行生产决策、定价决策和投资决策等,并为企业编制预算、控制成本和责任会计奠定了坚实的基础。

二、本量利分析的假设

本量利分析是建立在一定的基本假设基础上的。为了便于揭示成本、业务量及利润三者之间的数量关系,管理会计学对于本量利分析的研究是基于以下基本假设为前提条件的。

(一)成本性态分析假设

本量利分析是建立在成本性态分析基础上的一种分析方法,即所有成本在成本性态分类基础上的成本性态分析工作已全部完成,建立了成本性态模型,全部成本已经分解为固定成本和变动成本两部分,其 $y=a+bx$ 的成本模型已经建立。

(二)相关范围假设

管理会计中所特指的相关范围是指在一定期间和一定业务量范围内两部分含义,也就是说“相关范围”假设包含了“期间假设”和“业务量假设”两层意思。第二章中在分析成本究竟是“变动”的还是“固定”的时,均限定在一定的“相关范围”内,这个相关范围就是成本按性态划分的基本假设,同时,它也构成本量利分析的基本假设之一。

1. 期间假设

期间假设是指在一定的时间内,无论是固定成本还是变动成本,其固定性与变动性均体现在这个特定的期间内,具体内容就是固定成本的总额固定性和单位固定成本反比例性、变动成本的总额正比例变动性和单位变动成本不变性。即随着时间的推移,固定成本总额及其内容会发生变化,单位变动成本的数额及其内容也会发生变化。

2. 业务量假设

业务量假设是指在特定的空间范围内,对成本按性态进行划分而得到的固定成本和变动成本,是在一定业务量范围内分析和计量的结果,业务量发生变化特别是变化较大时，固定成本和变动成本数额就需要重新加以计量，这就构成了新的业务量假设。

（三）线性假设

线性假设是指在一定时期和一定的业务量范围内，成本水平始终保持不变，即固定成本总额和单位变动成本均保持不变的特点。通过前面论述可知，企业总成本按性态可以或者可以近似地描述为 $y=a+bx$ 这样一种线性模型。也就是成本函数为线性方程，具体可包括固定成本是固定不变的，表示在平面直角坐标图中，就是一条与横轴平行的直线，即 $y=a$；变动成本与业务量之间是正比例关系，在坐标图中表现为一条过原点的直线，该直线的斜率就是单位变动成本，即 $y=bx$。同时，在相关范围内，销售收入与销售量呈完全线性关系假设，即单价也不因销售量变化而改变，销售收入也是一条直线。在坐标图中表现为一条过原点的直线，单价是直线的斜率，表现为 $y=px$ 的模型。总之，在相关范围内，成本与销售收入分别表现为一条直线。应该理解的是，经济学家认为在较长期的实际经济活动中，成本线与收入线并不完全是直线而应当是曲线。因为在实际工作中，成本与收入的变化会受经营时间、经营规模、生产效率等综合因素影响而呈曲线变化，因此总成本不会是一条直线，销售收入也并非总是直线。但这与管理会计中的本量利分析并不矛盾，因为经济学家研究描述的是一段相当长时期内成本收入的变动情况，而管理会计学家描述的是较短时期内成本收入的变动情况。如果在相关范围内把经济学家所描述的曲线取一段，则可近似地将其表现为直线。

（四）产销平衡与品种结构稳定假设

产销平衡假设是指在单一产品生产的条件下，企业各期间生产出来的产品总能在市场上有销路，即能实现产销平衡。品种结构稳定假设是指在一个多品种生产和销售的企业中，当以货币形式表现的产销量发生变化时，各种产品的销售收入在全部产品的总收入中所占的比重不会发生变化。

（五）变动成本法与目标利润假设

产品成本计算方法的确定是影响企业利润指标大小的重要依据。因此，在本量利分析中，假设产品成本按变动成本法计算，即产品成本只包括变动生产成本，固定制造费用全部作为期间成本处理。利润是本量利分析中所涉及的一个重要指标，在西方管理会计学本量利分析中的利润是指“息税前利润”。我国企业财务会计中反映利润的指标主要有：营业利润、利润总额及净利润。在本量利分析中考虑到营业利润与企业经营中所发生的成本、业务量的关系较密切，除特别说明外，利润因素是假设营业外收支净额和投资净收益之和近似为零，则利润总是指营业利润。因此，本量利分析中以目标利润，即营业利润为假设。

通过以上诸条假设可以对企业日常具体而复杂的经济业务用简单的数学模型或图形来揭示成本、业务量和利润等因素之间的规律性关系。这有助于深刻理解本量利分析的原理，同时为实际应用本量利分析提出了更高的要求，那就是必须结合企业自身的实际情况，不能盲目套搬滥用，并克服本量利分析的局限性。可以这样说：成本性态分析和相关范围假设是最基本的假设，是本量利分析的出发点；线性假设则是由相关范围假设派生而来，也是相关范围假设的延伸和具体化；产销平衡假设与品种结构不变假设又是对线性假设的进一步补充，同时品种结构不变假设又是产销平衡假设的前提条件。

三、本量利分析的基本公式及相关指标计算

（一）本量利分析的基本公式

由于本量利分析是以成本性态分析和变动成本法为基础的。本量利分析中所考虑的因素主要包括固定成本(a)、单位变动成本(b)、销售量(x)、单价(p)、销售收入(px)和目标利润(TP)。依据上述因素之间的关系，即可建立本量利分析的基本公式：

目标利润 = 销售收入 − 总成本
= 销售收入 −(变动成本＋固定成本)
= 单价 × 销售量 − 单位变动成本 × 销售量 − 固定成本
=(单价−单位变动成本)× 销售量 − 固定成本

用符号表示为：

$$\begin{aligned} TP &= px - bx - a \\ &= (p - b)x - a \end{aligned}$$

由于本量利分析的数学模型是在以上公式的基础上建立的，故可将以上公式称为本量利分析的基本公式。在上述公式中的五个因素中，通常假设其中有三个因素为常量，则其余两个因素构成因果函数关系。企业在进行利润预测时，假设售价、单位变动成本及固定成本总额为常数，如果已知某期间的销售量，即可依据本量利关系式预测企业可实现的目标利润。需要说明的是，在上述公式中，目标利润是未扣除所得税的营业利润。目前，本量利分析的主要内容包括保本条件下的本量利分析和保利条件下的本量利分析。

（二）贡献毛益及相关指标的计算

1. 贡献毛益计算

贡献毛益，又称边际贡献、贡献边际、边际利润、创利额等，是指产品销售收入扣除变动成本后的差额。贡献毛益是反映企业产品的创利水平，并作为企业决策活动中选择最优方案的重要依据。

贡献毛益有绝对数和相对数两种表现形式。贡献毛益绝对数的表现通常有两种：一种是贡献毛益总额（以 Tcm 表示），是指产品的销售收入总额减去变动成本总额后的余额，其经济含义体现为企业产品为企业营业利润所做出的贡献或创利额；另一种是单位贡献毛益（以 cm 表示），是指产品销售单价减去该产品的单位变动成本，其经济含义是反映某种产品的盈利能力，即该产品做出的贡献或创利额。贡献毛益总额和单位贡献毛益计算公式为：

$$\begin{aligned}\text{贡献毛益总额} &= \text{销售收入} - \text{变动成本} \\ &= \text{单价} \times \text{销售量} - \text{单位变动成本} \times \text{销售量}\end{aligned}$$

用符号表示为：

$$Tcm = px - bx = (p-b)x$$

$$\begin{aligned}\text{单位贡献毛益} &= \frac{\text{贡献毛益总额}}{\text{销售量}} = \frac{\text{销售收入} - \text{变动成本总额}}{\text{销售量}} \\ &= \text{销售单价} - \text{单位变动成本}\end{aligned}$$

用符号表示为：

$$cm = p - b$$

从以上公式可以看出，尽管贡献毛益不是企业的营业利润，但贡献毛益与企业营业利润有着密切联系。将贡献毛益指标用于本量利分析的基本公式中，则有以下关系：

$$\begin{aligned}\text{营业利润} &= \text{销售收入} - \text{变动成本} - \text{固定成本} \\ &= \text{贡献毛益} - \text{固定成本}\end{aligned}$$

由此可见，企业产品实现的贡献毛益总额首先用来补偿企业的固定成本总额。可能出现以下三种情况：一是贡献毛益总额大于固定成本总额，则说明企业实现盈利；二是贡献毛益总额等于固定成本总额，则企业处于不盈不亏状态，即保本状态；三是贡献毛益总额小于固定成本总额，则说明企业发生亏损。因此，贡献毛益是一个反映企业盈利能力的指标，也是反映能为营业利润做多大贡献的指标。因此，根据以上说明可以推导出以下关系

$$贡献毛益 = 营业利润 + 固定成本$$
$$固定成本 = 贡献毛益 - 营业利润$$

贡献毛益的相对数表现形式，即贡献毛益率，是指贡献毛益总额占产品销售收入总额的百分比，或单位贡献毛益占销售单价的百分比，其经济含义是每元销售收入所能提供的贡献毛益，或是产品所提供的贡献毛益总额在销售收入总额中所占的比例。贡献毛益率一般以 cmR 表示，其计算公式为：

$$贡献毛益率 = \frac{贡献毛益总额}{销售收入} \times 100\% = \frac{单位贡献毛益}{单价} \times 100\%$$

用符号表示为：

$$cmR = \frac{Tcm}{px} \times 100\% = \frac{cm}{p} \times 100\%$$

2. 变动成本率计算

变动成本率(用 bR 表示)是指变动成本总额占产品销售收入总额的百分比，或单位变动成本占销售单价的百分比，其经济含义是每元销售收入所消耗的变动成本的份额。其计算公式表示为：

$$变动成本率 = \frac{变动成本}{销售收入} \times 100\% = \frac{单位变动成本}{单位售价} \times 100\%$$

用符号表示为：

$$bR = \frac{bx}{px} \times 100\% = \frac{b}{p} \times 100\%$$

变动成本率与贡献毛益率之间有着密切的联系。它们计算的分母均为销售收入，并且变动成本与贡献毛益之和等于销售收入，因此两者之间是互补关系，即：

$$cmR + bR = 1 \quad 或 \quad bR = 1 - cmR$$

变动成本率与贡献毛益率之间的这种互补关系表明：凡变动成本率高的企业，其贡献毛益率必然低，则创利能力也低；反之，变动成本率低的企业，其贡献毛益率必然高，则创利能力也高。

【例 4-1】 某企业 2×16 年只生产 A 产品，销售单价为 100 元/件，单位变动成本为 60 元/件，企业全年固定成本总额为 300 000 元，本年销售量为 12 000 件。要求：

(1) 计算贡献毛益指标；

(2) 计算变动成本率，并验证与贡献毛益率的关系；

(3) 计算营业利润。

解 (1) 贡献毛益指标计算如下：

单位贡献毛益 $cm=p-b=100-60=40$(元/件)

贡献毛益总额 $Tcm=px-bx=100\times12\ 000-60\times12\ 000=480\ 000$(元)

贡献毛益率 $cmR=\frac{cm}{p}\times100\%=\frac{40}{100}\times100\%=40\%$

(2) 变动成本率计算如下：

$$bR=1-cmR=1-40\%=60\%$$
$$cmR+bR=40\%+60\%=1$$

(3) 营业利润计算如下：

$$TP=Tcm-a=480\ 000-300\ 000=180\ 000(\text{元})$$

第二节　保本分析

一、保本分析概述

(一) 保本分析的定义

保本是指销售某种产品获得的销售收入同所发生的销售成本正好相等，它是概括企业收支相等、利润为零的专门术语。当企业处于收支相等、不盈不亏、利润为零的特殊情况时，称为企业达到保本状态。因此，在研究企业保本状态时应进行保本分析，就是根据成本、销售收入、利润等因素之间的函数关系，预测企业在怎样的情况下达到不盈不亏的状态。可以说保本分析是研究保本状态时本量利关系的一种定量分析，又称为盈亏临界分析、损益平衡分析、两平分析等。它是确定企业经营安全程度和进行盈利分析的重要基础，是本量利分析的核心内容。需要说明的是，保本分析是在研究成本、销售收入与利润三者之间相互关系的基础上进行的，主要内容包括确定保本点、评价企业经营安全程度和保本状态的判定。保本分析所提供的信息，对于企业合理计划和有效控制经营过程极为有用，如预测成本、收入、利润和预计售价、销量、成本水平的变动对利润的影响程度等。

(二) 保本点的定义

保本点(Break Even Point，BEP)，也称为盈亏临界点、盈亏平衡点、两平点，是指企业的经营规模(销售量)刚好使企业达到不盈不亏的销售状态。在保本状态时的业务量即是企业的收入等于全部成本，当超过这个业务量水平时，企业盈利；低于这个业务量水平，则会发生亏损。保本点有两种表现形式：一是保本销售量，即为实物量度，简称保本量，以 x_0 表示；二是保本销售额，即为货币量度，简称保本额，以 y_0 表示。保本分析主要是在企业生产单一产品条件下和生产多品种条件下的本量利分析，也就是研究使企业处于保本状态下的本量利关系，为评价企业未来经营的安全程度、实现盈利创造条件。

二、单一品种保本分析

企业在单一品种条件下确定的保本点可以有保本量和保本额两种表现形式。它的确定方法主要有方程式法、贡献毛益法和图示法三种。

（一）方程式法

方程式法是根据本量利分析的基本等式而建立的测算保本点的公式。由于保本点是使利润等于零的业务量水平，则有以下等式成立。

$$\text{营业利润}=\text{销售收入}-\text{变动成本}-\text{固定成本}=0$$

由以上关系推导得出：

$$(\text{单价}-\text{单位变动成本})\times\text{销售量}-\text{固定成本}=0$$

即：

$$\text{保本量}(x_0)=\frac{\text{固定成本}}{\text{单价}-\text{单位变动成本}}=\frac{a}{p-b}$$

$$\text{保本额}(y_0)=\text{保本销售量}\times\text{单价}=x_0\times p=\frac{a}{p-b}\times p$$

【例 4-2】　某公司只生产一种产品，产品单位售价为 50 元/件，单位变动成本为 30 元/件，固定成本总额为 20 000 元。要求：计算该种产品的保本量 x_0 和保本销售额 y_0。

解　该种产品保本量和保本额计算如下：

$$\text{保本量}(x_0)=\frac{20\,000}{50-30}=1\,000(\text{件})$$

$$\text{保本额}(y_0)=1\,000\times 50=50\,000(\text{元})$$

（二）贡献毛益法

贡献毛益法是指在保本分析中利用贡献毛益指标与业务量、利润之间的关系计算保本点的方法。由于企业生产产品的利润为零或贡献毛益刚好能够补偿固定成本时，企业处于保本状态，因此有以下公式：

$$贡献毛益 - 固定成本 = 0$$
$$单位贡献毛益 \times 保本量 - 固定成本 = 0$$

即：

$$保本量(x_0) = \frac{固定成本}{单位贡献毛益} = \frac{a}{cm}$$
$$保本额(y_0) = \frac{固定成本}{单位贡献毛益} \times 单价 = \frac{固定成本}{贡献毛益率} = \frac{a}{cmR} = \frac{a}{1-bR}$$

【例 4-3】 依据[例 4-2]的资料。要求：采用贡献毛益指标计算保本点。

解

$$单位贡献毛益(cm) = 50 - 30 = 20(元 / 件)$$
$$贡献毛益率(cmR) = \frac{20}{50} \times 100\% = 40\%$$
$$保本量(x_0) = \frac{20\ 000}{20} = 1\ 000(件)$$
$$保本额(y_0) = \frac{20\ 000}{40\%} = 50\ 000(元)$$

(三) 图示法

图示法，又称图解方法，是指通过在坐标轴上绘制保本图的方式确定保本点位置的一种方法。根据绘图形式的不同，图示法有传统式(标准式)、贡献式和利量式等。

1. 传统式保本图

传统式保本图较为常见，在实际中应用最广泛，其特点是将固定成本置于变动成本之下，从而清楚地表明固定成本不随业务量变动的特征。

设有总收入 $y = px$ 和总成本 $y = a + bx$ 两个线性模型。企业处于保本状态，即销售收入等于总成本，并且当单价大于单位变动成本时，在坐标轴中，即销售收入线与总成本线相交于保本点 (x_0, y_0)，如图 4-1 所示。

绘制保本图的步骤如下。

(1) 建立直角坐标系，横轴 Ox 表示业务量，纵轴 Oy 表示销售收入或成本。

(2) 在 xOy 的坐标平面上，以单价 p 为斜率，通过坐标轴上的原点 O 画一条直线 $y = px$，即销售收入线。

(3) 在 xOy 的坐标轴上，以固定成本 a 为截距，以单位变动成本为斜率，过坐标点 $(0, a)$ 画总成本线，即 $y = a + bx$。

(4) 销售收入线与总成本线相交之点即为保本点 (x_0, y_0)。

2. 贡献式保本图

贡献式保本图的特点是首先绘制变动成本线，总成本线的表现是以固定成本线绘于变动成本线之上，如图 4-2 所示。

贡献式保本图绘制方法如下：

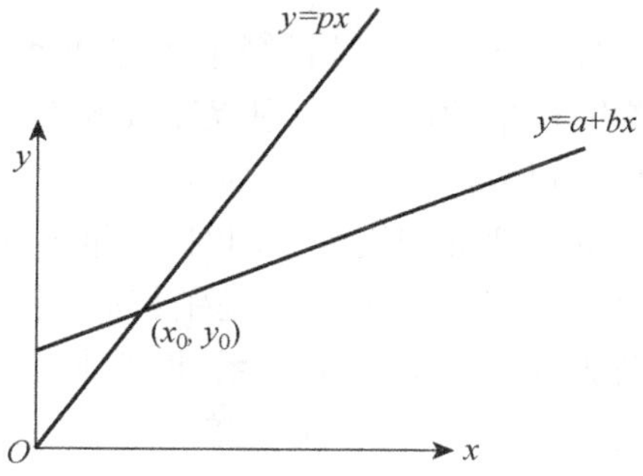

图 4-1　传统式保本图

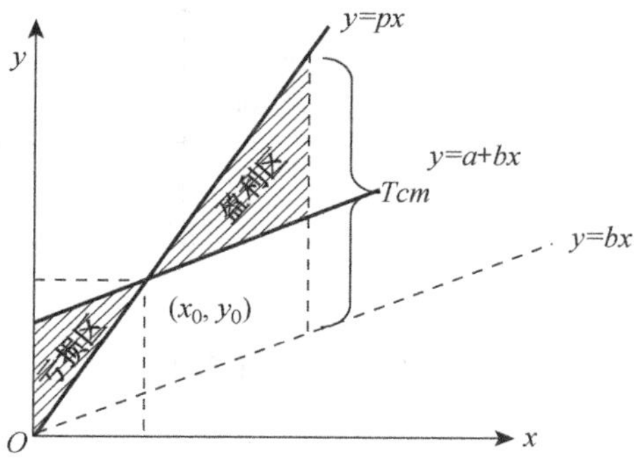

图 4-2　贡献式保本图

(1) 在直角坐标图中，以横轴表示销售量，以纵轴表示成本和销售收入。

(2) 在横轴上任取一销售量，计算其总收入标于坐标图中，将该点与原点连接起来，为销售收入线。

(3) 绘制变动成本线，在横轴上取一销售量(与绘制收入线的销售量相同)，计算出变动成本总额标于坐标图中，将该点与原点连接起来，为变动成本线。

(4) 绘制总成本线，在横轴上找出与固定成本数相应的数值为起点，画一条与变动成本线平行的直线，也就是总成本线。总成本线与总收入线的交点为保本点。

从图 4-2 中不难看出，贡献式保本图强调的是贡献毛益及其形成过程。保本点的贡献毛益刚好等于固定成本；超过保本点的贡献毛益大于固定成本，即实现了利润；而不足保本点的贡献毛益小于固定成本，则表明发生了亏损。所以贡献式保本图能直观地反映贡献毛益、固定成本及利润的关系，不但符合变动成本法的思路，而且符合保本点分析的思路。

3. 利量式保本图

利量式保本图的特点是将纵轴上的销售收入与成本因素略去，使坐标图上仅仅反映利润与销售量之间的依存关系。

利量式保本图绘制步骤如下：

(1) 在直角坐标系中，以横轴表示销售量(也可以是销售额)，以纵轴表示利润；

(2) 在纵轴上找出与固定成本数相应的数值，并以此为起点画一条与横轴相平行的直线；

(3) 在横轴上任取一点的销售量并计算该销售量下的损益数,将由此两点决定的交叉点标于坐标图中。将该交叉点与纵轴上相当于固定成本的那一点相连,即为利润线。利量式保本图如图 4-3 所示。

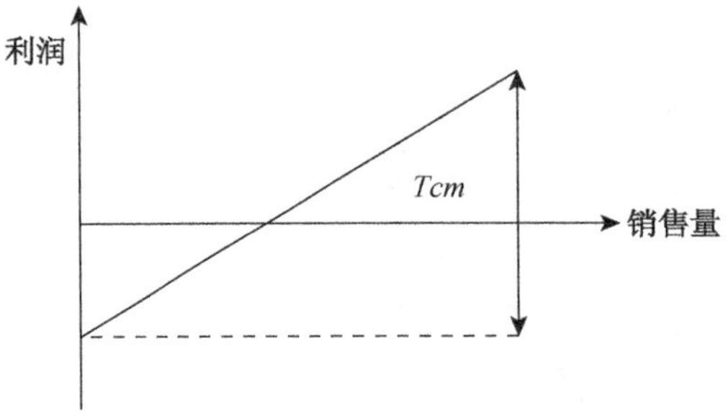

图 4-3　利量式保本图

利量式保本图最能直接地表达销售量与利润之间的关系。当销售量为零时,企业的亏损就等于固定成本;随着销售量的增长,亏损逐渐减低直至盈利。利量式保本图更易于为企业管理人员所理解和接受。同时,利量式保本图中的利润线表示的是销售收入与变动成本之间的差量关系,即贡献毛益,利润线的斜率也就是单位贡献毛益。在固定成本既定的情况下,贡献毛益率越高,利润线的斜率也就越大,保本点也就越低。此外,利量式保本图将固定成本置于横轴之下,能更清晰地表示固定成本在企业盈亏中的特殊作用。利量式保本图除了可以用于单一品种的保本分析之外,还可以用于多品种的保本分析。

保本点采用数学模型进行计算,称为方程式法,反映在直角坐标系中则称为图示法。与方程式法相比,图示法具有形象直观、简明易懂的特点,但由于图示法是依靠目测绘制而成,所以不可能十分准确,通常与方程式法配合使用。企业在进行成本、业务量和利润的目标规划时往往需要反复测算,测算时采用方程式法较为方便。

三、多品种保本分析

企业同时生产经营两种及两种以上产品或劳务时也可以进行保本分析。但由于各种产品的实物形态、单价、单位变动成本、贡献毛益等不尽相同,进行保本分析时不能借助于产品的实物数量指标,因其实物数量不能简单地相加,必须利用能够综合反映各种产品销售量的金额指标,即销售收入。因此,多品种保本分析方法与单一产品保本分析方法不尽相同。多品种保本分析方法主要有加权平均法、联合单位法等。

(一) 加权平均法

加权平均法是以各产品贡献毛益率和各产品销售收入占全部销售收入的比重为权数计算综合贡献毛益率,进而计算多品种保本额的一种方法。加权平均法下多品种保本额计算公式如下：

$$\text{多品种保本额} = \frac{\text{固定成本}}{\text{综合贡献毛益率}} = \frac{a}{cmR}$$

由上述公式可以看出，计算多品种保本额关键是计算综合贡献毛益率。综合贡献毛益率计算步骤如下。

第一步，计算各种产品的销售比重。

$$\text{某产品销售比重}(W_i) = \frac{\text{该产品销售额}}{\text{各种产品销售额合计}} \times 100\%$$

第二步，计算各种产品的贡献毛益率。

$$\text{某产品贡献毛益率}(cmR_i) = \frac{\text{该产品贡献毛益}}{\text{该产品销售收入}} \times 100\%$$

第三步，计算综合贡献毛益率。

$$\text{综合贡献毛益率}(cmR) = \sum(\text{某产品贡献毛益率} \times \text{某产品销售比重})$$

第四步，计算综合保本额。

$$\text{综合保本额} = \frac{\text{固定成本总额}}{\text{综合贡献毛益率}}$$

第五步，计算各种产品的保本额和保本量。

$$\text{某产品保本额} = \text{综合保本额} \times \text{该产品销售比重}$$

$$\text{某产品保本量} = \frac{\text{该产品保本额}}{\text{该产品销售单价}}$$

【例 4-4】　假设某企业固定成本总额为 14 600 元，该企业生产和销售 A、B、C 共三种产品（假设各种产品的产销量完全一致），有关资料如表 4-1 所示。要求：计算各种产品的保本额和保本量。

表 4-1　企业生产和销售资料

项目＼产品	A	B	C
产销量（件）	1 200	3 500	1 800
单位价格（元）	50	60	30
单位变动成本（元）	45	48	21

解 根据表 4-1 中的数据资料计算 A、B、C 三种产品的贡献毛益率如表 4-2 中所示。

表 4-2 各种产品贡献毛益率计算表

项目 产品	销售量（件）①	单价（元）②	单位变动成本（元）③	销售收入（元）④=①×②	销售比重（%）⑤=④/Σ④	贡献毛益（元）⑥=①×（②-③）	贡献毛益率（%）⑦=⑥/④
A	1 200	50	45	60 000	18.52	6 000	10
B	3 500	60	48	210 000	64.81	42 000	20
C	1 800	30	21	54 000	16.67	16 200	30
合计				324 000	100	64 200	

综合贡献毛益率（cmR）$= 10\% \times 18.52\% + 20\% \times 64.81\% + 30\% \times 16.67\% \approx 19.81\%$

根据综合贡献毛益率计算该企业全部产品保本点的销售额，即：

$$多品种保本额 = \frac{14\ 600}{19.81\%} \approx 73\ 700（元）$$

各种产品的保本额和保本量计算如下：

$$A产品保本额 = 73\ 700 \times \frac{60\ 000}{60\ 000 + 210\ 000 + 54\ 000} \approx 13\ 648（元）$$

$$A产品保本量 = \frac{13\ 648}{50} \approx 273（件）$$

$$B产品保本额 = 73\ 700 \times \frac{210\ 000}{60\ 000 + 210\ 000 + 54\ 000} \approx 47\ 769（元）$$

$$B产品保本量 = \frac{47\ 769}{60} \approx 796（件）$$

$$C产品保本额 = 73\ 700 \times \frac{54\ 000}{60\ 000 + 210\ 000 + 54\ 000} \approx 12\ 283（元）$$

$$C产品保本量 = \frac{12\ 283}{30} \approx 409（件）$$

从以上计算可以看出，当 A 产品销售 273 件、B 产品销售 796 件、C 产品销售 409 件时，企业处于不盈不亏状态，说明各产品的销售比重会影响到综合贡献毛益率水平。因而销售比重即产品的品种结构发生变化时，势必改变全部产品的综合贡献毛益率，企业的盈亏临界点也自然要发生相应的变化。在其他条件不变的前提下，提高贡献毛益率高的产品销售比重，降低贡献毛益率低的产品销售比重，就会提高贡献毛益率水平，从而达到降低综合保本额的目的。

加权平均法在生产、销售多种产品条件下的保本点分析中应用最为普遍，适用于企业固定成本无法在各种产品之间进行分配的情况。

（二）联合单位法

联合单位法是指在事先掌握多品种之间客观存在的相对稳定产销实物量比例的基础上，确定每一联合单位的联合单价和联合单位变动成本，从而进行多品种本量利分析的一种方法。

如果企业生产的多种产品的实物量之间存在着较稳定的数量关系，而且所有产品的销路都很好，那么就可以用联合单位代表按实物量比例构成的一组产品。如企业生产的 A、B、C 共三种产品的销量比为 1∶2∶3，则一个联合单位就相当于 1 个 A、2 个 B 和 3 个 C 的集合，其中 A 产品为标准产品。在联合单位销量比的基础上，可进一步计算出每一联合单位的联合单价和联合单位变动成本，进而可以按单一品种的本量利分析法计算联合保本量，其计算公式为：

$$\text{联合保本量}=\frac{\text{固定成本}}{\text{联合单价}-\text{联合单位变动成本}}$$

上述公式中，联合单价等于一个联合单位的全部收入；联合单位变动成本等于一个联合单位的全部变动成本。在此基础上，可计算每种产品的保本量，其计算公式为：

$$\text{某产品保本量}=\text{联合保本量}\times\text{该产品销量比重}$$

【例 4-5】　仍用［例 4-4］所提供的资料。要求：采用联合单位法进行保本分析。

解　根据以上资料确定各产品产销比为：

A∶B∶C＝1∶2.92∶1.5

联合单价＝50×1＋60×2.92＋30×1.5＝270.20（元）

联合单位变动成本＝45×1＋48×2.92＋21×1.5＝216.66（元）

$$\text{联合保本量}=\frac{14\,600}{270.20-216.66}\approx 272.69(\text{件})$$

各种产品保本量计算如下：

A 产品保本量＝272.69×1.00≈273（件）

B 产品保本量＝272.69×2.92≈796（件）

C 产品保本量＝272.69×1.5≈409（件）

各种产品保本额计算如下：

A产品保本额＝273×50＝13 650(元)

B产品保本额＝796×60＝47 760(元)

C产品保本额＝409×30＝12 270(元)

四、安全边际

(一) 安全边际的定义和表现形式

1. 安全边际的定义

安全边际是与保本点密切相关的另外一个非常重要的概念。所谓安全边际，是指正常销售量(额) 或者现有销售量(额)(分别记作 x_1 和 y_1) 超过保本量(额) 的差额。这一差额表明企业销售量(额) 超越保本量(额) 的程度，即现有销售量(额) 降低多少，就会发生亏损。保本点状态意味着企业当期销售量下的贡献毛益刚好为全部固定成本。只有当销售量超过保本量，其超出部分(即安全边际) 所提供的贡献毛益才能形成企业利润。显然，超出部分越大，企业实现的利润也就越多，企业经营也就越安全。从这个意义上说，安全边际是从相反的角度来研究盈亏临界点问题，也是企业经营安全程度的评价指标。

2. 安全边际的表现形式

安全边际有绝对数和相对数两种表现形式。绝对数包括安全边际量(记作 *MS* 量) 和安全边际额(记作 *MS* 额)。其计算公式如下：

$$安全边际量(MS量)＝实际或预计销售量－保本量＝x_1-x_0$$

$$安全边际额(MS额)＝实际或预计销售额－保本额＝y_1-y_0$$

安全边际量与安全边际额的关系为：

$$安全边际额(MS额)＝安全边际量(MS量)×单价＝MS量\times p$$

安全边际除了用现有销售量与保本量的差额表示外，还可以用相对数来表示，即安全边际率。安全边际率计算公式如下：

$$\begin{aligned}安全边际率&=\frac{MS量}{实际或预计销售量}\times100\%\\&=\frac{MS额}{实际或预计销售额}\times100\%\end{aligned}$$

安全边际的作用是用来评价企业经营的安全程度。安全边际是正指标，数值越大，企业经营安全程度越高，发生亏损的可能性越小；反之企业经营越不安全，发生亏损的可能性越大。西方国家评价企业经营安全程度的一般标准如表4-3所示。

表 4-3　企业经营安全性评价标准

安全边际率	10%	10%～20%	20%～30%	30%～40%	40%以上
安全程度	危险	值得注意	较安全	安全	很安全

（二）保本作业率

保本作业率，又称危险率或保本开工率，是指保本量占企业正常销售量的百分比。所谓正常销售量，是指在正常市场环境和企业正常开工情况下产品的销售量。它是保本点的另外一种表达方式。保本作业率的计算公式为：

$$保本作业率=\frac{保本量}{正常销售量}\times 100\%=\frac{x_0}{x_1}\times 100\%$$

$$=\frac{y_0}{y_1}\times 100\%$$

保本作业率表明企业实现保本的业务量在正常业务量中所占的比重。由于企业通常按照正常的销售量来安排产品的生产，在合理库存的条件下，产品产量与正常的销售量应该大体相同，所以保本作业率还可以表明企业在保本状态下生产能力的利用程度。保本作业率与安全边际率的关系是互补的，即：

$$安全边际率+保本作业率=1$$

保本作业率是反指标，数值越小，说明企业经营的安全程度越高。目前，某些西方国家评价企业安全程度不用安全边际率，而使用保本作业率。

【例 4-6】　假设企业保本量为 7 500 件，预计正常销售量为 12 000 件，销售单价为 10 元。要求：

（1）计算该企业安全边际指标；

（2）计算该企业保本作业率；

（3）评价该企业经营安全程度。

解　（1）

$$安全边际量(MS\ 量)=12\ 000-7\ 500=4\ 500(件)$$

$$安全边际额(MS\ 额)=10\times 12\ 000-7\ 500\times 10=45\ 000(元)$$

$$安全边际率=\frac{4\ 500}{12\ 000}\times 100\%=37.5\%$$

(2) $$保本作业率 = \frac{7\,500}{12\,000} \times 100\% = 62.5\%$$

(3) $$安全边际率 + 保本作业率 = 37.5\% + 62.5\% = 1$$

由于企业的安全边际率为 37.5%，可以判定该企业的经营状况为安全。

综上所述，只有安全边际才能为企业提供利润，而保本量只能为企业补偿固定成本，所以企业利润的计算可以借助安全边际这一概念，即：

$$利润 = 安全边际量 \times 单位贡献毛益$$

或

$$利润 = 安全边际额 \times 贡献毛益率$$

将上式的左右两边均除以产品销售收入，则有：

$$销售利润率 = 安全边际率 \times 贡献毛益率$$

安全边际概念和上述有关计算公式在以后的预测和决策分析中应用广泛。从完整的意义上看，在一定时期内，如果企业不盈不亏、收支相等、利润为零、贡献毛益等于固定成本、安全边际各项指标均为零、保本作业率等于 100%，则可以断定该企业一定处于保本状态。

五、影响保本点指标的因素分析

如前所述，企业利润的高低决定于销售收入与总成本两个因素，而销售收入的大小取决于销售量和销售单价两个因素；总成本的大小则取决于变动成本和固定成本这两个因素。进行保本分析时，贡献毛益概念的重要启示是：只要销售单价高于单位变动成本(必须如此，否则销售量越大则亏损越大)，固定成本就可以获得补偿。根据本量利分析原理可以得出影响保本点的因素主要是固定成本、单位变动成本、销售单价。具体来说表现在以下三个方面。

(一) 销售单价变动对保本点的影响

在总成本既定的情况下，单位产品销售价格的变动与保本点反方向变动。保本点的位置随销售单价的变动而反方向变动：销售单价越高(表现在坐标图中就是销售收入线的斜率越大)，保本点就越低，同样销售量下实现的利润也就越高，增强企业的获利能力，促使企业经营状况向好的方向发展；反之，保本点就越高，利润也就越低。

【例 4-7】 假设某企业生产和销售单一产品，产品售价为 60 元，单位变动成本为 40 元，全年固定成本为 600 000 元。要求：

(1) 计算保本量；

(2) 若销售价格提高到 70 元，计算保本量。

解　由题意可知：

(1)
$$保本量 = \frac{600\ 000}{60-40} = 30\ 000(件)$$

(2) 若销售价格由原来的 60 元提高到 70 元，则保本量计算如下：

$$保本量 = \frac{600\ 000}{70-40} = 20\ 000(件)$$

上述单位产品销售价格变动对保本点的影响在传统式保本图中可以看出：由于单位产品销售价格的提高，表现为销售收入线的斜率变大，致使保本点左移，原来的盈利区域扩大了。

(二) 固定成本变动对保本点的影响

在销售单价、单位变动成本既定的情况下，保本点的位置随固定成本总额的变动而同方向变动。尽管固定成本不随业务量的变动而变动，但企业经营能力的变化和管理决策都会导致固定成本的升降，特别是酌量性固定成本更容易发生变化。固定成本越大(表现在坐标图中就是总成本线与纵轴的交点越高)，保本点就越高，削弱企业的获利能力；反之，保本点就越低。

【例 4-8】　仍用[例 4-7]的资料。假设其他条件不变，只是固定成本由原来的 600 000 元下降到了 500 000 元，要求计算保本量。

解　由题意可知

$$保本量=\frac{500\ 000}{60-40}=25\ 000(件)$$

可见，由于固定成本下降了，导致保本点的临界值(销售量)降低了。在传统式保本图中可以看出，由于固定成本下降，导致总成本线下移和保本点左移，自然亏损区变小而盈利区扩大，如图 4-4 所示。

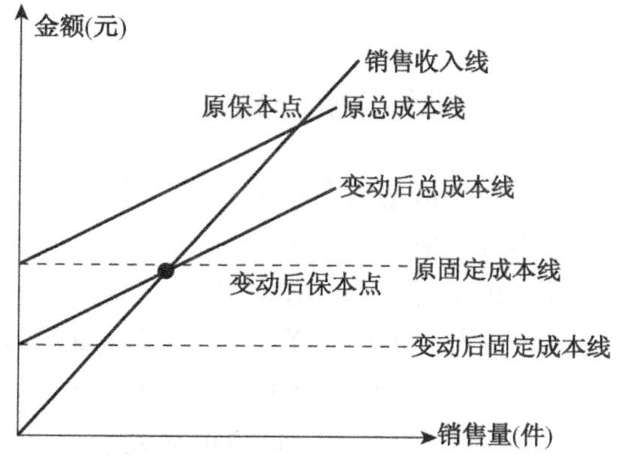

图 4-4　固定成本变动保本图

(三) 单位变动成本变动对保本点的影响

在销售单价和固定成本总额既定的情况下，保本点的位置随单位变动成本的变动而同方向变动：单位变动成本越高（表现在保本图中就是总成本线的斜率越大），保本点就越高，使企业经营状况向不利的方向发展；反之，保本点就越低。

【例 4-9】 仍用[例 4-7]中的资料。假设单位变动成本由原来的 40 元下降到了 35 元，要求计算保本量。

解 由题意可知：

$$保本量 = \frac{600\ 000}{60-35} = 24\ 000(件)$$

综上所述，保本点就是能使企业达到不盈不亏状态的产品销售数量。诸因素的变动与保本点的取值之间存在着必然的、内在的联系。这种联系是：固定成本与变动成本的下降、销售价格的提高会使保本点的取值趋小（在传统式图示法下则表现为盈亏临界点由原来的位置左移）；反之固定成本与变动成本的上升、销售价格的下降则会使保本点的取值变大。另外，产品品种构成变动对保本点的影响一般是针对产销多种产品的，由于各种产品的获利能力不会完全相同，有时差异可能还比较大，出现的情况也各不相同，因此保本点势必会发生变化。

第三节　保 利 分 析

一、保利分析意义

保利分析是指在单价和成本水平既定的情况下，为确保事先确定的目标利润能够实现而应达到的销售量（记作 x_2）或销售额（记作 y_2），即实现目标利润的销售量或销售额。保利分析的实质是逐一描述业务量、成本、单价、利润等因素相对于其他因素而存在的定量关系。从现实的角度看，企业不但要保本，而且要有盈利，否则就无法发展，影响企业未来的生存。企业只有在考虑盈利的条件下，才能充分揭示成本、业务量和利润之间的正常关系。

企业的销售量超出保本点时，可以实现利润。保本分析是假设企业利润为零这样一种特殊的经营状态下来研究问题的。企业的目标当然不是利润为零，而是尽可能多地超越保本点而实现利润。所以，保利分析是保本分析的延伸和拓展。为了便于分析和预测目标利润，需建立实现目标利润的有关模型。

二、保利点的计算

（一）保利点

保利点是指在单价和成本水平既定的情况下，为保证目标利润能够实现而应达到的销售量和销售额的统称。保利点计算公式为：

$$保利量=\frac{目标利润+固定成本}{单位贡献毛益}$$

上述公式表明，企业产品销售在补偿固定成本（达到保本点）后，需要怎样的销售量才能实现目标利润。同样，实现目标利润的销售量也可以用金额来表示，即实现目标利润的销售额，简称保利额，只需将上式等号左右两边都乘以产品单价，即：

$$保利额=\frac{目标利润+固定成本}{贡献毛益率}$$

【例 4-10】 假设某企业生产和销售单一产品，产品单价为 50 元，单位变动成本为 25 元，固定成本为 50 000 元。如果目标利润为 40 000 元，要求计算保利量和保利额。

解 由题意可知：

$$保利量=\frac{40\ 000+50\ 000}{50-25}=3\ 600（件）$$

$$保利额=\frac{40\ 000+50\ 000}{\frac{50-25}{50}\times100\%}=180\ 000（元）$$

（二）保净利点

目标利润是指未扣除所得税前的利润。所得税费用对于实现了利润的企业来说，是一项必然的支出。目标净利润等于目标利润扣除所得税后的利润。所以，从税后利润的角度进行目标利润的分析与预测，对企业而言或许更为适用。

$$净利润=税前利润\times（1-企业所得税税率）$$

$$税前利润=\frac{净利润}{1-企业所得税税率}$$

则：

$$保净利量=\frac{\dfrac{净利润}{1-企业所得税税率}+固定成本}{单位贡献毛益}$$

$$保净利额=\frac{\dfrac{净利润}{1-企业所得税税率}+固定成本}{贡献毛益率}$$

【例 4-11】 仍用[例 4-10]的资料。假设税后利润为 30 000 元，企业所得税税率为 25%，要求计算保利量和保利额。

解 由题意可知：

$$保净利量=\frac{30\ 000\div(1-25\%)+50\ 000}{50-25}=3\ 600(件)$$

$$保净利额=\frac{30\ 000\div(1-25\%)+50\ 000}{50\%}=180\ 000(元)$$

三、影响保利点相关因素分析

在企业的生产经营实践中，保利点的计算是保本点的拓展和延伸，导致保本点变化的各因素都可能对实现目标利润产生影响。此外，在进行实现税后目标利润的分析时，企业所得税税率的变动也会有影响。

（一）销售单价变动对保利点的影响

在其他因素不变的情况下，单价与利润变动的方向是一致的，而与保利点反方向。单价提高会使单位贡献毛益和贡献毛益率提高，相应会降低保利点，利润增加；单价下降时情况刚好相反。单价的变动对保利点的影响最为直接，因而对实现目标利润的影响也是一样。

【例 4-12】 某企业生产和销售单一产品。该企业计划年度内预计销售产品 3 600 件，全年固定成本预计为 50 000 元。该产品单价为 50 元，单位变动成本为 25 元。要求：

(1) 计算计划年度的目标利润；

(2) 若单价下降到 45 元，计算保利量。

解 由题意可知：

(1) $$目标利润=3\ 600\times(50-25)-50\ 000=40\ 000(元)$$

(2) 若产品单价由 50 元下降到 45 元，保利量计算如下：

$$保利量=\frac{40\ 000+50\ 000}{45-25}=4\ 500(件)$$

由此可以看出，保利量需由预计的 3 600 件达到 4 500 件时，目标利润才能实现，否则无法实现。

（二）单位变动成本变动对保利点的影响

在其他因素不变的情况下，单位变动成本的变动与保利点的变动方向一致，即单位变动成本上升，保利点就会提高，企业的盈利能力下降；单位变动成本下降，保利点也随之下降，企业的盈利能力提高。

【例 4-13】　仍用[例 4-12]中的资料。假设其他条件不变，只是单位变动成本降为 20 元，要求计算保利量。

解　由题意可知：

$$保利量=\frac{40\ 000+50\ 000}{50-20}=3\ 000(件)$$

（三）固定成本变动对保利点的影响

若其他条件既定，固定成本与目标利润之间是此消彼长的关系。增加固定成本总额，就会使保利点上升，削弱企业的获利能力；固定成本降低，则目标利润增大，或者使保本点降低。

【例 4-14】　仍用[例 4-12]中的资料。假设其他条件不变，只是固定成本减少了 10 000 元，要求计算保利量。

解　由题意可知：

$$保利量=\frac{40\ 000+40\ 000}{50-25}=3\ 200(件)$$

（四）企业所得税税率变动对保利点的影响

如果企业的目标利润确定为目标净利润，除了上述因素的变动会对实现目标净利润产生影响外，企业所得税税率的变动也会对其产生影响。

【例 4-15】　仍用[例 4-12]中的资料。假设其他条件不变，如果计划年度企业所得税税率由 25%提高到 40%，要求计算保利量。

解　由题意可知：

$$保利量=\frac{30\ 000\div(1-40\%)+50\ 000}{50-25}=4\ 000(件)$$

如果销售量只能达到3 600件，则税后利润只能实现24 000元{[3 600×(50－25)－50 000]×(1－40%)}，比目标净利润少6 000元。

思考题

1. 什么是本量利分析？成本、业务量和利润三者之间的关系如何？
2. 本量利分析的前提条件是什么？
3. 贡献边际率指标的含义是什么？它和变动成本率的关系如何？
4. 贡献边际指标有哪几种形式？如何计算？
5. 单一品种下有关因素变动如何影响保本点、保利点和目标利润？
6. 影响保本点和保利点的因素有哪些？它们的变动对保本点和保利点会产生什么样的影响？
7. 什么是安全边际？如何计算安全边际？
8. 每种本量利分析图各有哪些优缺点？

练习题

一、单项选择题

1. 企业经营安全程度的判别指标一般是(　　)。

A. 保本量　　B. 保本额　　C. 安全边际　　D. 安全边际率

2. 从有关公式可见，进行保本和盈利分析时，凡计算有关销售额的指标时，均以(　　)为分母。

A. 贡献边际率　　B. 单位贡献边际

C. 固定成本　　D. 企业所得税税率

3. 在本量利分析中，必须假定产品成本的计算基础是(　　)。

A. 完全成本法　　B. 变动成本法

C. 吸收成本法　　D. 制造成本法

4. 进行本量利分析，必须把企业全部成本区分为固定成本和(　　)。

A. 制造成本　　B. 材料成本

C. 人工成本　　D. 变动成本

5. 单价单独变动时，会使安全边际(　　)。

A. 同方向变动 B. 反方向变动　　C. 不一定变动　　D. 不变

6. 在计算保本量和保利量时，有关公式的分母是(　　)。

A. 单位贡献边际　　B. 贡献边际率

C. 单位变动成本　　　　D. 固定成本

7. 已知某产品的销售利润率为9%，安全边际率为30%，则贡献毛益率为（　　）。

A. 2.7%　　B. 3.33%　　C. 30%　　D. 39%

8. 下列各项中，不属于本量利分析假设的是（　　）。

A. 销售价格不变　　　　B. 产销平衡

C. 成本是线性的　　　　D. 产销不平衡

9. 下列因素单独变动时，不会对保利点产生影响的是（　　）。

A. 成本　　　　B. 单价

C. 销售量　　　　D. 目标利润

10. 在其他因素不变的条件下，固定成本减少，保本点（　　）。

A. 升高　　　　B. 降低

C. 不变　　　　D. 不一定变动

二、多项选择题

1. 影响保本点的因素有（　　）。

A. 单位售价　　　　B. 单位变动成本

C. 固定成本总额　　　　D. 品种结构

2. 贡献边际除了以总额形式表现外，还包括（　　）。

A. 单位边际贡献　　　　B. 税前利润

C. 销售收入　　　　D. 贡献边际率

3. 安全边际指标的表现形式包括（　　）。

A. 安全边际量　　　　B. 安全边际额

C. 安全边际率　　　　D. 保本作业率

4. 降低保本点的途径有（　　）。

A. 降低单位售价

B. 降低固定成本总额

C. 提高售价

D. 提高贡献边际率高的产品销售比重

5. 下列各项中，能够同时影响保本点、保利点及保净利点的因素有（　　）。

A. 单位边际贡献　　　　B. 贡献边际率

C. 固定成本总额　　　　D. 目标利润

6. 判断企业处于保本状态的标志有（　　）。

A. 收支相等　　　　B. 边际贡献等于固定成本

C. 安全边际量为零　　　　D. 保本作业率为100%

7. 当单价单独变动时，会使下列指标同方向变动，即(　　)。

A. 保本点　　　　B. 保利点

C. 单位贡献边际　　　　D. 贡献边际率

三、判断题

1. 在进行本量利分析时，不需要任何假设条件。(　　)

2. 企业的贡献边际应当等于企业的销售毛利。(　　)

3. 在其他条件不变的条件下，固定成本越高，保本量越大。(　　)

4. 销售利润率可通过贡献边际率乘以安全边际率求得。(　　)

5. 当企业生产经营多种产品时，无法使用本量利分析法。(　　)

6. 保本作业率能够反映保本状态下的生产经营能力的利用程度。(　　)

7. 在多品种生产的条件下，提高贡献毛益率水平较高产品的销售比重，可以降低整个企业的综合保本额。(　　)

四、计算题

1. 某公司只销售一种产品，2×15 年单位变动成本为 15 元/件，变动成本总额为 63 000 元，共获得税前利润 18 000 元，若该公司计划于 2×16 年维持销售单价不变，变动成本率仍维持 2×15 年的 30%。要求：

(1) 计算该产品销售单价；

(2) 计算该公司 2×15 年的销售量和固定成本；

(3) 预测 2×16 年的保本额；

(4) 若目标利润为 98 500 元，预测实现目标利润时的销售量；

(5) 若 2×16 年的计划销售量比 2×15 年提高 8%，预测安全边际额。

2. 某企业生产和销售单一产品，该产品单位售价为 50 元，单位变动成本为 30 元，固定成本总额为 60 000 元，预计正常销售量为 5 000 件。要求：

(1) 计算保本量及保本作业率；

(2) 计算安全边际量及安全边际率。

3. 某企业生产和销售甲、乙两种产品，产品单价分别为：甲产品 6 元/件，乙产品 3 元/件。边际贡献率分别为：甲产品 40%，乙产品 30%。全月固定成本为 72 000元。本月甲产品预计销售量为 30 000 件，乙产品 40 000 件。要求：计算保本额。

4. 某公司只生产一种产品，售价为每件 5 元，总成本与销售额之间的函数关系为：月总成本＝120＋0.2×销售额。要求：

(1) 计算单位变动成本、单位边际贡献、保本量；

(2) 如果单位变动成本提高 1.2 元，售价应定为多少，才能保持原来的边际贡献率。

5. 某企业只生产甲产品，单价为10元，单位变动成本为6元，固定成本总额为40 000元。2015年实际销量为12 500件。要求：

(1) 计算保本量和保本额；

(2) 计算安全边际率。

6. 某公司生产经营甲、乙、丙三种产品，固定成本为45 900元。甲产品、乙产品、丙产品的销售单价分别为100元/件、120元/件和160元/件，单位变动成本分别为80元/件、90元/件和112元/件，销售量分别为600件、500件和500件。要求：采用加权平均法测算企业综合保本点、各产品保本点及全部产品盈利额。

第五章　预 测 分 析

【本章导读】

预测分析是根据过去的历史资料和现在所能取得的信息，运用所掌握的科学知识和实践经验，按照事物的发展规律，有目的地预计和推测未来。预测分析的基本原则包括充分性、连贯性、灵活性和相对性原则。预测分析的方法包括定性预测分析法和定量预测分析法。预测分析的内容包括销售预测、利润预测和成本预测。

通过本章学习，认识预测分析的重要性，掌握销售预测、成本预测、利润预测的基本方法，能够运用这些方法进行预测分析。

第一节　预测分析概述

一、预测分析的意义

预测分析，就是根据过去的历史资料和现在所能取得的信息，运用所掌握的科学知识和实践经验，按照事物的发展规律，预计和推测事物发展的必然性或可能性的行为。用科学的预测代替主观臆断，可以为管理者提供客观依据，克服盲目性，提高预见性。

在现代企业管理中，管理的中心在于经营，经营的中心在于决策。而正确的决策必须以科学的预测为前提，正确决策的关键在于科学的预测。只有把预测看成是决策的先导，才能避免决策的主观性和盲目性。

（一）预测分析是决策分析的基础

科学的预测是正确决策的基础，预测是为决策服务的，是决策的前提。通过预测分析，可以科学地确定企业的一些重要经济指标，如目标销售量、目标成本和目标利润等，以便合理安排和使用现有的人力、物力和财力，全面协调企业的整体生产经营活动。

（二）预测分析是编制全面预算的前提

为了减少经济活动的盲目性，企业要定期编制全面预算。而编制全面预算的前提就是先做好预测分析。全面预算能否在企业的生产经营活动中发挥其在规划、控制和考核等方面的重要作用，取决于预测分析的准确性和可靠程度。

（三）预测分析是提高经济效益的手段

通过科学的预测分析，可以及时掌握国内外市场信息、销售趋势和科技发展动态，提高应变能力和竞争能力，合理组织和使用各种资源，降低消耗，增加销售收入，提高经济效益。

二、预测分析的原则

（一）充分性原则

预测必须以占有充分资料为前提，只有资料充分，才能准确地反映出经济现象存在的规律性，才能对预测对象的未来状况做出科学的推断。同时，预测分析又是在一定的假设前提下对经济现象和经济过程所作的估计和推断，受不确定因素的影响，预测分析存在误差在所难免。因此，在预测时要有充分的估计，使预测结果更接近实际。

（二）连贯性原则

预测分析要根据经济现象过去、现在以至未来都存在的规律和稳定的结构，只要规律和结构不变，就可以据此预测未来。但是一旦现象改变了，结构发生了变化，预测的模式就必须做相应的改变。

（三）灵活性原则

预测分析可采用灵活多样的方法进行，选择时要体现出简便性、经济性和效益性的原则。

（四）相对性原则

预测分析时，要事先规定出预测对象的时间范围界限，预测结果的精确度与时间范围的大小直接有关。一般来说，预测的时间越短，预测的结果就越精确；预测的时间越长，预测结果的精确度就越低。

三、预测分析的程序

预测分析一般按照以下步骤进行。

（一）确定预测目标

预测分析首先要清楚界定预测的具体对象及预测所要达到的目的。这样就需要企业根据总体目标设计和选择预测的内容、期限和范围等，并要保证预测分析能突出重点。

（二）收集整理资料

预测目标的确定是预测分析的起点和进行预测的依据。因为准确、系统、全面的资料是预测分析的前提条件。因此，收集的资料既要完整、全面，又要真实、可靠，同时还要对这些资料进行加工、整理，并进行系统分析，从中找出与预测对象有关的各因素之间的相互依存关系。

（三）选择预测方法

每种预测方法都有特定的用途，对于不同的预测对象，根据预测目标、内容、要求和所掌握的资料，选择相应的预测方法。对于定量预测，要建立数学模型，以确定最佳的定量预测分析方法；所建立的数学模型应该进行检验。对于定性预测，应结合以往经验选择最佳的定性预测方法。

（四）进行预测分析

应用选定的预测方法和建立的预测模型，分别进行定量预测分析和定性预测分析，在分析内部、外部各种影响因素后，进行分析判断，揭示事物的变化趋势，并预测其发展结果。

（五）检查验证结论

通过检查前期预测结果是否与当前实际相符，检查过去的预测结果是否正确并分析找出误差原因，以便及时对原选择的预测方法加以改进，使预测方法在本期预测过程中得到修正，从而完善预测机制。

（六）修正预测结论

对于原用定量预测分析方法进行的预测，常常由于某些数据不充分或无法定量而影响预测的精确，这就需要用定性预测分析方法考虑这些因素，并修正定量预测结果。而原用定性预测分析方法预测的结果，也需要用定量预测分析方法加以修正、补充，使预测结果更接近实际。

（七）报告预测结论

报告预测结论就是将修正完善过的预测结论向企业的有关领导报告，作为进行决策或编制预算的基础材料。

四、预测分析的内容

预测分析的内容包括销售预测、利润预测、成本预测和资金预测等四个方面。

（一）销售预测

销售预测，又称产品需求预测，是指在市场调查的基础上，通过一定的分析方法，对未来特定时期的全部产品或特定产品的销售量与销售额做出的预计和推测。做好销售预测，可以减少生产的盲目性，使企业的供应、生产和销售之间合理衔接，从而提高企业的经济效益。

（二）成本预测

成本预测，是指根据企业的未来发展目标和相关资料，运用一定的科学方法，对未来成本水平及其变化趋势做出的预计和推测。通过成本预测，可以掌握未来的成本水平及其变动趋势，有助于减少决策的盲目性，使经营管理者易于选择最优方案，做出正确决策。

（三）利润预测

利润预测，是指在销售预测的基础上，根据企业的未来发展目标和其他相关资料，对企业未来应当达到或可望实现的利润水平及其变动趋势做出的预计和测算。利润预测可以帮助企业规划最优的利润目标。

（四）资金预测

资金预测，又称资金需要量预测，是指在销售预测、利润预测和成本预测的基础上，根据企业的未来发展目标并考虑影响资金的各项因素，运用专门方法，对企业在未来一定时期内所需资金的数额、来源渠道、运用方向及其效果做出的预计和推测。对于资金预测本书不单独作详细介绍。

销售预测是其他各项预测的前提，只有在搞好销售预测的前提下，才能相互衔接地开展好其他各项经营预测。

五、预测分析的方法

预测分析的方法包括定性预测分析法和定量预测分析法两类。

（一）定性预测分析法

定性预测分析法，又称非数量分析法，是指由熟悉业务情况的有关方面的专业人员根据个人的知识和经验，结合预测对象的特点进行综合分析，对事物的未来状况和发展趋势做出推测的预测分析方法。定性预测分析法一般是有经验的管理人员、销售人员、财务人员和工程技术人员按照过去积累的经验进行分析与判断，各自分别提出初步的预测意见，然后进行综合、补充和修正，得出最终预测结论。这种方法通常在缺乏完整的历史资料或有关变量之间不存在较为明显的数量关系的情况下采用。定性预测分析法主要有专家判断法、综合意见法、主观概率法、市场调查法等。

（二）定量预测分析法

定量预测分析法，又称数量预测分析法，是指运用现代数学方法对与预测对象有关的各种要素进行加工处理，并据以建立能够充分揭示有关变量之间规律性联系的经济数学模型的预测分析方法。定量预测分析法按照具体方式不同，可以分为时间序列法和因果预测法两种类型。

1. 时间序列法

时间序列法，又称为趋势外推法，是指将预测对象过去的历史数据按时间顺序排列，运用一定的数学方法进行加工和计算，借以预测未来发展趋势的预测方法。它的实质就是应用事物发展的连续性原理和数量统计的方法来预测事物发展的趋势。时间序列法主要包括算术平均法、加权平均法、指数平滑法等。时间序列法主要应用于销售预测，也可用于成本预测。

2. 因果预测法

因果预测法是指根据预测对象与其他相关指标之间相互依存、相互制约的联系，建立相应的因果数学模型进行预测的分析方法。它的实质就是通过事物发展的因果关系来推测事物发展的趋势。因果预测法主要包括本量利分析法、回归分析法等。因果预测法可用于销售预测、成本预测、利润预测等。

在预测实践中，定性预测分析法和定量预测分析法并不相互排斥，而是相互补充、相辅相成的。预测者只有根据企业的实际情况，把两者结合运用，才能取得良好的预测效果。

第二节 销 售 预 测

一、销售预测的意义和影响因素

销售预测又称产品需求预测，是指在市场调查的基础上，通过一定的分析方法，对未来特定时期的全部产品或特定产品的销售量与销售额做出的预计和推测。

（一）销售预测的意义

通常情况下，企业生产经营的最终目的是为了获利。销售产品并取得销售收入是企业获利的首要前提，因此销售预测是企业整个生产经营活动过程中的重要环节。企业所作的预测和决策，大多以销售预测为前提或基础。因此做好销售预测工作，对于加强企业经营管理、提高企业经济效益具有非常重要的意义。

（二）销售预测的影响因素

尽管销售预测十分重要，但进行高质量的销售预测并非易事。在选择最合适的预测方法之前，了解对销售预测产生影响的各种因素是非常重要的。一般来说，在进行销售预测时应考虑外部因素和内部因素两类。影响销售预测的外部因素主要包括市场需求变化、经济发展趋势、同业竞争动向、市场占有率、政府相关政策及其变化等。影响销售预测的内部因素主要包括销售策略、信用政策、销售团队能力、生产能力、产品售后服务等。

二、销售预测的定性分析

销售预测的定性预测分析法主要包括判断分析法、调查分析法和寿命周期法等。

（一）判断分析法

判断分析法是指通过一些具有市场经验的经营管理人员或专家对企业未来某一特定时期的产品销售情况进行综合研究，并做出推测和判断的方法。一般是销售人员根据直觉判断进行预估，然后由销售经理加以综合，从而得出企业总体的销售预测。销售人员由于接近和了解市场，熟悉自己所负责区域的情况，因此用这种方法得出的预测数据比较接近实际。另外，采用这种方法，便于确定分配给各销售人员的销售任务，发挥其积极性，激励他们努力完成各自的销售任务。但是，由于受各种因素的影响，销售人员的预测也会出现偏差，对销售人员的预测往往需要修正。判断分析法根据具体方式的不同可分为专家判断法、推销员意见综合判断法（德尔菲法）、经理人员意见综合判断法。判断分析法一般适用于不具备完整可靠的历史资料，无法进行定量分析的企业。

（二）调查分析法

调查分析法是指通过某种商品在市场上的供需情况变动的详细调查，进行销售预测的一种方法。一般调查涉及产品、消费者、竞争对手、市场占有率和经济发展趋势等方面。公司的销售取决于顾客的购买，顾客的消费意向是销售预测中最有价值的信息。通过调查，可以了解到顾客未来的购买量，顾客的财务状况和经营成果，顾客的爱好、习惯和购买力的变化，顾客购买本公司产品占其总需要量的比重和选择供应商的标准，将有利于销售预测。

在调查时应当注意，选择的调查对象要具有普遍性和代表性，且调查的方法要简便易行，使被调查对象乐于接受调查。此外，对调查所取得的数据与资料要进行科学的分析，特别是要去伪存真、去粗取精。只有这样，所获得的资料才具有真实性、代表性，才能作为预测的依据。调查分析法主要适用于顾客数量有限、调查费用不高、每位顾客意向明确又不会轻易改变的预测。

（三）寿命周期法

寿命周期法是指利用产品销售量在不同寿命周期阶段上的变化趋势进行销售预测的一种定性分析方法，是对判断分析法等方法的重要补充。实际上，在产品寿命周期的不同阶段，销售量是不同的。通过产品寿命周期的分析，可以纠正以上各种方法在预测中的偏差。

产品销售量在产品寿命周期各阶段具有不同特点。

（1）萌芽期：新产品刚投入市场试销，消费者还不熟悉产品的性能，销售量不大，需要经过一定时间的推广，销售量才能逐步上升。

(2) 成长期：产品已为广大消费者所接受，由小批试制、试销转为成批生产和销售，市场销售量迅速增加。

(3) 成熟期：产品进入大批量生产和畅销阶段，前期销售量稳定上升，后期销售量增长减慢，并趋于下降。

(4) 衰退期：产品过时，逐步被新产品所替代，销售量急剧下降，趋于被淘汰。

产品寿命周期只是揭示了产品销售量的一般发展趋势，并不能明确规定所有产品各个阶段的具体时间长短。因此，在产品寿命周期预测中，要先了解预测时产品处在哪一个发展时期，这一时期能延续多久，然后预测出今后若干年内产品销售的变化情况。

判断产品处于哪个阶段，通常采用计算销售增长率的办法。一般来说，萌芽期增长率不稳定，成长期增长率最大，成熟期增长率稳定，衰退期增长率小于零。了解产品所处的寿命周期有助于正确选择预测方法。如在萌芽期，由于历史资料缺乏，可采用判断分析法进行预测；在成长期，可采用回归分析法进行预测；在成熟期，由于销售量比较稳定，可以采用各种平均法进行预测。

三、销售预测的定量分析

销售预测的定量分析主要包括趋势预测分析法和因果预测分析法两类。

(一) 趋势预测分析法

趋势预测分析法，又称为时间序列分析法，是将已有的历史资料按时间顺序排列起来，运用数理统计的理论和方法，来预计和推断未来一定时期的销售量(额)的一种方法。根据采用的具体数学方法的不同，趋势预测分析法又分为算术平均法、移动加权平均法和指数平滑法等。

1. 算术平均法

算术平均法，又称为简单平均法，是以过去若干期的销售量(额)的算术平均数作为未来预测期的销售预测值的一种预测方法。算术平均法下预计销售量计算公式为：

$$预计销售量=\frac{各期销售量之和}{期数}$$

即：

$$x=\frac{\sum x_i}{n}$$

【例 5-1】 某公司 2×16 年第二、第三季度各月电冰箱的实际销售量资料如表 5-1 所示。要求：采用算术平均法预测 2×16 年 10 月份的销售量。

表 5-1 电冰箱销售量资料

月份	4	5	6	7	8	9
销售量(台)	30 000	33 000	32 000	31 000	32 000	34 000

解 根据表 5-1 中的资料，采用算术平均法预测公司 10 月份的销售量计算如下：

$$x=\frac{\sum x_i}{n}=\frac{30\,000+33\,000+32\,000+31\,000+32\,000+34\,000}{6}=32\,000(\text{台})$$

运用算术平均法预测销售量(额)，计算较为简单。但是这种方法仅仅是把历史各期的销售量(额)的差异平均化，没有考虑不同时期、不同因素影响下实际销售量(额)的预测值可能会出现的变化。采用这种预测方法进行预测，预测结果与实际数据之间的误差往往较大。因此，这种方法一般只适用于对受其他因素影响较小、销售量(额)相对比较平稳的商品进行销售预测，如一些没有季节性需求变化的食品等。

2. 加权平均法

加权平均法是指将过去若干期的销售量(额)，按照距离未来预测期的远近，根据近大远小的原则确定各期权数后，计算出加权平均数作为未来预测期的销售预测值的一种预测方法。

在这种预测方法下，由于距离未来预测期越近时期的实际销售量(额)对预测值的影响往往较大，所以该期权数应当较大；而距离预测期较远时期的销售量(额)一般对预测值的影响相对较小，因此其权数也应当小些。其计算公式如下：

$$\text{销售预测值}(x)=\sum(\text{某期销售量或销售额}\times\text{该期权数})=\sum x_i w_i/\sum w_i$$

【例 5-2】 仍用[例 5-1]中的资料。要求：采用加权平均法预测 2×16 年 10 月份的销售量。

解 以自然数为权数，预测企业 10 月份的销售量计算如下：

$$x=\frac{30\,000\times1+33\,000\times2+32\,000\times3+31\,000\times4+32\,000\times5+34\,000\times6}{1+2+3+4+5+6}$$
$$=32\,381(\text{台})$$

加权平均法，既考虑了近期发展的趋势，又根据预测期远近进行加权，从而消除了各个月份销售差异的平均化，故预测结果比较准确，适用于各期销售量(额)略有波动的产品预测。

3. 指数平滑法

指数平滑法，是指在充分分析相关历史前期预测值和实际销售量(额)的情况下，利用平滑指数对未来销售量(额)进行预测的一种预测方法。采用这种方法，需要引入平滑指数 $a(0\leqslant a\leqslant 1)$，其取值一般在 0.3～0.7 之间。其计算公式为：

预测数 = 平滑指数 × 前期实际销售量(额) + (1 − 平滑指数) × 前期预测销售量(额)

即：

$$x = aD_{n-1} + (1-a)F_{n-1}$$

式中，D_{n-1} 为前期实际销售量(额)；F_{n-1} 为前期预测销售量(额)。

【例 5-3】 根据[例 5-1]中的资料，假定该企业 9 月份的销售量预测值为 33 000台，平滑指数为 0.7。要求：采用指数平滑法预测企业 10 月份的销售量。

解 采用指数平滑法预测企业 10 月份的销售量计算如下

10 月份销售预测值 = 0.7 × 34 000 + (1 − 0.7) × 33 000 = 33 700(台)

在计算中，平滑指数 a 的取值越大，则近期实际数对预测结果的影响就越大；平滑指数 a 的取 值越小，则近期实际数对预测结果的影响就越小。因此，在进行近期预测时，可以采用较大的平滑指数；而进行长期预测时，应当采用相对较小的平滑指数。

指数平滑法进行预测的实质就是一种权数分 别为 a 和 $1-a$ 的加权平均计算法。采用这种方法进行预测的优点是可以排除在实际销售中一些偶然因素的影响，且这种计算方法相对比较灵活，适用范围比较广，但平滑指数的确定具有一定的主观随意性。

(二) 因果预测分析法

因果预测分析法，又称相关预测分析法，是指根据已有的历史资料，建立能够反映因果关系的数学模型，用以描述预测量与相关变量之间的依存关系，再通过数学模型计算确定预测期销售量(额)的方法。产品的销售情况一般与某些因素相关，因果预测分析法正是利用了事物发展的因果关系，来推测所预测对象的变化规律。因果预测分析的具体方法很多，如回归分析法等。

运用回归分析法进行销售预测时，需要建立如下数学模型：

$$y = a + bx$$

式中，y 表示销售量(额)，a 和 b 为回归系数，x 表 示预测对象的相关因素变量。

回归系数 a 和 b 可以用下式来计算。

$$a=\frac{\sum y-b\sum x}{n}$$

$$b=\frac{n\sum xy-\sum x\sum y}{n\sum x^2-(\sum x)^2}$$

由于自变量 x 为时间变量，其数值呈单调递增，形成等差数列，所以对时间值进行修正，令 $\sum x=0$ ，以简化回归系数的计算方法。则 a 与 b 的计算公式可以简化为：

$$a=\frac{\sum y}{n}$$

$$b=\frac{\sum xy}{\sum x^2}$$

如何使 $\sum x=0$ ，一般区别两种情况：一是 n 为奇数，令第 $(n+1)/2$ 项的 x 值为 0，以 1 为间隔，确定前后各期的 x 值；二是 n 为偶数，则令第 $n/2$ 项和第 $n/2+1$ 项分别 -1 和 $+1$，以 2 为间隔，确定前后各期的 x 值。

【例 5-4】 根据[例 5-1]中的资料。要求：采用回归分析法预测企业 10 月份的销售量。

解 根据资料计算有关数据，如表 5-2 所示。

表 5-2 回归分析计算表

月份	x	y	xy	x^2
4	−5	30 000	−150 000	25
5	−3	33 000	−99 000	9
6	−1	32 000	−32 000	1
7	−1	31 000	31 000	1
8	+3	32 000	96 000	9
9	+5	34 000	170 000	25
n=6	$\sum x=0$	$\sum y=192\ 000$	$\sum xy=16\ 000$	$\sum x^2=70$

将表 5-2 中的数据代入公式，得：

$$a=192\ 000\div 6=32\ 000$$

$$b=16\ 000\div 70=229$$

则有

$$y = 32\ 000 + 229x$$

10 月份的 $x = +7$，所以：

$$10\text{月份销售预测值} = 32\ 000 + 229 \times 7 = 33\ 603(\text{台})$$

第三节　利润预测

一、利润预测的意义和影响因素

利润预测是指在销售预测的基础上，根据企业的未来发展目标和其他相关资料，对企业未来应当达到或可望实现的利润水平及其变动趋势做出的预计和测算。

（一）利润预测的意义

1. 利润预测有助于企业改善经营管理

利润既是反映企业经营成果的综合指标，也是衡量企业经济效益的重要标准。在生产经营中，企业必须增加产品销量，节约费用支出，不断完善自身管理水平，才能在竞争中获胜。

2. 利润预测有助于企业经营目标的实现

制定和实现目标利润，可以把企业各方面的积极性调动起来，充分挖掘企业在生产经营各个环节的潜力。因此，企业实现目标利润的过程，也是企业不断进行自我完善的过程。由于企业在不同时期有着不同的经营目标，进行利润预测，要合理地确定企业在未来一定期间的利润目标。过高或过低的未来发展目标都会给企业经营带来不利的影响。明确企业未来的发展方向，准确定位，才能使整个企业平稳有序地向前发展。

3. 利润预测有利于企业进行生产经营决策

利润的高低影响到企业的投资、融资决策，如股份公司股票上市和上市公司配股等都有利润指标的限制。科学的利润预测有助于企业选择最有效的决策方案，为经营决策指明方向。

（二）利润预测的影响因素

影响利润的因素很多，其中主要的影响因素有四个，即销售单价、单位变动成本、销售量和固定成本，其中任何一个因素的变动都会引起企业利润的变动。有些因素增长会导致利润增长(如单价)，而另一些因素降低才会使利润增长(如单位变动成本)；有些因素略有变化就会使利润发生很大的变化，而有些因素虽然变化幅度较大，却只对利润产生微小的影响。有时某个因素的变动甚至会使一个企业由盈变亏，也会使一个企业扭亏为盈。

二、利润预测的方法

目标利润是企业在未来一定时期所要达到的利润指标。目标利润预测是根据企业经营总目标的要求，以市场调查为基础，结合本企业的具体情况，采用一定的预测方法对目标利润进行科学合理测算的过程。预测目标利润的方法主要有以下几种。

(一) 本量利分析法

本量利分析法是在成本性态分析和保本分析的基础上，根据有关产品的成本、销售量与利润之间的关系，确定未来一定时期的目标利润的一种方法。

单一品种条件下：

$$目标利润 = 预计销售量 \times (预计销售价格 - 预计单位变动成本) - 固定成本$$

多品种条件下：

$$目标利润 = 预计产品销售收入 \times 综合贡献毛益率 - 固定成本$$

(二) 相关比率分析法

相关比率分析法是根据利润与有关指标之间的内在关系，对计划期间的利润进行预测的一种方法。根据所选取利润率指标的不同，又分为以下三种情况。

根据销售利润率预测，目标利润计算公式为：

$$目标利润 = 预计销售收入 \times 销售利润率$$

根据资金利润率预测，目标利润计算公式为：

$$目标利润 = 预计资金平均占用 \times 资金利润率$$

根据产值利润率预测，目标利润计算公式为：

$$目标利润 = 预计总产值 \times 产值利润率$$

（三）经营杠杆系数法

企业在经济活动过程中，获得利润的多少与其业务量的大小密切相关。在其他因素不变的条件下，利润变动率大于产销量变动率的现象称为经营杠杆现象。即当销售量增长时，利润会以更快的速度增长；当销售量下降时，利润会以更快的速度下降。产生经营杠杆现象的原因是固定成本的存在，且单位固定成本与业务量的变化总是呈反比例关系。衡量这种杠杆现象大小的指标称之为经营杠杆系数。根据经营杠杆系数预测企业下一期间的目标利润可按下列公式测算。

$$\begin{aligned}目标利润 &= 上期实际利润 \times (1 + 利润增长率) \\ &= 基期利润 \times (1 + 经营杠杆系数 \times 销售量增长率)\end{aligned}$$

其中：

$$经营杠杆系数 = \frac{利润增长率}{销售量增长率} = \frac{基期贡献毛益总额}{基期利润}$$

【例 5-5】　某公司上年产品的边际贡献总额为 80 万元，利润总额为 60 万元，预计今年销售增长 25%。要求：确定该公司目标利润。

解　由题意可知：

$$经营杠杆系数 = \frac{80}{60} = 1.33$$

$$目标利润 = 60 \times (1 + 1.33 \times 25\%) \approx 80(万元)$$

第四节　成本预测

一、成本预测的意义和影响因素

成本预测是指根据企业的未来发展目标和相关资料，运用一定的科学方法，对未来成本水平及其变化趋势做出的预计和推测。

（一）成本预测的意义

成本是衡量企业经济效益的重要指标，如何有效地降低成本是增加企业利润的重要途径。成本预测是确定目标成本和选择达到目标成本的最佳途径的重要环节，对于提高管理水平、增加效率，具有十分重要的意义。

(1) 成本预测是进行成本决策和编制成本计划的依据；

(2) 成本预测有利于提高经营预见性，减少盲目性；

(3) 成本预测有利于控制成本，挖掘降低成本的潜力；

(4) 成本预测是增强企业竞争力和提高经济效益的主要手段。

(二) 成本预测的影响因素

成本预测是通过对成本构成的各种要素及影响成本变动的有关因素进行分析预测，进而对企业未来成本水平及其变化趋势进行科学规划。在进行成本预测时应考虑影响成本的各种因素，包括内部因素和外部因素。影响成本预测的内部因素主要包括存货计价方法、产品生产技术等。影响成本预测的外部因素主要包括宏观经济状况、市场供求和竞争环境、通货膨胀水平及币值变动等。

二、成本预测的步骤

(一) 提出目标成本初步方案

目标成本，是指在一定时期内产品应该达到的标准。它通常要比企业当前的实际成本较低，一般是根据该产品的设备生产能力、标准产量、技术能力等多方面因素制定。企业要生存和发展，只有通过降低成本，才能确保一定的目标利润。目前很多企业采用的都是“倒推成本”的方法。在销售价格和目标利润设定的情况下，倒推出目标成本，然后逐层分解，使汇总后的产品成本达到或低于目标成本。

(二) 对比差异，综合分析

根据当前实际情况下可能达到的成本水平进行测算，对比预测成本与目标成本之间的具体差距，从多角度进行分析，寻找降低成本的最有效的具体方案。

(三) 分解指标，制订具体方案

根据已经确定的降低成本的具体方案，找出缩小预测成本与目标成本之间差距的途径和方法，然后逐层进行分解实施，制定出各个层次降低成本的具体方案。

(四) 确定最后目标成本

对降低成本的各种具体方案进行技术经济分析，从中选出确实有效的、可行的、最佳的方案，据以确定最终的目标成本。

三、成本预测的方法

（一）目标成本预测法

目标成本是企业未来一定时期成本管理工作的目标。目标成本的预测方法主要有以下两种。

1. 根据目标利润预测目标成本

在确定目标利润的基础上，通过市场调查或其他资料确定适当的销售价格和销售量，用预计的销售收入减去目标利润即可得到目标成本。计算公式如下

目标成本 = 预计单价 × 预计销售量 − 目标利润 = 预计销售收入 − 目标利润

2. 以先进的成本水平作为目标成本

可以根据本企业历史上最好的成本水平或国内外同行业同类产品的先进水平，结合本企业的实际情况，分析确定本企业的目标成本。此外，也可以根据企业原有基期的实际成本水平，充分考虑各种成本因素后计算确定。采用这种方法可以直接确定各成本项目的目标成本，但未与目标利润相联系。

以上两种途径可以结合起来应用，相互借鉴，以保证目标成本的现实性。

（二）历史资料预测法

历史资料预测法，是指根据已有的相关资料，将成本按成本性态进行划分，运用数理统计方法来估计推测成本发展趋势的一种方法。作为预测依据的已有资料所选用的时期要适当，通常以 3～5 年为宜。期限过长就会相对陈旧，不具有可比性；期限过短，则无法反映成本变化的趋势。

成本的发展趋势一般可以用线性方程式来反映，具体公式如下：

$$y = a + bx$$

在这个线性方程式中，只要求出固定成本 (a) 和单位变动成本(b) 的值，就能预测出销售量(x) 的总成本(y)。

预测成本变动趋势的方法很多，最常用的有高低点法、加权平均法和回归分析法，这些成本预测方法都是根据已有的历史资料运用数理统计的方法进行预测的，其相关原理已在成本性态分析中详细说明。需要强调的是，高低点法一般适用于产品成本变动趋势比较稳定的企业，如果企业各期成本变动幅度较大，采用这种方法就会产生较大的误差；加权平均法更适用于历史成本资料比较齐全的企业；回归线性法则适用于产品成本变动较大的企业。此外，采用这些方法进行预测，还需要

考虑一些外部因素可能对目标成本产生的影响。

思考题

1. 什么是预测分析？预测分析有什么意义？
2. 预测分析的基本方法有哪些？
3. 在应用指数平滑法时，怎样根据实际需要确定平滑指数的数值？
4. 如何计算确定目标利润？
5. 销售预测方法有哪些？
6. 成本预测方法有哪些？

练习题

一、单项选择题

1. 下列属于定性预测分析方法的是（　　）。

A. 经验分析法 B. 简单平均法　C. 移动平均法　D. 指数平滑法

2. 高低点法与回归分析法在进行成本预测时所体现的差异是（　　）。

A. 区分成本性质　　B. 考虑历史资料时间范围

C. 成本预测假设　　D. 选用历史数据的标准

3. 不属于趋势预测的销售预测方法有（　　）。

A. 算术平均法　　B. 指数平滑法

C. 加权平均法　　D. 调查分析法

4. 已知企业上年利润为200 000元，下一年的经营杠杆系数为1.8，预计销售量变动率为20%，则下年利润预测额为（　　）元。

A. 200 000　B. 240 000　C. 272 000　D. 360 000

5. 采用历史成本预测法预测成本时，若企业各期成本变动趋势比较稳定，应使用（　　）。

A. 目标利润预测法　　B. 加权平均法

C. 回归分析法　　D. 高低点法

6. 下列各项中，不属于定量预测分析法的是（　　）。

A. 判断分析法　　B. 算术平均法

C. 回归分析法　　D. 指数平滑法

二、多项选择题

1. 预测分析法中的定量预测分析法主要包括（　　）。

A. 判断分析法　　B. 趋势预测分析法

C. 数量分析法　　D. 因果预测分析法

2. 预测分析步骤可以分为(　　)。

A. 分析误差,修正预测结果　　B. 实施预测分析

C. 选择预测方法　　D. 收集分析资料

E. 得出预测结果　　F. 确定预测目标

3. 利润预测的方法主要包括(　　)。

A. 经营杠杆系数法　　B. 利润增长率法

C. 销售额增长率法　　D. 本量利分析法

4. 在成本预测中,(　　)是根据已有的历史资料运用数理统计的方法进行预测的。

A. 高低点法　　B. 回归分析法

C. 目标成本预测法　　D. 加权平均法

5. 下列各项中,属于预测分析内容的有(　　)。

A. 销售预测　B. 利润预测　C. 成本预测　D. 资金预测

三、判断题

1. 预测就是对已经发生的事件做出叙述和描述。(　　)

2. 加权平均法和算术平均法没有任何相似之处。(　　)

3. 销售量的变动与经营杠杆系数的变动方向相同。(　　)

4. 成本预算是其他各项预测的前提。(　　)

5. 因果预测法就是回归分析法。(　　)

6. 目标利润基数可以按不同的利润率指标计算。(　　)

7. 销售预测中的算术平均法适用于销售量略有波动的产品的预测。(　　)

四、计算分析题

1. 某公司2×16年实际销售某产品2 000件,单价为300元/件,单位变动成本为180元/件,营业利润为80 000元。若2×17年销售量增加12%。要求:预测该公司2×17年的营业利润。

2. 某公司2×16年第四季度的销售资料如表5-5所示。

表5-5　销售资料

月份	10	11	12
销售额(万元)	42 000	47 000	43 000

要求:

(1) 采用算术平均法、加权平均法预测2×17年1月份的销售额(各月权数分别为0.2，0.3，0.5)；

(2) 采用指数平滑法预测2×17年1月份的销售额(已知12月份的预计销售额为46 000万元，平滑指数a=0.6)。

3. 某企业只生产一种产品，已知本期销售量为20 000件，固定成本为25 000元，利润为10 000元，预计下年销售量为25 000件。要求：预计下年度利润额。

第六章　短期经营决策

【本章导读】

管理的中心在于经营，经营的中心在于决策。决策按其决策时间长短可以划分为短期经营决策和长期投资决策。本章主要阐述短期经营决策。

通过本章学习，要求了解决策的重要性、决策分析原则和决策分析程序；掌握短期经营决策分析的各种方法，并能熟练的进行短期经营决策分析。

第一节　决策概述

一、决策的定义

决策，是指人们为了达到预定目标，从两个或两个以上的备选方案中通过比较分析，选择一个最优行动方案的过程。简单来说，就是对未来的行动方案做出决定。

决策分析，是针对企业未来经营活动所面临的问题，由各级管理人员做出的有关未来经营战略、方针、目标、措施与方法的决策过程。管理的中心在于经营，经营的中心在于决策。决策是关系企业未来发展兴衰成败的关键所在。一般来说，决策分析包括短期经营决策和长期投资决策两类。本章主要阐述短期经营决策。

短期经营决策，是指在一个经营年度或经营周期内，为充分合理地利用现有的人力、物力和财力资源，取得最佳经济效益所做出的决策。短期经营决策一般不涉及固定资产的增减，并且仅对本期内的收支盈亏产生影响，主要包括生产决策、定价决策等内容。

二、决策的分类

决策按照不同标准可划分为不同类型，不同类型的决策所需要收集的信息、思考的重点及采用的专门方法有所不同。

（一）战略决策和战术决策

决策按其重要程度可以分为战略决策和战术决策。

1. 战略决策

战略决策，是指针对企业未来发展方向、全局性重大问题所进行的决策，如企业经营目标的制订、品牌战略决策、人才战略决策等。这类决策取决于企业的长远发展规划及外部环境对企业的影响，其决策正确与否对企业成败具有决定性意义。

2. 战术决策

战术决策，是指在未来较短时期内，对日常经营管理活动所采取的方法与手段进行的局部性决策，如零部件的自制与外购决策、半成品是否深加工决策等。这类决策主要考虑怎样使现有的人力、物力、财力资源得到合理充分利用，决策的正确与否，一般不会对企业大局产生决定性影响。

（二）确定型决策、风险型决策和不确定型决策

决策按决策条件的确定程度可以分为确定型决策、风险型决策和不确定型决策。

1. 确定型决策

确定型决策，是指决策所涉及的各种备选方案的各项条件都是已知和确定的，且每个方案只有一个确定结果的决策。这种决策比较容易，只要进行比较分析即可。

2. 风险型决策

风险型决策，是指决策所涉及的各种备选方案的各项条件虽然也是已知的，但却是不完全确定的，每个方案的实施都可能出现两种或两种以上的结果，但每种结果出现的概率是可以事先估测的决策。这种决策存在一定风险。

3. 不确定型决策

不确定型决策与风险型决策的条件基本相同，但不确定型决策的各项条件无法确定其客观概率，只能以决策者凭经验判断确定的主观概率为依据进行决策。这类决策比风险型决策难度更大。

（三）短期经营决策和长期投资决策

决策按决策时间长短可以分为短期经营决策和长期投资决策。

1. 短期经营决策

短期经营决策，是指只涉及1年以内的决策，仅对该时期内的收支盈亏产生影响的问题而进行决策，一般不涉及大量资金的投入。短期经营决策的内容较多，概括起来主要包括生产决策、定价决策和存货决策。

2. 长期投资决策

长期投资决策，是指决策影响的期间超过1年，并对较长期间的收支盈亏产生影响的问题所进行的决策。长期投资决策一般需要投入大量资金，主要包括固定资产投资决策等。

三、决策的程序

（一）确定决策目标

决策分析首先要弄清楚该项决策要解决什么问题，达到什么目的，再制订决策目标。

（二）收集相关信息

决策目标确定后，决策者要针对决策目标，了解环境变化，寻求相关的决策信息，尤其是有关预期收入与预期成本的数据。这是决策分析程序中具有重要意义的步骤，是关系决策成败的关键问题之一。

（三）提出备选方案

企业根据确定的决策目标和搜集的相关资料，综合考虑内外环境中各种可控和不可控因素，拟定能够达到目标的各种备选方案。在拟定备选方案的过程中，要尽量找出限制性因素，遵循限定因素原理，对备选方案进行选择。

（四）选择可行方案

评价备选方案应做到定量分析与定性分析相结合。为了系统地进行评价，可在评价时确立两个尺度：一个是“必须达到的目标”；另一个是“希望达到的目标”。这种评价的结果有助于决策者对各项方案进行判断决策。同时，要注意经验与实验的分析研究，对备选方案做出初步评价。

（五）可行方案实施与评价

决策分析的核心问题就是确定最优可行方案。企业应考虑其他因素的影响，对各种备选方案进行总体权衡后，确定一个最优方案。需要说明的是，绝对最优的方案是很难找到的。所谓“最优方案”，是指基本令人满意、相对优化合理的方案。在方案实施过程中，要建立信息反馈机制。决策者对已进行的抉择，在实施中进行评价和矫正，通过修正决策目标或备选方案，来应对主客观条件的变化和备选方案本身的错误或遗漏。图 6-1 是短期经营决策程序图。

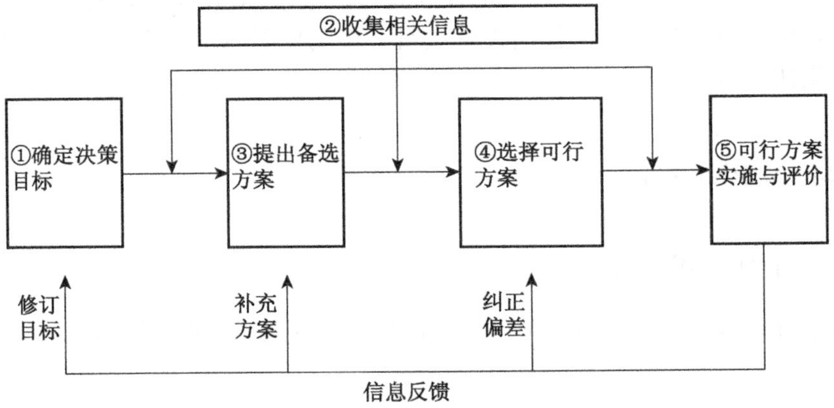

图 6-1　短期经营决策程序图

第二节　生 产 决 策

生产决策是短期经营决策的重要内容，是指企业就如何合理地利用现有生产经营能力，使企业创造最佳效益所做出的决策。在生产决策中，判断备选方案优劣的主要标志是一定时期内获利的多少，获利大的方案为最优方案。生产决策的内容涉及生产什么、生产多少、怎样生产三个方面。生产决策常用的方法有贡献毛益分析法、差量分析法、成本无差别点分析法和概率分析法等。

一、生产决策常用的方法

（一）贡献毛益分析法

贡献毛益分析法，是指在成本性态分析的基础上，通过比较各备选方案贡献毛益总额来确定最优方案的决策方法。

“贡献”是指企业的产品或劳务对企业利润目标的实现所作的贡献。传统会计认为只有当收入大于完全成本时，才形成贡献；而管理会计则认为只要收入大于变动成本，就会形成贡献。因为固定成本在相关范围内并不随业务量的增减变动而变动，因此销售收入减变动成本后的差额（即贡献毛益）越大，则减去固定成本后的余额（即利润）也就越大。也就是说，贡献毛益的大小，反映了备选方案对企业利润目标所作贡献的大小。在运用贡献毛益法进行备选方案的择优决策时，应注意以下四点。

（1）在不存在专属成本的情况下，通过比较不同备选方案的贡献毛益总额，能够正确地进行择优决策。

（2）在存在专属成本的情况下，首先应计算备选方案的剩余贡献毛益（贡献毛益总额减去专属成本后的余额），然后比较不同备选方案的剩余贡献毛益，能够正确地进行择优决策。

（3）在企业的某项资源（如原材料、人工工时、机器工时等）受到限制的情况下，应通过计算、比较各备选方案的单位资源贡献毛益，来正确进行择优决策。

（4）由于贡献毛益总额的大小既取决于单位产品贡献毛益的大小，也取决于该产品的销售量，因此单位贡献毛益大的产品，未必提供的贡献毛益总额也大。也就是说，决策中不能只根据单位贡献毛益的大小来择优决策，而应该选择贡献毛益总额最大的方案作为最优的方案。

贡献毛益分析法适用于收入成本型（收益型）方案的择优决策，尤其适用于多个方案的择优决策。

【例 6-1】　假设某企业拟利用现有剩余生产能力生产甲产品或乙产品。已知：甲产品单价 10 元，单位变动成本 6 元；乙产品单价 6 元，单位变动成本 3 元。该企业现有剩余生产能力 500 小时，生产 1 件甲产品需消耗 10 小时，生产 1 件乙产品需消耗 5 小时。要求：根据贡献毛益分析法进行生产甲产品或乙产品的决策。

解　根据贡献毛益分析法编制计算表 6-1 所示。

表 6-1　贡献毛益分析法计算表

项　目	甲产品	乙产品
销售单价（元/件）	10	6
单位变动成本（元）	6	3
单位贡献毛益（元）	4	3
剩余生产能力（台时）	500	500

（续表）

项　目	甲产品	乙产品
单位产品耗时(小时/件)	10	5
预计可生产量(件)	50	100
贡献毛益总额(元)	200	300

可见，甲产品的单位贡献毛益大于乙产品的单位贡献毛益，但是生产甲产品的贡献毛益总额小于生产乙产品的贡献毛益总额，所以应该选择生产乙产品。

（二）差量分析法

企业进行不同方案的比较、选择的过程，实质上是选择最大收益方案的过程。最大收益是在各个备选方案收入、成本的比较中产生的。差量分析法是指根据两个备选方案差量收入、差量成本计算的差量损益进行最优方案选择的方法。其中，差量是指两个备选方案同类指标之间的数量差异；差量收入是指两个备选方案预期收入之间的数量差异；差量成本是指两个备选方案预期成本之间的数量差异；差量损益是指差量收入与差量成本之间的数量差异。当差量收入大于差量成本时，其数量差异为差量收益；当差量收入小于差量成本时，其数量差异为差量损失。

当差量损益确定后，就可以进行方案的选择：如果差量损益为正（即为差量收益），则选择前一方案；如果差量损益为负（即为差量损失），则选择后一方案。差量分析法并不严格要求哪个方案是比较方案，哪个方案是被比较方案，只要遵循同一处理原则，就可以得出正确的结论。需要说明的是，差量分析法仅适用于两个方案之间的比较，如果有多个方案可供选择，在采用差量分析法时，只能两两进行比较、分析，逐步筛选，选择出最优方案。

【例 6-2】　以[例 6-1]资料为依据。要求：采用差量分析法进行决策分析。

解　根据差量分析法编制计算表 6-2 所示。

表 6-2　差量分析法计算表

方　案	甲产品	乙产品	差　量
差量收入(元)	10×50=500	6×100=600	−100
差量成本(元)	6×50=300	3×100=300	0
差量损益(元)			−100

由表 6-2 可见，因为差量收入−100 元小于差量成本 0 元，即差量损益为−100 元，所以开发乙产品是一个最佳方案。

（三）成本无差别点分析法

在企业的生产经营中，面临许多只涉及成本而不涉及收入（即成本型）方案的选择，这时可以考虑采用成本无差别点分析法进行方案的择优选择。

成本无差别点分析法，是指在各备选方案收入相同（收入不变或为零）的前提下，相关业务量为不确定因素时，通过计算不同备选方案总成本相等时的业务量，也就是成本无差别点指标，作为评价方案取舍标准的一种方法。

成本无差别点，是指两个备选方案相关总成本相等时的业务量。假设有两个备选方案相关总成本模型如下。

方案一，相关总成本模型为：

$$y_1 = a_1 + b_1 x$$

方案二，相关总成本模型为：

$$y_2 = a_2 + b_2 x$$

令 $y_1 = y_2$，则：

$$\text{成本无差别点}(x_0) = \frac{a_2 - a_1}{b_1 - b_2}$$

运用成本无差别点分析法，相关方案之间的固定成本水平与单位变动成本水平恰好相互矛盾，即固定成本大的方案，其单位变动成本就小。如果预计未来业务量小于成本无差别点，应选择固定成本较低的方案，因为此种方案总成本较低；如果预计未来业务量大于成本无差别点，应选择固定成本较高的方案，因为此种方案总成本较低；如果预计未来业务量恰好等于成本无差别点，则两方案总成本相等，效益无差别。

【例 6-3】 假设某企业只生产一种产品，现有两种设备可供选择。一种是采用传统机械化设备，每年的专属固定成本为 30 000 元，单位变动成本为 12 元。另一种是采用先进自动化设备，每年的专属固定成本为 40 000 元，单位变动成本为 7 元。要求：进行设备选择的决策分析。

解 （1）建立备选方案相关总成本模型。

采用传统设备的总成本模型为：

$$y_1 = a_1 + b_1 x = 30\,000 + 12x$$

采用先进设备的总成本模型为：

$$y_2 = a_2 + b_2 x = 40\,000 + 7x$$

(2) 计算成本无差别点。

令 $y_1 = y_2$，解方程 $30\,000 + 12x = 40\,000 + 7x$，得：

$$x = \frac{40\,000 - 30\,000}{12 - 7} = 2\,000(\text{件})$$

两方案成本比较如图 6-2 所示。

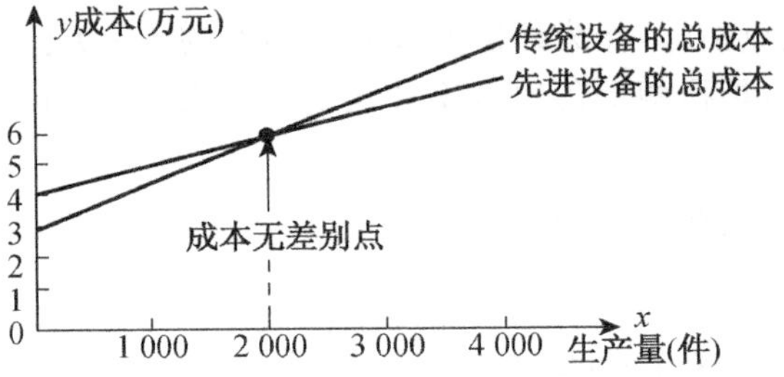

图 6-2　两方案成本比较图

从图 6-2 中可以看出，当产品生产量在 2 000 件以下时，采用传统设备生产的相关总成本线在先进设备生产的相关总成本线之下，意味着产品生产量在 2 000 件以下时，采用传统设备生产的相关总成本较低，应选择传统设备。当产品生产量在 2 000 件以上时，采用先进设备生产的相关总成本线在传统设备生产的相关总成本线之下，意味着产品生产量在 2 000 件以上时，采用先进设备生产的相关总成本较低，应选择先进设备。

(四) 概率分析法

概率分析法，是对企业经营中的诸多因素，在一定范围内的变动程度做出估计，从而把影响决策的各种可能结果都考虑进去，使决策更加接近实际情况。在采用概率分析法时，应按以下步骤进行。

(1) 确定与决策结果有关的变量；

(2) 确定每一变量的变化范围；

(3) 凭决策者假定或以历史资料为依据，确定每一变量的概率；

(4) 计算各变量相应的联合概率；

(5) 将不同联合概率条件下的结果加以汇总，得到预测值。

【例 6-4】　某公司准备开发一种新产品，现有 A 品种和 B 品种可供选择，有关财务资料如表 6-3 所示，销售量资料如表 6-4 所示。要求：利用概率分析法做出开发何种新产品的决策。

表 6-3　财务资料

	A 品种	B 品种
销售单价	300	285
单位变动成本	268	256
固定成本	24 000	24 000

表 6-4　销售量资料

预计销售量(件)	概　率	
	A 品种	B 品种
600	—	0.1
800	0.1	0.2
900	0.1	0.2
1 000	0.3	0.4
1 200	0.3	0.1
1 400	0.2	—

解　根据上述资料，可编制期望值计算分析表，如表 6-5 所示。

表 6-5　期望值计算分析表

方　案	销售量(件)	单位贡献边际	贡献边际总额	概率	贡献边际期望值
A 品种	800	300－268＝32	25 600	0.1	2 560
	900		28 800	0.1	2 880
	1 000		32 000	0.3	9 600
	1 200		38 400	0.3	11 520
	1 400		44 800	0.2	8 960
	合　计				35 520
B 品种	600	285－256＝29	17 400	0.1	1 740
	800		23 200	0.2	4 640
	900		26 100	0.2	5 220
	1 000		29 000	0.4	11 600
	1 200		34 800	0.1	3 480
	合　计				26 680

从表 6-5 中的计算结果可以看出，因为 A 品种的贡献边际期望值比 B 品种的贡献边际期望值高，因此开发 A 品种将使企业多获利 8 840 元(35 520－26 680)。

二、生产决策典型案例分析

(一) 新产品开发品种决策

新产品开发品种决策，是指企业可以利用其现有的剩余生产能力来开发某种在市场上有销路的新产品。这种决策不涉及长期资金的投入，因此不需要考虑其对企业长期利益的影响，而是以充分利用现有生产能力，获取短期最大利润为目标。新产品开发品种决策主要利用贡献毛益法分析进行。

如果企业有剩余生产能力可供利用，有几种新产品可供选择，并且每种新产品的生产都不需要增加专属固定成本，则哪种新产品产生的贡献毛益总额最大，说明该种产品为企业带来的利润就最多，就应该选择该种产品进行生产。

【例 6-5】 某企业的新产品开发计划中有 3 种备选方案，有关资料如表 6-6 所示。要求：根据上述资料分析确定应生产何种新产品。

表 6-6 新产品开发相关资料

项　目	新产品 A	新产品 B	新产品 C	备　注
单位机器工时(小时)	20	5	2	用于新产品开发的机器工时最多为 1 000，其他因素无限制
预计新产品单价(元)	60	82	44	
单位变动成本(元)	50	70	38	
固定成本总额(元)	1 400			

解 根据贡献毛益分析法编制计算表，如表 6-7 所示。

表 6-7 贡献毛益分析法计算表

项　目	产品 A	产品 B	产品 C
最大产量(件)	50	200	500
销售单价(元/件)	60	82	44
单位变动成本(元)	50	70	38
单位贡献毛益(元)	10	12	6
单位资源贡献毛益(元/工时)	0.5	2.4	3
贡献毛益总额(元)	500	2 400	3 000

从表 6-7 的计算结果可以看出，生产 C 产品提供的贡献毛益总额最多，故应生产 C 产品。

（二）亏损产品决策

企业生产的某些产品会因为质量、款式、功能等方面不符合消费者的要求造成滞销积压，导致亏损的发生。当企业某一种产品发生亏损时，管理人员就需要考虑该产品是否应该停产。从管理会计的角度分析，停产亏损产品一般只能减少变动成本，如果销售的亏损产品产生的贡献毛益为正数，就可以弥补一部分固定成本，那么就不应该停产。原因是亏损产品一旦停产，其产生的贡献毛益就会消失，固定成本就需要由其他产品产生的贡献毛益来负担。这样，企业的营业利润不仅不会增加，反而会减少，我们将这种亏损产品称为虚亏产品。如果销售的亏损产品产生的贡献毛益为负数，就应该停产，因为生产越多，亏损就越大，我们将这种亏损产品称为实亏产品。

【例 6-6】　某企业生产 A、B、C 三种产品，有关资料如表 6-8 所示。年终结算时，A 产品、C 产品分别获得 5 000 元和 1 000 元，B 产品则净亏 2 000 元。要求：做出 B 产品是否停产或转产的决策分析。

表 6-8　企业产品相关资料

项　目	A 产品	B 产品	C 产品
固定成本总额（元）	18 000（按各产品销售额比例分配）		
销售量（件）	1 000	500	400
销售单价（元/件）	20	60	25
单位变动成本（元）	9	46	15

解　根据贡献毛益分析法编制计算表，如表 6-9 所示。

表 6-9　贡献毛益分析法计算表

项　目	A 产品	B 产品	C 产品
销售量（件）	1 000	500	400
销售单价（元/件）	20	60	25
单位变动成本（元）	9	46	15
单位贡献毛益（元）	11	14	10
贡献毛益总额（元）	11 000	7 000	4 000

从表6-9的计算结果可以看出,B产品提供的贡献毛益总额为正数,故不应停产。

(三) 产品深加工决策

【例6-7】 某企业生产半成品A,按每件10元的价格直接出售,年产销量为10 000件。单位变动制造成本为6元/件,其中:直接材料为3元/件,直接人工为2元/件,变动制造费用为1元/件;单位变动性销售费用为0.25元/件;固定性制造费用和销售费用分别为15 000元和5 000元。现有另一种生产方案可供选择,即将半成品A进一步加工为产成品B,按每件14元的价格出售,产销量不变。为此,需追加以下成本和费用如表6-10所示。要求:分析半产品A是否进一步加工为产成品B。

表6-10 所需追加的相关成本和费用资料

项　目	单位产品成本(元/件)	总　额(元)
直接人工	1.25	12 500
变动性制造费用	0.25	2 500
变动性推销费用	0.50	5 000
固定性制造费用		5 000
固定性推销费用		4 000
追加成本合计		29 000

解 根据差量分析法编制计算表,如表6-11所示。

表6-11 差量分析法计算表

方　案	产成品A	产成品B	差　量
相关收入(元)	100 000	140 000	−40 000
相关成本(元)	0	29 000	−29 000
相关损益(元)			−11 000

从表6-11的计算结果可以看出,如将A产品进一步加工为产成品B,可多获得11 000元利润。

(四) 零部件是自制或外购决策

零部件自制或外购额决策,是指企业围绕既可自制又可外购的零部件的取得方式而进行的决策,又称零部件取得方式决策。它属于“互斥方案”的决策类型,通常涉及“自制零部件”和“外购零部件”两个备选方案。这些方案不涉及相关收入，只需要考虑相关成本因素。

【例 6-8】 某企业需用 A 零件 1 000 件。如果自制，需要购置一台专用设备，发生固定成本为 4 000 元，自制单位变动成本为 4 元/件；如果外购，则可按每件 6 元的价格购入。要求：做出自制或外购 A 零件的决策分析。

解 根据差量分析法编制计算表 6-12 所示。

表 6-12　差量分析法计算表

方　案	自　制	外　购	差　量
相关收入(元)	0	0	0
相关成本(元)	8 000	6 000	2 000
相关损益(元)			−2 000

从表 6-12 的计算可以看出，如果外购可以为企业节省 2 000 元，故选择外购方案。

（五）加工设备选择决策

【例 6-9】 某公司为提高产品质量，拟增添一台设备，现有两种方案可供选择：其一，向国外进口，购置总成本为 130 000 元，预计可用 12 年，期满估计残值为 10 000 元，使用期间每年需支付维修费 8 000 元，每天营运成本为 100 元；其二，向其他单位租用，每天租金为 120 元，每天营运成本也为 100 元。要求：进行设备的购置或租赁的决策分析。

解 设每年开机天数为 x 天，则购置方案的总成本模型为：

$$y_1 = \frac{130\ 000 - 10\ 000}{12} + 8\ 000 + 100x$$

租赁方案总成本模型为：

$$y_2 = (120 + 100)x$$

令 $y_1 = y_2$，计算成本平衡点，得 $x = 150$ 天。

上述计算结果表明，当每年开机天数为 150 天时，购置与租赁的年使用总成本相等。以 150 天为分界点，当每年开机天数预计小于 150 天时，租赁方案的年使用总成本低于购置方案的年使用总成本，故宜采用租赁方案；反之，当年开机天数预计超过 150 天时，则应采用购置方案。

（六）设备出租或出售决策

【例 6-10】 某企业有一项不需用的固定资产，原价为 20 000 元，累计折旧为

12 000 元。现有两种处理方法可供选择：一是若按约出租，可累计收取租金 16 000 元，在此期间需支付修理费、保险费及财产税等共计 3 500 元；二是若通过经纪人出售则可取得销售收入 10 000 元，为此需支付 6%的手续费。要求：决策该项固定资产是出租还是出售？

解 根据差量分析法编制计算表，如表 6-13 所示。

表 6-13 差量分析法计算表

方 案	出 租	出 售	差 量
相关收入(元)	16 000	10 000	6 000
相关成本(元)	3 500	600	2 900
相关损益(元)			3 100

从表 6-13 的计算结果可以看出，如果出租可以为企业多带来 3 100 元收益，故选择出租方案。

思考题

1. 什么是决策？决策的程序是什么？
2. 简述贡献毛益法的基本原理。
3. 简述差量分析法的基本原理。
4. 简述成本无差别点法的基本原理。
5. 简述概率分析法的基本原理。

练习题

一、单项选择题

1. 将决策分为战略决策和战术决策的分类标志是(　　)。

A. 按决策条件的肯定程度

B. 按决策的重要程度

C. 按决策期限的长短

D. 按决策方案间的关系

2. 边际成本，就是指业务量增加或减少一个单位所引起的成本变动额。在相关范围内，增加或减少一个单位所引起的成本变动就是产品的(　　)。

A. 固定成本总额　　　　B. 变动成本总额

C. 单位变动成本　　　　D. 单位固定成本

3. 广告费、职工培训费等“酌量性固定成本”属于(　　)。

A. 可延缓成本　　　　B. 可避免成本

C. 不可延缓成本　　　　D. 不可避免成本

4. 增量成本,是指由于生产能力利用程度的不同而形成的成本差额。在相关范围内,某一决策方案的增量成本就是由于业务量增加而增加的相关(　　)。

A. 固定成本　　　　B. 专属成本

C. 产品成本　　　　D. 变动成本

5. 存在专属成本或机会成本的情况下,短期经营决策主要通过计算备选方案的(　　)指标进行决策。

A. 单位贡献毛益　　　　B. 贡献毛益总额

C. 贡献毛益　　　　D. 剩余贡献毛益

二、多项选择题

1. 按决策条件的肯定程度,决策可分为(　　)。

A. 确定型决策　　　　B. 风险型决策

C. 不确定型决策　　　　D. 战略策略

2. 短期经营决策中相关成本主要包括(　　)。

A. 差量成本　　　　B. 机会成本

C. 专属成本　　　　D. 付现成本

3. 在短期经营决策中无关成本主要包括(　　)。

A. 沉没成本　　　　B. 共同成本

C. 不可延缓成本　　　　D. 不可避免成本

4. 短期经营决策的内容主要包括(　　)。

A. 购置固定资产决策　　　　B. 生产决策

C. 定价决策　　　　D. 存货决策

三、判断题

1. 简单地说,决策分析就是领导拍板做出决定的瞬间行为。　　(　　)

2. 对于那些应当停止生产的亏损产品来说,不存在是否应当增产的问题。　　(　　)

四、计算分析题

1. 某公司现有设备生产能力 40 000 台时,尚有 30%的剩余生产能力。公司准备利用这些剩余生产能力开发 A、B 两种新产品。预计两种新产品市场销售均不受限制,有关资料如表 6-14 所示。

表 6-14 有关资料

项 目	A 产品	B 产品
单位产品定额台时	5 小时	2 小时
单位产品销售单价	45 元	30 元
单位变动成本	12 元	15 元

要求:分别就下列不相关情况,采用贡献毛益分析法做出开发哪种新产品的决策。

(1) 不需要新增专属成本。

(2) 若选择生产 A 产品,需要新增专属成本 20 000 元;若选择生产 B 产品,需要新增专属成本 40 000 元。

2. 某公司现有 A 半成品 100 000 千克,可直接出售,销售单价为 5 元/千克;也可把 A 半成品进一步深加工为 B 产成品,每 10 千克 A 半成品可加工成 8 千克 B 产成品,B 产成品加工成本为 3 元/千克。B 产品销售单价是 A 半成品的 2 倍。

要求:分别就下列不相关情况,采用差别分析法做出 A 半成品直接出售还是深加工决策。

(1) 若深加工只需利用闲置的现有设备,且该设备无其他用途。

(2) 若深加工不仅需利用闲置的现有设备,且需新增专属成本 60 000 元;若不进行深加工,闲置的现有设备可出租,租金为 30 000 元。

3. 某企业每年需用 A 零件 2 000 件,原由金工车间组织生产,年总成本为 19 000元,其中,固定生产成本为 7 000 元。如果改从市场上采购,单价为 8 元,同时将剩余生产能力用于加工 B 零件,可节约外购成本 2 000 元。要求:为企业做出自制或外购 A 零件的决策,并说明理由。

第七章　长期投资决策

【本章导读】

长期投资决策是关于长期投资方案选择的决策。本章在阐述货币时间价值、现金流量和资本成本的基础上，介绍长期投资决策评价的方法。其中，非贴现现金流量法包括投资回收期法和投资报酬率法；贴现现金流量法包括净现值法、获利指数法和内含报酬率法。

通过本章学习，理解现金流量、货币时间价值等重要概念，掌握现金流量的估算方法，熟练运用各种投资决策评价指标进行投资决策分析。

第一节　长期投资决策概述

一、长期投资决策的定义

长期投资，是指投入资金量较大，获取报酬和收回投资的持续时间较长（一般在 1 年以上），能在较长时间内影响企业经营获利能力的投资。如固定资产改扩建及更新、新产品研制、购买长期证券等方面的投资。

长期投资决策，是以企业战略为指导对企业长期投资项目及其实施方案的选择。

长期投资具有投入多、周期长和风险高等特点，因此长期投资决策对企业的盈利能力有决定性的影响，在企业管理决策中具有重要地位，它的正确与否，将直接影响企业的财务状况和经营成果，最终影响企业的生存和发展。

二、长期投资决策的特征、程序和意义

(一) 长期投资决策的特征

1. 长期投资决策主要是固定资产投资决策

从内容方面来看,长期投资决策主要是对企业固定资产进行的投资决策,如为了生产新产品而购置设备、建设厂房等,或为了提高现有的生产能力而增购设备、扩建厂房等。

2. 长期投资决策影响期限较长

长期投资决策的效用是长期的。一项成功的长期投资,可以使企业在未来数年内获得效益。投资效益一般经历很长时期才能完全实现,少则几年,多则几十年、上百年。

3. 长期投资决策资金占用量大

长期投资决策占用资金庞大,既需要一次性投入大笔资金以形成投资项目的主体,又要有相当的资金保证建设期和建成后投入运营期间与投资项目直接相联系的开支,同时还要设立专门部门进行筹资和投资工作。

4. 长期投资决策具有不易逆转性

长期投资决策具有不易逆转性,如果投资正确,形成的优势可以在较长时期内保持。

(二) 长期投资决策的程序

企业要想维持较强的竞争力,就要不断地发掘新的投资机会,再经过投资决策程序进行决策,以寻求最佳的投资方案。因此作为一个决策者,一定要明确投资决策的程序。

1. 提出投资项目设想

企业应根据市场情况及企业自身发展的需要,提出项目建设的初步构想。例如,生产性企业可以采取新建工厂、兼并收购、企业重组、利用现有条件提高产能等方式扩大生产规模。

2. 确立具体投资项目

首先,对各备选项目的投资环境进行深入考察。投资环境主要包括政治环境、经济环境、法律环境和文化环境等。投资环境直接决定项目是否可行,通过考察投资环境可以淘汰环境不允许的项目设想。

其次,调查项目未来的市场状况。企业要对项目所处的市场包括产品市场、原

料市场和劳动力市场进行深入分析，调查市场的需求总量和需求者的消费偏好以及未来的市场细分趋势，评价竞争对手的竞争能力和本企业的竞争优势。只有完整清楚地把握未来市场，才能保证对项目盈利能力和风险程度做出更准确的评价。

再次，对企业的技术管理能力进行分析。即分析企业现有的技术、管理、经济等方面是否能够保证项目的正常进行。

最后，在调查研究和搜索相关资料的基础上，企业要对项目相关情况做出合理的预测，如未来产品和要素市场的市场状况和价格水平，以及未来市场各种状况的概率。

通过以上程序，企业可以选出具体的投资项目。

3. 提出备选实施方案

在对所选投资项目进行预测分析的基础上，企业可以制定出多个项目实施的备选方案以供选择。备选方案必须具备可操作性和多样性，以增加企业的选择空间。

4. 选择最优实施方案

对备选实施方案进行分析、比较、评价，从中选择最优实施方案。决策者要运用科学的决策方法检验各种备选方案的可行性，从中选出最有利于企业的实施方案。这是投资决策过程的核心环节，一旦决策失误，可能影响企业的长期发展能力甚至导致企业破产。

5. 项目实施与事后评价

选择最优方案以后，要保证最优方案按照预算的要求组织实施。在实施过程中，要将责任落实到具体的责任单位和责任人，并进行严格的监督和检查，一旦发现差异，要及时查出原因并予以解决。待项目结束以后，还要对项目的运行情况和效果进行事后分析评价，与预算的预期效果进行比较，总结经验教训，为以后的长期投资决策提供经验。

（三）长期投资决策的意义

1. 保持和提高企业生产经营能力

长期投资决策对于保持和提高企业生产经营能力、长期获利能力具有决定性的作用，最终会影响企业的竞争地位。因为长期投资决策主要是在固定资产方面进行的投资决策。固定资产表现为企业实实在在持有的资产，它能使企业产出产成品，并最终销售出去获得盈利。没有固定资产提供的产成品，企业就不能正常运营。因此，固定资产投资属于战略性投资的范畴。成功的长期投资决策可以为企业带来超额的收入，不正确的投资决策则可以彻底毁灭一个企业。

2. 改变未来成本结构

长期投资项目有利于改变企业未来的成本结构，影响企业未来的经济效益。

由于长期投资决策的效用是长期的，势必会影响企业未来的成本和效益。例如，投资购买一项先进的机器设备，必然会降低未来产品的加工成本。即使投资失败，企业也将承担该项设备的购置成本。企业在保本点以上的成本、收入和利润均取决于企业对未来的投资决策。此外，由于未来因素的不确定性，投资项目在未来长期的效用期间所承担的风险也比较大。

3. 可为企业带来超额收益

长期投资决策项目资本支出数额大，若投资正确，可以为企业今后带来丰厚的投资收益。但风险也大，企业必须审时度势，避免因不正确的投资决策而导致亏损，并妨碍从其他投资中获得利润。

第二节　长期投资决策的影响因素

长期投资决策的过程比较复杂，需要考虑的因素很多。其中主要的因素是货币时间价值、项目计算期和现金流量等。

一、货币时间价值

（一）货币时间价值的含义

货币时间价值是长期投资决策必须考虑的客观经济范畴，它所揭示的是在一定时空条件下，运动中的货币具有增值性的规律。货币时间价值是指货币经历一定时间的投资和再投资所增加的价值，也称为资金时间价值。货币时间价值的表示方法有两种：一是相对数形式，如利息率、折现率等；二是绝对数形式，如利息等。例如，将现在的 1 元钱存入银行，假设银行存款年利率为 10%，1 年后可得到 1.1 元，其中增加的 0.1 元就是货币的时间价值。企业的资金总是处于不断的使用过程中，随着资金的周转使用，货币会产生增值，投资时间越长，循环周转的次数越多，价值增值便越多，货币时间价值也就越多。

货币时间价值是影响长期投资决策的重要因素。因为长期投资决策的投资额大，项目周期长，若不考虑货币时间价值，容易高估收益，从而做出错误决策，造成重大损失。

（二）货币时间价值的计算

由于货币在不同时点上具有不同的价值，因而货币时间价值的计算涉及两个概念：现值(Present Value)和终值(Future Value)。现值是指未来一定时点的特定货币按一定利率计算到现在的价值，又称为本金。终值是指一定数额的货币按一定利率计算到一定时间后的价值，又称本利和。利息的计算通常包括单利和复利两种方式。在单利方式下，“本能生利”，而利息不能生“利”。在复利方式下，“本能生利”，利息在下期则转为本金，与原有的本金一起计算利息，即通常所说的“利滚利”。

在实际资本运作过程中，货币的增值额一般都作为追加资本，继续留在企业使用。所以货币时间价值的计算方法一般采用复利计算。

1. 复利终值和现值计算

1）复利终值计算

复利终值，是指按复利计算的某一特定金额在若干期后的本利和。例如，1 元钱存入银行，假设银行存款年利率是 10%，则：

$$1\text{年后的复利终值} = 1 \times (1 + 10\%) = 1.1(\text{元})$$

$$2\text{年后的复利终值} = 1.1 \times (1 + 10\%) = 1 \times (1 + 10\%)^2 = 1.21(\text{元})$$

$$3\text{年后的复利终值} = 1.21 \times (1 + 10\%) = 1 \times (1 + 10\%)^3 = 1.331(\text{元})$$

依此类推，可以得出复利终值的计算公式如下：

$$F_n = P \times (1 + i)^n$$

公式中，F_n 表示 n 年后的复利终值，P 表示投入的本金，i 表示年利率，n 表示计息期数，$(1+i)^n$ 称为复利终值系数或 1 元复利终值，通常用符号 $(F/P, i, n)$ 来表示，其数值可以通过查阅复利终值系数表得出。

【例 7-1】　假设某公司将 1 000 万元投入一个投资报酬率为 7% 的项目。要求：计算经过 10 年后可以获得多少货币？

解　由题意可知：

$$F_{10} = P \times (1 + i)^{10} = 1\,000 \times (1 + 7\%)^{10} = 1\,967.15(\text{万元})$$

即公司 1 000 万元经过 10 年的投资可以得到 1 967.15 万元

2）复利现值计算

复利现值，是指未来一定时间的特定资金按复利计算的现在价值，或者说是为取得将来一定的本利和现在所需的资金。复利终值是已知现值求终值，复利现值则是已知终值求现值，因此复利现值的计算是复利终值的逆运算。由终值求现值称为贴现，在贴现时使用的利息率称为贴现率。复利现值计算公式如下：

$$P = \frac{F_n}{(1+i)^n} = F_n \times (1+i)^{-n}$$

公式中，$(1+i)^{-n}$ 称为复利现值系数或1元复利现值，通常用符号$(P/F, i, n)$来表示，其数值可以通过查阅复利现值系数表得出。

【例7-2】 某项投资4年后可得到40 000元，按年利率6%计算。要求：计算现在需要投入多少钱？

解 由题意可知：

$$
\begin{aligned}
P &= 40\,000 \times (1+6\%)^{-4} \\
&= 40\,000 \times (P/F, 6\%, 4) \\
&= 31\,684(\text{元})
\end{aligned}
$$

即现在只需投入31 684元，4年后就可以得到40 000元。

2. 年金终值与现值计算

年金(Annuity)是指在一定时期内，每隔相同的时间就发生相同数额的系列收(或付)款项。年金具有连续性和等额性的特点。在现实生活中，年金的应用比较广泛，如折旧费、利息、租金、养老金、保险费等均为年金的形式。

年金按每次收(付)款发生的时点不同，可分为普通年金、先付年金、递延年金和永续年金。

1) 普通年金终值和现值计算。普通年金，是指每期期末收付等额款项的年金，又叫后付年金。普通年金的应用最为广泛，以后凡涉及年金问题，如不作特殊说明，均指普通年金。

(1) 普通年金终值计算。普通年金终值，是指一定时期内每期期末收付等额款项的复利终值之和，就像零存整取的本利和。若年金用符号A来表示，普通年金终值的计算可用图7-1来说明。

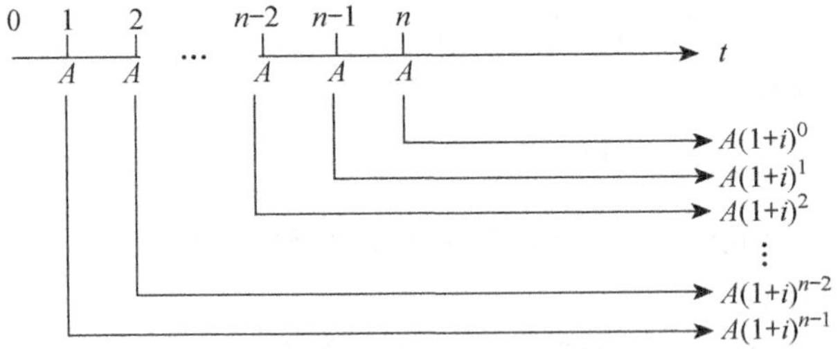

图7-1 普通年金终值计算示意图

由图7-1可知，普通年金终值的计算公式如下：

$$F = A(1+i)^0 + A(1+i)^1 + A(1+i)^2 + \cdots + A(1+i)^{n-2} + A(1+i)^{n-1} \quad (7\text{-}1)$$

等式(7-1)两边同乘以$(1+i)$得：

$$F(1+i)=A(1+i)+A(1+i)^2+A(1+i)^3+\cdots+A(1+i)^{n-1}+A(1+i)^n \quad (7-2)$$

用式(7-2)减去式(7-1)可得：

$$F(1+i)-F=A(1+i)^n-A$$

$$F=A\times\frac{(1+i)^n-1}{i}$$

公式中，$\frac{(1+i)^n-1}{i}$称为年金终值系数，可用符号$(F/A,\ i,\ n)$表示，其数值可以通过查阅年金终值系数表得出。

【例 7-3】　王某计划 10 年后让儿子出国留学，现在开始存钱，每年年末存入银行 50 000 元，银行存款利率为 8%，则 10 年后王某可以得到多少钱？

解　由题意可知：

$$\begin{aligned}F&=50\,000\times\frac{(1+8\%)^{10}-1}{8\%}\\&=50\,000\times14.486\,6\\&=724\,330(\text{元})\end{aligned}$$

或

$$\begin{aligned}F&=50\,000\times(F/A,\ 8\%,\ 10)\\&=50\,000\times14.486\,6\\&=724\,330(\text{元})\end{aligned}$$

即王某 10 年后可以得到 724 330 元。

(2) 普通年金现值计算。普通年金现值，是指为在以后每期期末取得相等金额的款项，现在需要投入的金额，它是一定时期内每期期末收付款项的复利现值之和，就像是整存零取。普通年金现值的计算可用图 7-2 来说明。

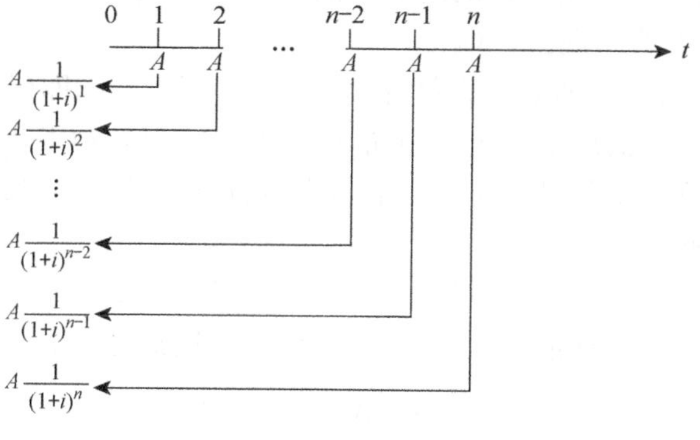

图 7-2　普通年金现值计算示意图

由图 7-2 可知，普通年金现值的计算公式如下：

$$P=A(1+i)^{-1}+A(1+i)^{-2}+\cdots+A(1+i)^{-(n-1)}+A(1+i)^{-n} \quad (7\text{-}3)$$

等式两边同乘以(1+i)，则：

$$P(1+i)=A+A(1+i)^{-1}+A(1+i)^{-2}+\cdots+A(1+i)^{-(n-2)}+A(1+i)^{-(n-1)} \quad (7\text{-}4)$$

用式(7-4)减去式(7-3)可得：

$$P(1+i)-P=A-\frac{A}{(1+i)^n}$$

$$P=A\times\frac{1-(1+i)^{-n}}{i}$$

公式中，$\frac{1-(1+i)^{-n}}{i}$ 称为年金现值系数，可用符号$(P/A,\ i,\ n)$表示，其数值可以通过查阅年金现值系数表得出。

【例 7-4】 ABC 公司在未来 6 年内每年可以从银行得到利息收入 2 000 万元，由于公司现值急于用钱，于是和银行达成协议，银行现在一次性支付未来 6 年的利息收入，假设银行存款年利率为 8%，则银行现在应该支付给公司多少钱？

解 由题意可知：

$$P=2\,000\times\frac{1-(1+8\%)^{-6}}{8\%}$$
$$=9\,245.76(\text{万元})$$

即公司如果要求银行提前支付利息只能得到 9 245.76 万元，若在未来 6 年分期收取利息，则银行支付给公司的绝对金额是 12 000 万元。

2) 先付年金终值和现值计算

先付年金，是指在每期期初收付等额款项的年金，又称即付年金或预付年金。先付年金和普通年金的现金流次数相同，区别在于收付款项发生的时间不同，所以终值和现值的计算有所差异。先付年金的终值、现值分别可以通过普通年金终值、现值的计算公式调整得出。

(1) 先付年金终值计算。先付年金终值，是指一定时期内每期期初收付等额款项最后一期期末复利终值的和。先付年金终值计算公式为：

$$F=A\times(F/A,\ i,\ n)\times(1+i)$$

或

$$F = A \times \left[\frac{(1+i)^{n+1}-1}{i}-1\right] = A \times [(F/A,\ i,\ n+1)-1]$$

【例 7-5】　ABC 公司投资 A 股票，决定持有 8 年，8 年内每年年初可以得到 3 000 元的股利，银行存款年利率为 6%，若 A 股票改变支付股利的方式，在持股人转让股票时一次支付，则 ABC 公司 8 年后可得到多少股利？

解　由题意可知

$$F = 3\ 000 \times \left[\frac{(1+6\%)^{9}-1}{6\%}-1\right] = 31\ 473.9(\text{元})$$

即 ABC 公司 8 年后一次性可以获得股利 31 473.9 元。

(2) 先付年金现值计算。先付年金现值，是指一定时期内每期期初收付等额款项复利现值的和。先付年金现值计算公式为：

$$P = A \times (P/A,\ i,\ n) \times (1+i)$$

或

$$P = A \times \left[\frac{1-(1+i)^{-(n-1)}}{i}+1\right] = A \times [(P/A,\ i,\ n-1)+1]$$

【例 7-6】　ABC 公司出租给甲公司一台设备，租期为 5 年，每年年初收取租金 3 000 元，由于企业缺乏资金，要求甲公司一次性支付租金，甲公司只需支付 5 年租金的现值。假设银行存款年利率是 8%，则甲公司应支付给 ABC 公司多少租金？

解　由题意可知：

$$P = A \times [(P/A,\ i,\ n-1)+1] = 3\ 000 \times [(P/A,\ 8\%,\ 4)+1] = 12\ 936.39(\text{元})$$

即甲公司现在支付租金只需支付 12 936.39 元。

3) 递延年金现值计算

递延年金，是指第一次收付款发生在第二期或第二期以后的年金。递延年金是普通年金的特殊形式，凡不是从第一期开始的普通年金都是递延年金。一般用 m 表示递延期，表示 m 期没有发生过现金流，第一次支付在 $(m+1)$ 期期末，n 表示连续支付次数。递延年金现金流如图 7-3 所示。

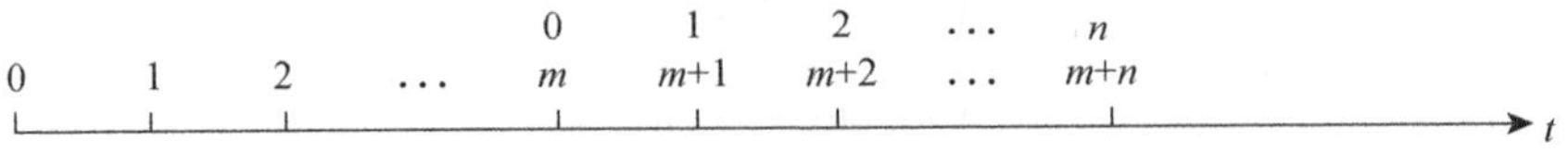

图 7-3　递延年金收付款形式图

从图 7-3 可以看出,递延年金终值的大小与递延期无关,其计算与普通年金终值的计算相同。递延年金现值的计算公式如下:

$$P = A \times [\frac{1-(1+i)^{-n}}{i}] \times (1+i)^{-m}$$
$$= A \times (P/A,\ i,\ n) \times (P/F,\ i,\ m)$$

或

$$P = A \times [\frac{1-(1+i)^{-(m+n)}}{i} - \frac{1-(1+i)^{-m}}{i}]$$
$$= A \times [(P/A,\ i,\ m+n) - (P/A,\ i,\ m)]$$

【例 7-7】　假定在年初存入一笔资金,以便能在第 6 年年末起每年取出 10 000元,至第 10 年年末取完。若银行存款利率为 10%。要求:计算最初一次存入银行的资金数额。

解　由题意可知:

$$P = 10\ 000 \times \frac{1-(1+10\%)^{-5}}{10\%} \times (1+10\%)^{-5}$$
$$= 10\ 000 \times (P/A,\ 10\%,\ 5) \times (P/F,\ 10\%,\ 5)$$
$$= 23\ 537(\text{元})$$

或

$$P = 10\ 000 \times [\frac{1-(1+10\%)^{-10}}{10\%} - \frac{1-(1+10\%)^{-5}}{10\%}]$$
$$= 10\ 000 \times [(P/A,\ 10\%,\ 10) - (P/A,\ 10\%,\ 5)]$$
$$= 23\ 538(\text{元})$$

由此可见,采用两种计算方法计算出的递延年金现值基本相等。

4) 永续年金现值计算

永续年金,是指无期限收付等额款项的年金,可视为普通年金期限趋于无穷的特殊情况。存本取息是永续年金的典型例子。西方有些债券为无期限债券,这些债券的利息可视为永续年金;优先股因为有固定的利率,而无到期日,优先股的股利也可视为永续年金。此外，也可将利率较高、持续期限较长的年金视同永续年金。

由于永续年金没有终止的时间，也就没有终值。永续年金的现值可以通过普通年金现值的计算公式推导出。永续年金现值的计算公式如下：

$$P = A \times \frac{1-(1+i)^{-n}}{i}$$

当 $n \to \infty$ 时，$(1+i)^{-n}$ 的极限为零，故上式可简化为下列公式：

$$P = \frac{A}{i}$$

【例 7-8】　某企业要建立一项永久性科研奖励基金，每年计划颁发 10 000 元，若银行存款利率为 8%。要求：计算现在应存入多少钱？

解　由题意可知：

$$P = \frac{10\ 000}{8\%} = 125\ 000(\text{元})$$

上题计算结果表明，125 000 元是 10 000 元永续年金利率为 8%时的现值，也是企业为每年颁发 10 000 元永久性科研奖励，现在应存入的资金数额。

二、项目计算期

管理会计长期投资决策的研究对象是项目投资决策，项目投资的具体对象是投资项目。在分析选择最优方案的过程中，项目计算期是需要考虑的一个重要因素，它是指投资项目从投资建设开始到最终清理结束的全部时间，通常以年为单位。

项目计算期包括建设期和生产经营期。本书假设投资在建设期期初一次完成，即建设期为零，建设期期初即为投产日。项目计算期的最后一年记作第 n 年，第 n 年年末称为项目终结点。假定项目最终报废和清理均发生在项目终结点。从投产日到终结点第 n 年年末之间的时间间隔称为生产经营期，是项目预计的经济使用寿命期，包括试产期和达产期。假设建设期为零，则生产经营期即为项目计算期。

三、现金流量

在长期投资决策中，投资收入与投资支出都是以现金实际收支为基础的。在未来一定时期内的现金流入量与现金流出量统称为现金流量(Cash Flows)。现金流入量与现金流出量的差额,为净现金流量。这里的"现金"是广义的现金,不仅包括各种货币资金,而且还包括项目需要投入的各种非货币资产的变现价值。例如,一个项目需要使用原有的厂房、设备和材料等,则相关的现金流量是指它们的变现价值,而不是其账面价值。具体估计一个投资方案形成的现金流入与现金流出的数量、时间,以及逐年的净现金流量是正确评价该方案投资效益的必要条件之一。

(一) 现金流量的决策意义

在长期投资决策分析中,投资者通常采用现金流量而不是会计利润来评价投资项目的价值,主要是因为现金流量在评价长期投资项目中具有重要的决策意义。

1. 正确评价投资项目的经济效益

现金流量是投资项目在未来期间货币资金的实际收支,可以序时动态地反映投资资金的流向和回收之间的投入产出关系,从而使决策者站在投资主体的立场上,更加准确、全面地评价投资项目的经济效益。

2. 科学评价投资项目的价值

现金流量作为评价投资项目价值的依据,是以收付实现制为基础的,从而可以避免权责发生制带来的主观随意性问题。例如,采用权责发生制核算项目的效益,不同的投资项目采取的存货估价、费用分摊及折旧计提等方法可能不同,从而导致不同投资方案的会计利润指标的可比性较差。因此,相对于会计利润而言,以现金流量为基础评价投资项目的价值会更科学。

3. 充分考虑货币的时间价值

不同时点的现金具有不同的价值,现金流量能够正确反映每笔与预期收入和成本相关的收付款的具体发生时间,从而使每笔收付款项与项目计算期内的各个时点紧密结合起来。因此,利用现金流量易于充分考虑货币的时间价值以便准确计算投资项目的价值。在计算投资项目的决策评价指标时,还可以应用货币时间价值原理对投资项目的动态投资效果进行评价。

(二) 现金流量的有关假定

现金流量作为评价长期投资项目的重要指标,在长期投资决策分析中具有以下假设。

1. 全投资假设

全投资假设是指以投资项目为主体、项目计算期为期间确定现金流量的内容,将整个投资项目的自有资金和借入资金都看作投资额，作为现金流量计算。例如，ABC公司拟投资一项目，项目原始投资额为6 000万元，企业将自有资金4 000万元和从银行借入的2 000万元一并投资该项目，则6 000万元都应看作项目的现金流出。

2. 建设期投入全部资金假设

不论长期项目的投资是一次投入还是分期投入，除特殊情况说明外，假设它们都是在建设期内投入的。

3. 项目计算期时点假设

项目计算期的第一年年初即建设起点为第0年，第一年年末记为1，第二年年末记为2，以此类推，最后一年年末为终结点，一般为项目的报废时点。

4. 现金流量符号假设

假设统一用正值表示现金流入，用负值表示现金流出。

（三）现金流量的内容

长期投资决策中的现金流量，一般分为初始现金流量、营业现金流量和终结现金流量三个部分。

1. 初始现金流量

初始现金流量，是指长期投资项目开始投资时发生的现金流量，主要包括以下内容。

（1）建设投资支出。建设投资支出是指在项目投资时企业按项目规模和生产经营需要而购建固定资产、无形资产等的支出。

（2）垫支的流动资金。垫支的流动资金是指项目生产经营期周转使用的营运资金投入。包括正常的原材料、产成品、在产品的占用等，另外还包括货币资金的支出。一般在项目经营期开始时投入，结束时收回。

（3）原有固定资产的变价收入。原有固定资产的变价收入是指固定资产更新时原有固定资产的变价所得的现金收入。

（4）所得税效应。所得税效应是指固定资产更新项目变价收入的税赋损益。按规定，出售资产时的资本利得（售价高于原价或账面净值的部分）应缴纳所得税，构成现金流出量；出售资产时发生的损失（售价低于原价或账面净值的部分）可以抵减当年所得税支出，少缴纳的所得税构成现金流入量。

假设某设备原价100 000元，已使用5年，设备净值为50 000元，企业所得税税率为25%。如果以50 000元出售此设备，所得税效应为0，出售设备的净现金流量为50 000元。如果以40 000元出售此设备，出售旧设备的净现金流量为42 500元[40 000+(50 000−40 000)×25%]。如果以60 000元出售，出售旧设备的净现金流量为 57 500 元[60 000－(60 000－50 000)×25%]。

(5) 不可预见费。不可预见费是指在投资项目正式建设之前不能完全估计到的,但很可能发生的一系列费用,如设备价格上涨、出现自然灾害等。这些因素也要合理预测,以便为现金流量预测留有余地。

例如,某企业准备建一条新的生产线,经过研究与分析,预计各项支出如下:设备购置费 500 000 元;安装费 100 000 元;建筑工程费用 400 000 元;投产时需垫支流动资金 50 000 元;不可预见费按上述总支出的 5%计算,则该生产线的投资总额为:

$$(500\,000+100\,000+400\,000+50\,000)\times(1+5\%)=1\,102\,500(\text{元})$$

2. 营业现金流量

营业现金流量,是指项目投入使用后,在寿命期内由于生产经营所带来的现金流入和流出的数量。营业现金流量一般是按年计算的。营业现金流量主要包括以下内容。

(1) 营业收入。营业收入是指项目生产经营期每年以现金形式收回的营业收入和当期收回的应收账款之和。假定正常经营期发生的赊销额与回收的应收账款大体相等,这样营业收入在数额上等于当期营业收入净额。

(2) 营运成本。营运成本是指为保证项目生产经营期正常生产经营活动而以货币资金支付的制造成本和期间费用,又称为付现成本,是生产经营期内最主要的现金流出量。某年营运成本等于该年总成本扣除该年折旧费和摊销费等非付现成本的差额。

(3) 各项税款。各项税款是指企业在项目生产经营期内依法缴纳的各项税款,主要指企业所得税。

经营期内每年营业现金流量计算公式如下:

$$\text{营业现金流量}=\text{营业收入}-\text{付现成本}-\text{所得税}$$

或

$$\begin{aligned}\text{营业现金流量}&=\text{营业收入}-(\text{总成本}-\text{折旧等})-\text{所得税}\\&=\text{营业收入}-\text{总成本}-\text{所得税}+\text{折旧等}\\&=\text{税后净利}+\text{折旧等}\end{aligned}$$

【例 7-9】 假设 A、B 两个公司的营业资料基本相同,区别在于两者的固定资产折旧额不同。要求:结合表 7-1 计算营业现金流量。

解 营业现金流量的计算如表 7-1 所示。

表 7-1　营业现金流量计算表　　单位:元

项　目	A 公司	B 公司
销售收入	100 000	100 000
付现营业成本	50 000	50 000
折旧	15 000	20 000
合　计	65 000	70 000
税前利润	35 000	30 000
所得税(25%)	8 750	7 500
税后利润	26 250	22 500
营业现金流量		
税后净利	26 250	22 500
折旧	15 000	20 000
合　计	41 250	42 500

3. 终结现金流量

终结现金流量,是指项目经济寿命终了时所发生的非营业现金流量。终结现金流量主要包括以下几个方面内容。

(1) 固定资产报废时的残值收入。固定资产报废时的残值收入是指投资项目所形成的固定资产在终结点报废清理或中途变价转让处理时所发生的现金流入。对于新建项目,它是按固定资产原值乘以法定净残值率计算的。

(2) 收回垫支的流动资金。收回垫支的流动资金是指新建项目在项目终结点因不再发生新的替代投资而收回的原垫付的全部流动资金的投资额。

需要说明的是,在经营期的最后一年仍然有生产经营活动所引起的现金流入量和现金流出量,其计算和经营期的营业现金流量计算方法相同。

企业在估算现金流量时会涉及很多变量,并且可能需要企业多个部门的参与。例如,需要市场部门负责预测市场需求量及售价;需要研发部门估计投资的研发成本、设备购置、厂房建筑等;需要生产部门负责估计工艺设计、生产成本等;需要财务人员协调各参与部门的人员,为销售和生产等部门建立共同的基本假设,估计资本成本及相关的现金流量等。

为了正确计算项目投资方案的现金流量,需要正确判断哪些支出会引起企业现金流量的变动,哪些支出只是引起企业内部某个部门现金流量的变动而不引起企业现金流量的变动。在进行判断时,需要注意以下几个问题。

(1) 区别相关成本和无关成本。相关成本是指与特定项目决策有关的、在决策分析时必须加以考虑的成本。与此相反，与特定项目决策无关的、在决策分析时不必考虑的成本是无关成本，如沉没成本。例如，某公司在2×14年打算新建一个厂房，并请有关专家进行了项目有关的可行性分析，为此支付咨询费1万元，后来由于公司有了更好的投资机会，该项目被搁置下来，该笔咨询费已经入账。2×16年旧事重提，又想新建厂房，那么该笔咨询费是否应该是相关成本呢？不管公司是否要新建这个厂房，这笔咨询费都无法收回，与公司未来的现金流量无关，因此属于沉没成本，在决策分析时不需要加以考虑。

(2) 机会成本。机会成本是指为了进行某项投资而放弃其他投资所能获得的潜在收益。在项目投资决策中不能忽视机会成本。例如，公司新建厂房需要使用公司拥有使用权的一块土地，这块土地如果出租，每年可获取租金收入18万元，那么在新项目进行投资时，这18万元的租金就是该新建项目的机会成本，在计算营业现金流量时将其视作现金流出。

(3) 部门影响。当公司选择一个新的投资项目后，该项目可能会对公司的其他部门造成有利或不利影响，这种影响必须加以考虑。例如，若公司新建生产线的产品上市后，可能会减少其他产品的销售额。因此，公司在进行投资决策分析时，不应将新建生产线的销售收入作为增量收入来处理，而应扣除其他部门因此减少的销售收入。

(四) 现金流量的估算

为了正确地评价投资项目的优劣，必须依据可靠、准确的现金流量数据，才能做出科学的分析。在对投资项目现金流量的估算中，营业现金流量是一个非常重要的环节，它涉及营业现金流入与营业现金流出的计算。通常在确定营业现金流量的基础上，结合初始现金流量①和终结现金流量②，便可确定投资项目的现金流量。

【例7-10】 某企业准备购入设备以扩充生产能力。现有甲、乙两个方案可供选择。甲方案需投资60 000元，使用寿命为5年，假设5年后设备无残值。5年中每年销售收入为40 000元，每年付现成本为14 000元。乙方案需投资70 000元，另外在第一年垫支流动资金5 000元，使用寿命也为5年，使用期满有残值收入3 500元。5年中第一年销售收入为50 000元，以后逐年减少1 000元。付现成本第一年为14 500元，以后随着设备的陈旧将逐年增加修理费500元。该企业采用

① 初始现金流量，主要表现为现金流出量。

② 终结现金流量，主要表现为现金流入量。

直线法计提折旧，企业所得税税率为25%。要求：计算两个方案的现金流量。

解　(1) 计算两个方案每年折旧额。

$$甲方案每年折旧额 = \frac{60\ 000}{5} = 12\ 000(元)$$

$$乙方案每年折旧额 = \frac{70\ 000 - 3\ 500}{5} = 13\ 300(元)$$

(2) 计算两个方案营业现金流量。

甲、乙两个方案的营业现金流量计算如表7-2所示。

表7-2　甲、乙两个方案营业现金流量计算表　　单位：元

项目 \ 时间	1	2	3	4	5
甲方案					
销售收入	40 000	40 000	40 000	40 000	40 000
付现成本	14 000	14 000	14 000	14 000	14 000
折旧	12 000	12 000	12 000	12 000	12 000
税前利润	14 000	14 000	14 000	14 000	14 000
企业所得税	3 500	3 500	3 500	3 500	3 500
税后净利	10 500	10 500	10 500	10 500	10 500
营业现金流量	22 500	22 500	22 500	22 500	22 500
乙方案					
销售收入	50 000	49 000	48 000	47 000	46 000
付现成本	14 500	15 000	15 500	16 000	16 500
折旧	13 300	13 300	13 300	13 300	13 300
税前利润	22 200	20 700	19 200	17 700	16 200
企业所得税	5 550	5 175	4 800	4 425	4 050
税后净利	16 650	15 525	14 400	13 275	12 150
营业现金流量	29 950	28 825	27 700	26 575	25 450

甲、乙两个方案全部现金流量的计算如表7-3所示。

表 7-3　甲、乙两个方案全部现金流量计算表　　单位:元

项目＼时间	0	1	2	3	4	5
甲方案						
固定资产投资	−60 000					
营业现金流量		22 500	22 500	22 500	22 500	22 500
现金净流量	−60 000	22 500	22 500	22 500	22 500	22 500
乙方案						
固定资产投资	−70 000					
垫支流动资金	−5 000					
营业现金流量		29 950	28 825	27 700	26 575	25 450
固定资产残值						3 500
流动资金收回						5 000
现金净流量	−75 000	29 950	28 825	27 700	26 575	33 950

在现金流量的计算中,为了简便起见,一般都假定固定资产投资在年初进行,各年营业现金流量在年末发生,终结现金流量看作是最后一年年末发生的。

第三节　长期投资决策的评价指标

长期投资决策的评价指标按照是否考虑货币时间价值可以分为两类:一类是不考虑货币时间价值的评价指标,即非贴现现金流量评价指标,又称静态评价指标;另一类是考虑货币时间价值的评价指标,即贴现现金流量评价指标,又称动态评价指标。

一、非贴现现金流量评价指标

(一) 投资回收期

投资回收期,是指以投资项目营业现金流量抵偿原始总投资所需要的时间,一般以年表示。投资回收期越短,说明投入资金的回收速度越快,所承担的投资风险

越小。因此，企业为了避免出现意外情况，就要考虑选择能在最短期间内收回原始投资的方案。

运用投资回收期进行决策分析时，应将投资方案的投资回收期与投资者期望的投资回收期对比：投资方案的回收期≤期望的回收期，则接受投资方案；投资方案的回收期>期望的回收期，则拒绝投资方案。如果同时存在几个方案可供选择时，应当比较各个方案的回收期，选择最短者。

投资回收期的计算，因每年的营业现金净流量（NCF）是否相等而有所不同。如果每年的营业现金净流量相等，投资回收期计算公式为

$$投资回收期=\frac{原始投资额}{每年营业现金净流量(NCF)}$$

现以[例 7-10]资料为例，根据表 7-3 的数据，甲方案每年的 NCF 相等，因此

$$甲方案投资回收期=\frac{60\,000}{22\,500}\approx 2.67(年)$$

如果每年的营业现金净流量不相等，计算投资回收期要根据每年年末尚未回收的投资额加以确定。在[例 7-10]中，乙方案每年的 NCF 不相等，乙方案各年尚未收回的投资额如表 7-4 所示。

表 7-4　乙方案投资回收情况表　　单位：元

年份	投资额	每年营业现金净流量	年末尚未回收投资额
0	(75 000)		
1		29 950	45 050
2		28 825	16 225
3		27 700	—
4		26 575	—
5		33 950	—

$$乙方案投资回收期=2+\frac{16\,225}{27\,700}\approx 2.59(年)$$

甲方案的投资回收期为 2.67 年，乙方案的投资回收期为 2.59 年，若采用投资回收期法选择投资方案，应该选择乙方案。

投资回收期容易理解，计算也比较简单。但这一指标没有考虑现金流量发生的时间，同时也没有考虑回收期满后的现金流量状况。因此，单纯地运用投资回收期作为投资决策评价方法，不能准确反映投资方案的经济效益，有可能会形成错误

决策。因此，在评价投资方案时，投资回收期一般只能作为辅助指标，必须和其他指标相结合，用以判断项目的可行性。

【例 7-11】 假设有两个方案的预计现金流量如表 7-5 所示。要求：计算投资回收期并进行项目决策。

表 7-5　A 方案与 B 方案的预计现金流量　　单位：元

时间	0	1	2	3	4	5
A 方案现金流量	－10 000	4 000	6 000	4 000	4 000	4 000
B 方案现金流量	－10 000	4 000	6 000	6 000	6 000	6 000

两个方案的投资回收期相同，都是 2 年。如果用投资回收期进行项目投资评价，似乎两个方案不相上下，实际上 B 方案明显优于 A 方案。

（二）投资报酬率

投资报酬率，是指投资项目计算期内平均的年投资报酬率。投资报酬通常用年均现金流量指标表示。投资报酬率计算公式为

$$投资报酬率 = \frac{年均现金净流量}{原始投资额} \times 100\%$$

在采用投资报酬率指标进行长期投资项目决策分析评价时，应事先确定一个企业要求达到的平均投资报酬率：投资方案的平均投资报酬率≥期望的投资报酬率，接受投资方案；投资方案的平均投资报酬率＜期望的平均报酬率，则拒绝投资方案。而在有多个方案的互斥选择中，则应选择平均投资报酬率最高的方案。

【例 7-12】 仍以[例 7-10]的资料，根据表 7-2、表 7-3 的数据。要求：计算甲、乙两个方案的投资报酬率。

解　甲、乙两个方案的投资报酬率计算如下。

$$甲方案投资报酬率 = \frac{22\,500}{60\,000} \times 100\% = 37.5\%$$

$$乙方案投资报酬率 = \frac{(29\,950 + 28\,825 + 27\,700 + 26\,575 + 33\,950) \div 5}{75\,000} \times 100\% = 39.2\%$$

上述计算表明，如果采用投资报酬率法评价投资方案，则应该选择乙方案。

投资报酬率的优点是简明、易算、易懂，考虑了投资方案在其寿命周期内的全部收益状况和现金流量；其缺点是没有考虑货币的时间价值，不同时期的现金流量被认为具有同等的价值。单纯地运用投资报酬率法进行项目投资决策有时可能是错误的，在实际决策中应该结合其他方法加以运用。

二、贴现现金流量评价指标

贴现现金流量评价指标，是指考虑货币时间价值评价长期投资项目的指标，也称动态评价指标。贴现现金流量评价指标具体包括净现值、获利指数和内含报酬率。

（一）净现值

净现值(Net Present Value, NPV)，是指在项目计算期内，按行业基准折现率或其他设定折现率计算的各年净现金流量现值的代数和，是评价长期投资项目是否可行的最重要指标。净现值计算公式为：

$$\text{净现值}(NPV)=\sum(\text{未来现金净流量现值})-\sum(\text{投资额现值})$$

或

$$NPV=\sum_{t=0}^{n}\frac{NCF_t}{(1+K)^t}$$

式中：NPV——净现值；

NCF_t——第 t 年现金净流量；

K——贴现率；

n——项目计算期。

【例 7-13】 仍以[例 7-10]的资料，假设企业资本成本为 10%。要求：计算甲、乙方案的净现值。

解 甲方案每年的 NCF 相等，可按年金系数进行计算。

$$\begin{aligned}NPV_{\text{甲}}&=22\,500\times(P/A,10\%,5)-60\,000\\&=85\,297.5-60\,000\\&=25\,297.5(\text{元})\end{aligned}$$

乙方案每年的 NCF 不相等，故列表 7-6 计算如下。

表 7-6　乙方案净现值计算表　　单位：元

n	每年 NCF (1)	现值系数(P/F , 10%, n)(2)	现值(3)=(1)×(2)
1	29 950	0.909	27 224.55
2	28 825	0.826	23 809.45
3	27 700	0.751	20 802.7

（续表）

n	每年 NCF (1)	现值系数(P/F，10%，n)(2)	现值(3)=(1)×(2)
4	26 575	0.683	18 150.725
5	33 950	0.621	21 082.95
未来现金流量的现值			111 070.375
减：初始投资额			75 000
净现值			36 070.375

影响项目净现值大小的因素有两个：现金流量和贴现率。前者与净现值的大小呈同向变化，后者与净现值的大小呈反向变化。根据企业价值最大化的原则，利用净现值进行项目决策的标准：投资项目的净现值≥0，表明该项目投资获得的收益大于资本成本或投资者要求的必要收益率，接受投资项目；投资项目的净现值<0，拒绝投资项目。若存在若干个净现值大于零的互斥方案，则应选择净现值最大的方案，或对净现值的大小进行排队，对净现值大的方案应优先考虑。如例题中甲、乙两方案的净现值均大于零，说明两项目的投资报酬率均大于资本成本，可以增加股东的财富，都是可取的。但乙方案的净现值大于甲方案，故应选择乙方案。

净现值考虑了项目计算期的各年现金流量的现时价值，反映了投资项目可以获取的收益。这一指标在应用中的主要难点是如何确定贴现率。在项目评价中，正确地选择贴现率至关重要，它直接影响到项目评价的结论。如果选择的贴现率过低，会导致一些经济效益较差的项目得以通过，从而浪费了有限的社会资源；如果选择的贴现率过高，会导致一些效益较好的项目不能通过，从而使有限的社会资源不能充分发挥作用。

（二）获利指数

获利指数(Profitability Index，PI)，也称现值指数，是指投资方案项目计算期内各年的净现金流量按照行业的基准报酬率或资本成本折算的现值之和与原始投资额的现值之和的比率。获利指数计算公式为：

$$\text{获利指数}(PI)=\frac{\sum \text{未来现金净流量现值}}{\sum \text{原始投资额现值}}$$

【例 7-14】 仍以[例 7-10]的资料，要求根据[例 7-13]净现值计算的结果，计算甲、乙方案的获利指数。

解 甲、乙方案的获利指数计算如下：

$$PI_{甲} = \frac{85\,297.5}{60\,000} \approx 1.42$$

$$PI_{乙} = \frac{111\,070.375}{75\,000} \approx 1.48$$

获利指数实质上是净现值的一种特殊的变形方式。根据净现值和获利指数两者计算公式的区别和净现值对项目的取舍原则，不难得出获利指数进行项目决策标准：投资项目的获利指数≥1，接受投资项目；投资项目的获利指数<1，拒绝投资项目。若有多个投资方案备选，则应选择获利指数最大者。本例中应该选择乙投资方案。

获利指数是一个相对数指标，反映项目的投资效率，即获利能力。当备选方案的投资额不相等且彼此之间相互独立，可用获利指数确定方案的优劣次序；若为互斥方案，当采用净现值和获利指数出现结果不一致时，应以净现值的评价结果为标准。因为净现值是一个绝对指标，反映项目的投资效益，更符合财务管理的基本目标。

（三）内含报酬率

内含报酬率（Internal Rate of Retern, IRR），也称为内部收益率，是指长期投资方案在项目计算期内预期可达到的报酬率。它的实质就是项目经营期的净现金流量现值之和等于项目原始投资额现值时的折现率，即项目净现值为零时的折现率。

净现值和获利指数虽然考虑了货币时间价值，可以说明投资项目的报酬率高于或低于资本成本，但没有揭示项目本身可以达到的投资报酬率。内含报酬率是根据项目的现金流量计算的，反映了投资项目本身的报酬率，目前更多的企业使用该项指标对投资项目进行评价。内含报酬率的计算公式为：

$$\sum(\text{未来现金净流量现值}) - \sum(\text{原始投资额现值}) = 0$$

或

$$\sum_{t=0}^{n} \frac{NCF_t}{(1+IRR)^t} = 0$$

【例 7-15】　仍用[例 7-10]中的资料。要求：计算甲方案的内含报酬率。

解　甲方按内含报酬率计算如下：

$$\text{年金现值系数}(P/A, IRR, n) = \frac{60\,000}{22\,500} \approx 2.666\,7$$

查阅年金现值系数表,第 5 期与 2.666 7 相邻近的年金现值系数在 24%和 28%之间,采用插值法计算。

贴现率	年金现值系数
24%	2.745 4
IRR	2.666 7
28%	2.532 0

$$IRR = 25.48\%$$

如果每年的现金净流量不相等,内含报酬率的计算通常采用"逐次测试法"。首先估计一个贴现率,并按此贴现率计算净现值。如果计算出的净现值为正数,则表示估计的贴现率小于该项目的实际内含报酬率,应提高贴现率后进一步测算;如果计算出的净现值为负数,则表示估计的贴现率大于该项目的实际内含报酬率,应降低贴现率后进一步测算。经过如此反复测算,直至找到使净现值由正到负或由负到正的两个贴现率。然后根据上述两个邻近的贴现率,使用插值法计算出方案的内含报酬率。

【例 7-16】 仍用[例 7-10]中的资料。要求:计算乙方案的内含报酬率。

解 由于乙方案每年的现金净流量不相等,因此必须逐次进行测算,测算过程见表 7-7 所示。

表 7-7 内含报酬率测算表 单位:元

时间(*t*)	*NCF*	测试 20%		测试 24%		测试 28%	
		复利现值系数	现值	复利现值系数	现值	复利现值系数	现值
0	−75 000	1.00	−75 000	1.000	−75 000	1.000	−75 000
1	29 950	0.833 3	24 957.34	0.806 5	24 154.68	0.781 3	23 399.94
2	28 825	0.694 4	20 016.08	0.650 4	18 747.78	0.610 4	17 594.78
3	27 700	0.578 8	16 029.99	0.524 5	14 528.65	0.476 8	13 207.36
4	26 575	0.482 3	12 817.12	0.423 0	11 241.23	0.372 5	9 899.19
5	33 950	0.401 9	13 644.51	0.341 1	11 580.35	0.291 0	9 879.45
NPV	—	—	12 465.04	—	5 252.69	—	−1 019.28

在表 7-7 中,先按 20%的贴现率进行测算,净现值为正数,便把贴现率提高到 24%,进行第二次测算,净现值仍为正数,于是把贴现率提高到 28%进行测算,净现值为负数,说明该项目的内含报酬率一定在 24%和 28%之间。采用插值法计算

如下。

贴现率	净现值
24%	5 252.69
IRR	0
28%	−1 019.28

$$\begin{aligned} IRR &= 24\% + \frac{5\ 252.69}{5\ 252.69 + 1\ 019.28} \times (28\% - 24\%) \\ &= 27.35\% \end{aligned}$$

需要注意的是,投资项目的内含报酬率与资本成本是不同的,内含报酬率是用来衡量项目的获利能力,它是根据项目本身的现金流量计算得出的;而资本成本是用来衡量项目是否可行的比较指标,它是根据同等风险项目投资最低收益率确定的。资本成本与项目的内含报酬率计算无关,但与项目决策有关。

利用内含报酬率指标选择投资项目的标准:投资方案的内含报酬率≥要求的报酬率或资本成本,接受投资项目;投资方案的内含报酬率<要求的报酬率或资本成本,拒绝投资项目。在有多个互斥项目的选择中,选择 *IRR* 最大的投资项目。从上述例题中两个方案的内含报酬率可以看出,乙方案的内含报酬率高,故乙方案比甲方案效益好。

第四节　长期投资决策评价指标的运用

长期投资项目的评价指标主要有非贴现现金流量评价指标(如投资回收期、投资报酬率)和贴现现金流量评价指标(如净现值、获利指数、内含报酬率)。这些指标从不同的角度对投资项目进行评价,各自都有自己的优点和局限性,因此进行长期投资决策时,要从实际情况出发,综合利用这些评价指标或以某一指标为主,以期选出最优项目和最佳方案。为了利用投资项目的评价指标,投资者要针对不同类别的方案选择不同的决策方法。

一、独立项目投资决策

独立项目,是指一组相互独立、互不排斥的项目。在独立项目中,选择某一项目并不排斥选择另一项目。例如,麦当劳打算在一个偏远小岛上开设一家汉堡包餐厅,这个方案是否被采纳都不会受到其他开设新餐厅的投资决策的影响,它们是相互独立的。独立项目投资决策可以不考虑任何其他投资项目是否得到采纳和实施，独立项目投资收益和成本也不会因其他项目的采纳与否而受影响。

独立项目的实施与否与其他项目没有关系。对于独立项目，投资决策的过程就是评价该项目是否可行，主要根据净现值、内含报酬率来判断。如果净现值大于零，内含报酬率大于设定的贴现率，则项目是可行的；反之，应拒绝这一投资项目。投资回收期与投资报酬率可作为辅助指标，其结果可用于参考。

二、互斥项目投资决策

互斥项目，是指接受一个项目就必须放弃另一个项目的情形，通常是为解决一个问题设计的两个备选方案。例如，为了生产一个新产品，可以选择进口设备，也可以选择国产设备。企业只需选择其中一个方案增加设备就可以解决目前的问题，而不会同时购置。因此，互斥项目投资决策要根据各个方案的使用年限、投资额相等与否等信息，采用不同的方法做出选择。

(一) 使用年限相等

对于计算期相等的互斥项目投资决策分析时，可采用排列顺序法。采用排列顺序法时，全部待选项目可分别根据它们各自的 *NPV*、*PI* 或 *IRR* 按降级顺序排列，然后进行项目决策，通常选其大者为最优。通常情况下，按上述三个评价标准对互斥项目进行排序选择的结果是一致的，如[例 7-10]排序下来乙方案最好。但在某些情况下也会得出不一致的结论，即排序出现矛盾。在这种情况下，应以净现值作为选择标准。

(二) 使用年限不等

在使用年限不等的情况下，不能简单地根据净现值或内含报酬率来评价项目，通常采用年回收额法，即某一方案的年回收额等于该方案的净现值除以 n 年的年金现值系数，其实质是将净现值总额分摊到每一年，然后各方案均以年为单位进行比较，哪个方案年回收额大即年均净现值大，则可认为哪个方案好。

【例 7-17】 某公司要在两个投资项目中选取一个，A 项目需要初始投资 160 000元，每年产生 80 000 元的现金净流量，项目的使用寿命为 3 年，3 年后必须更新且无残值；B 项目需要初始投资 210 000 元，使用寿命为 6 年，每年产生 64 000 元的现金净流量，6 年后必须更新且无残值。如果资本成本为 16%，公司应该选用哪个项目？

解 两个项目的净现值计算如下。

$$NPV_A = 80\,000 \times (P/A, 16\%, 3) - 160\,000$$
$$= 80\,000 \times 2.246 - 160\,000$$
$$= 19\,680(\text{元})$$
$$NPV_B = 64\,000 \times (P/A, 16\%, 6) - 210\,000$$
$$= 64\,000 \times 3.685 - 210\,000$$
$$= 25\,840(\text{元})$$

$$A\text{项目年回收额} = \frac{19\,680}{(P/A,\ 16\%,\ 3)} = \frac{19\,680}{2.246} = 8\,762.24(\text{元})$$

$$B\text{项目年回收额} = \frac{25\,840}{(P/A,\ 16\%,\ 6)} = \frac{25\,840}{3.685} = 7\,012.21(\text{元})$$

通过计算，项目 A 的年回收额比项目 B 的年回收额大，所以公司应选用项目 A。

三、固定资产更新改造决策

固定资产更新是对技术上或经济上不宜继续使用的旧资产，用新的资产更换或用先进的技术对原有设备进行局部改造。固定资产更新决策主要解决两个问题：一是否更新；二选择什么样的资产进行更新。

（一）固定资产经济寿命是其更新周期

固定资产经济寿命是相对于自然寿命而言的。固定资产自然寿命是由其物理性能决定的，是指一项固定资产从投入使用到完全报废为止的整个期限。固定资产经济寿命是由其使用的经济效益决定的，是指固定资产的年均成本最低的使用年限。

固定资产的年均成本由资产成本和劣势成本组成。资产成本是指用于固定资产投资的成本。在不考虑货币时间价值的情况下，资产成本就是各年的固定资产折旧，它随固定资产使用年限的延长而降低。劣势成本由两部分组成：一是固定资产本身的有形及无形损耗，以及由此引起的材料、能源、产品的损失；二是逐年增加的维修费。固定资产劣势成本随固定资产使用年限的延长而逐年增加。

由于构成年均成本的资产成本和劣势成本随固定资产使用年限的延长而呈相反的变化，因此固定资产的年均成本在其自然寿命的初期是递减的，在自然寿命的某一时点上，年均成本达到最低，从开始使用到这一时点的期限就是固定资产的经济寿命，超过这一时点后年均成本开始逐年增加，继续使用该项固定资产从经济上已不合算，应当更新。

(二) 决策时不应考虑沉没成本

固定资产更新决策时，决策的时点是现有固定资产同可能取代它的新固定资产进行比较的共同起点，在此基础上着重考虑它们未来的有关数据，现有固定资产的实际价值(非账面价值)是决策的相关成本，其原始成本是沉没成本，与决策无关，不应考虑。

(三) 不同寿命期固定资产更新决策的可比性

在固定资产进行更新决策时，当旧的固定资产和可以取代它的新固定资产的寿命期不相等时，一般需要通过计算比较年均使用成本进行决策。但在对旧的固定资产是继续使用一段时间更新还是现在立即更新进行决策时，会出现在一个时期内有数种年均成本的情况。这时，必须选择一个能够说明问题的"比较期"。根据年均使用成本计算相同比较期的可比使用成本现值，然后进行对比分析做出决策。

【例 7-18】 某公司正考虑使用一台效率更高的新机器取代现有的旧机器。旧机器的账面净值为 10 万元，市场价值为 6 万元；预计尚可使用 4 年，预计 4 年后净残值为 0；税法规定的折旧年限尚有 4 年，税法规定无残值。购买和安装新机器需要 50 万元，预计可使用 5 年，预计清理净残值为 2 万元。按税法规定可分 4 年折旧，并采用双倍余额递减法计算应纳税所得额，法定残值为原值的 1/10。使用该机器每年可以节约付现成本 16 万元。公司的所得税税率为 25%。如果该项目在任何一年出现亏损，公司将会得到按亏损额的 25%计算的所得税抵免。假设公司的必要报酬率为 10%，公司应该做出何种决策？

解 继续使用旧设备的年平均成本计算见表 7-8 所示。

表 7-8 继续使用旧设备的年平均成本计算表 单位:元

项 目	现金流量	时间	折现系数	现 值
旧设备变现价值	−60 000	0 年	1	−60 000
变现损失减税	(100 000−60 000)×25% =10 000	0 年	1	10 000
每年付现成本	−160 000×(1−25%) =−120 000	1~4 年	3.169 9	−380 388
每年折旧减税	25 000×25%=6 250	1~4 年	3.169 9	19 811.88
旧设备流出现值合计				−410 576.12
年平均成本	410 576.12÷(P/A,10%,4)=129 523			

使用新设备的年平均成本计算见表 7-9 所示。

表 7-9　使用新设备的年平均成本计算表　　单位:元

项　目	现金流量	时间	折现系数	现　值
投资	—500 000	0 年	1	—500 000
第 1 年折旧减税	250 000×25%=62 500	1 年	0.909 1	56 818.75
第 2 年折旧减税	125 000×25%=31 250	2 年	0.826 4	25 825
第 3 年折旧减税	37 500×25%=9 375	3 年	0.751 3	7 043.44
第 4 年折旧减税	37 500×25%=9 375	4 年	0.683 0	6 043.13
残值净收入	20 000	5 年	0.620 9	12 418
残值净损失减税	(50 000 — 20 000) × 25% = 7 500	5 年	0.620 9	4 656.75
新设备流出现值合计				—387 194.93
年平均成本	387 194.93÷(P/A，10%，5)=102 140.69			

上述计算结果表明,使用旧设备的年平均成本高于使用新设备年平均成本,故公司使用新设备。

四、资本限额决策

资本限额,是指公司资本有一定限度,不能投资于所有可接受的项目。也就是说,有很多获利项目可供投资,但无法筹集到足够的资本,特别是那些以内部融资为经营策略或外部融资受到限制的企业。此外,出于公司管理能力的限制也可能有意识地控制公司的发展规模和速度。

【例 7-19】　某公司面临 A、B、C 三个投资项目,各项目的净现金流量如表 7-10所示。

表 7-10　A、B、C 三个投资项目的净现金流量表　　单位:元

	0	1	2	3	4	5
A	—100 000	30 000	30 000	30 000	30 000	30 000
B	—300 000	80 000	80 000	80 000	80 000	80 000
C	—200 000	50 000	50 000	50 000	50 000	50 000

假定公司要求的必要报酬率是 10%,资本预算为 400 000 元,公司如何在 A、

B、C 三个投资项目中进行选择?

解 根据相关资料,分别计算出三个项目的净现值和获利指数:A 项目的净现值与获利指数为 13 730 元和 1.137;B 项目的净现值与获利指数为 3 280 元和 1.011;C 项目的净现值与获利指数为 8 505 元和 1.043。三个项目的投资额不同,但净现值都大于 0,获利指数都大于 1。如果公司有充足的资本都可以进行投资。但公司的资本预算为 400 000 元,如何如何决策?公司应将资金安排在增值能力最强的项目上,按照获利指数由高到低依次选择。在项目可分的情况下,公司应该选择全部的 A 项目,然后选择 C 项目,最后将剩余的 100 000 元投资于部分 B 项目。如果项目不可分,公司可以选择 A 和 B 组合,也可以选择 A 和 C 组合。但 A 和 C 组合的净现值总额要大于 A 和 B 组合。因此公司应选择 A 和 C 组合。

思考题

1. 长期投资项目决策分析的影响因素有哪些?
2. 什么是现金流量?现金流量如何构成?
3. 长期投资项目决策评价指标有哪些?
4. 比较净现值、获利指数、内含报酬率三个指标?

练习题

一、单项选择题

1. 有一项年金,前 3 年无流入,后 5 年每年年初流入 500 万元,假设年利率为 10%,其现值为( )万元。

A. 1 994.59 B. 1 565.64 C. 1 813.48 D. 1 423.21

2. 现金净流量是指一定期间现金流入量和现金流出量的差额,这里所说的"一定期间"是指( )。

A. 1 年间

B. 投资项目持续的整个年限内

C. 1 年或 1 季或 1 月

D. 有时是 1 年,有时是投资项目持续的整个年限内

3. 存在所得税的情况下,以"利润减折旧"估计营业现金净流量时;利润是指( )。

A. 利润总额 B. 净利润 C. 营业利润 D. 息税前利润

4. 利用已知的零存数求整取的过程,实际上就是计算( )。

A. 复利终值　　B. 复利现值　　C. 年金终值　　D. 年金现值

5. 关于投资回收期指标，下列描述不正确的是（　　）。

A. 投资回收期越短，投资风险越小

B. 该指标未考虑货币时间价值

C. 该指标只考虑了现金净流量中小于和等于原始投资额的部分

D. 该指标是正指标

6. 某公司已投资10万元于一项设备研究，但未成功。如果决定再继续投资20万元，应当有成功的把握，并且取得的现金流入至少为（　　）万元方才收回投资。

A. 20　　B. 10　　C. 30　　D. 15

7. 如果某一投资方案的净现值为正数，则必然存在的结论是（　　）。

A. 投资回收期小于项目计算期的一半

B. 投资报酬率大于100%

C. 获利指数大于1

D. 平均现金净流量大于原始投资额

8. 下列各项中，不属于投资项目的现金流出量的是（　　）。

A. 建设投资　　B. 固定资产折旧

C. 垫支的流动资金　　D. 经营成本

9. 在下列评价指标中，属于非折现正指标的是（　　）。

A. 投资回收期　　B. 投资报酬率　　C. 内含收益率　　D. 净现值

10. 某项目原始投资为6 000元，当年完工投产，有效期3年，每年可获得现金净流量2 300元，则该项目的内含收益率为（　　）。

A. 7.33%　　B. 7.68%　　C. 8.32%　　D. 6.68%

11. 已知某完整工业投资项目的固定资产投资为2 000万元，无形资产投资为200万元。预计投产后第二年的总成本为1 000万元，同年的折旧额为200万元、无形资产摊销额为40万元，计入财务费用的利息支出为60万元，则投产后第二年用于计算净现金流量的付现成本为（　　）万元。

A. 1 300　　B. 760　　C. 700　　D. 300

二、多项选择题

1. 已知某项目固定资产投资20 000元，建设期1年，项目的投资额是采用借款方式取得的，年利率为5%，采用直线法计提折旧，项目计算期为5年，净残值为1 000元，投产需垫支的营运资金为10 000元，则下列表述正确的有（　　）。

A. 原始投资额为20 000元　　B. 项目投资总额为31 000元

C. 折旧为4 000元　　D. 建设投资为20 000元

2. 长期投资的特点为(　　)。

A. 长期投资的回收时间较长

B. 长期投资的变现能力较差

C. 长期投资的实物形态与价值形态可以分离

D. 长期投资的次数相对较少

3. 在下列评价指标中,属于正指标的有(　　)。

A. 投资回收期　　B. 投资报酬率　　C. 净现值　　D. 内含报酬率

4. 下列项目中,属于现金流入项目的有(　　)。

A. 营业收入　　B. 回收垫支的流动资金

C. 建设投资　　D. 固定资产残值变价收入

5. 计算投资项目的终结现金流量时,需要考虑的内容有(　　)。

A. 终结点的净利润　　B. 固定资产的残值变价收入

C. 垫支的流动资金　　D. 投资项目的原始投资额

6. 净现值指标的优点有(　　)。

A. 使用了现金净流量指标

B. 考虑了货币时间价值的影响

C. 考虑了整个项目计算期的全部现金净流量

D. 能从动态的角度直接反映投资项目的实际收益率水平

7. 确定一个投资方案可行的必要条件包括(　　)。

A. 内部报酬率大于0　　B. 净现值大于0

C. 现值指数大于1　　D. 回收期小于1年

8. 年金是一种特殊的等额系列收付款项,其特点包括(　　)。

A. 连续性　　B. 等额性　　C. 同方向性　　D. 一次性

三、判断题

1. 只有在经营期才存在净现金流量。(　　)

2. 由于货币时间价值原理违背马克思的劳动价值论,所以不适用于社会主义社会。(　　)

四、计算题

1. 为实施某项计划,需要取得外商贷款1 000万美元,经双方协商,贷款利率为8%,按复利计息,贷款分5年于每年年末等额偿还。外商告知,他们已经算好,每年年末应归还本金200万美元,支付利息80万美元。要求分析外商的计算是否正确?

2. 某企业拟建造一项生产设备,预计建设期为1年,所需原始投资200万元于建设起点一次投入,设备使用寿命5年,使用期满报废清理时无残值,直线法折旧，该设备投产后每年增加净利润 60 万元。基准折现率为 10%。要求：

(1) 计算项目各年净现金流量；

(2) 计算净现值，并进行项目可行性评价。

3. 某公司于 2×16 年初用自有资金购置设备一台，需一次性投资 100 万元。经测算，该设备使用寿命为 5 年，税法亦允许按 5 年计提折旧；设备投入运营后每年可新增利润 20 万元；直线法计提折旧，净残值率为 5%。不考虑建设期和公司所得税。要求：

(1) 计算使用期内各年现金净流量；

(2) 计算投资回收期和投资报酬率；

(3) 以 10%作为折现率，计算其净现值。

4. 已知某长期投资项目建设期净现金流量为：$NCF_0=-500$ 万元，$NCF_1=-500$ 万元，$NCF_2=0$ $NCF_{3\sim12}=200$ 万元，第 12 年年末的回收额为 100 万元，行业基准折现率为 10%。要求：

(1) 计算原始投资额；

(2) 计算终结点现金净流量；

(3) 计算投资回收期

(4) 计算净现值。

5. 某厂拟购置机器设备一套，有 A、B 两种型号可供选择，两种型号机器的性能相同，但使用年限不同，有关资料如表 7-11 所示。

表 7-11　A 设备与 B 设备的相关数据表

设备售价		各年维修成本								残　值
		1	2	3	4	5	6	7	8	
A	20 000	4 000	4 000	4 000	4 000	4 000	4 000	4 000	4 000	3 000
B	10 000	3 000	4 000	5 000	6 000	7 000				1 000

如果该企业的资本成本为 10%，应该选择哪种型号的机器？

6. 某项目按 16%的折现率计算的净现值为 90 万元，按 18%的折现率计算的净现值为−10 万元。行业基准折现率为 12%。要求：

(1) 不用计算，直接判断该项目是否具备财务可行性，并说明理由。

(2) 用插值法计算该项目的内含报酬率，并评价该方案的可行性。

第八章　全面预算

【本章导读】

全面预算由业务预算、财务预算和资本支出预算组成。其中，业务预算由销售预算、生产预算、直接材料预算、直接人工预算、制造费用预算、产品成本预算、销售及管理费用预算组成。财务预算主要包括现金预算、预计资产负债表和预计利润表。预算编制的常用方法主要包括弹性预算、零基预算、概率预算和滚动预算。

通过本章学习，了解全面预算的作用，理解全面预算的内容和编制原则，掌握财务预算编制的各种方法，重点掌握业务预算、财务预算和资本支出预算之间的钩稽关系。

第一节　全面预算概述

为了实现既定的目标，保证决策所制定的最优方案在实际中得到贯彻、执行，企业就需要编制预算。预算是计划工作的成果，它既是决策的具体化，又是控制生产经营活动的依据。财务预算是企业全面预算的重要组成部分，它和其他预算是联系在一起的，整个全面预算是一个数字相互衔接的整体。

一、全面预算的内容

预算，是指企业为达到一定目的在一定时期对资源进行配置的计划，是用数字或货币编制出来的某一时期的计划。预算在传统上被看成是控制支出的工具，但新的观念将其看成“使企业的资源获得最佳生产率和获利率的一种方法”。

全面预算是一系列预算的总称，是企业根据其战略目标与战略规划所编制的业务、资本、财务等方面的年度总体计划。由于全面预算是由一系列预算构成的体系，各项预算之间相互联系，关系比较复杂，很难用一个简单的办法准确描述。图8-1是个简化了的全面预算体系图，反映了各预算之间的主要联系。

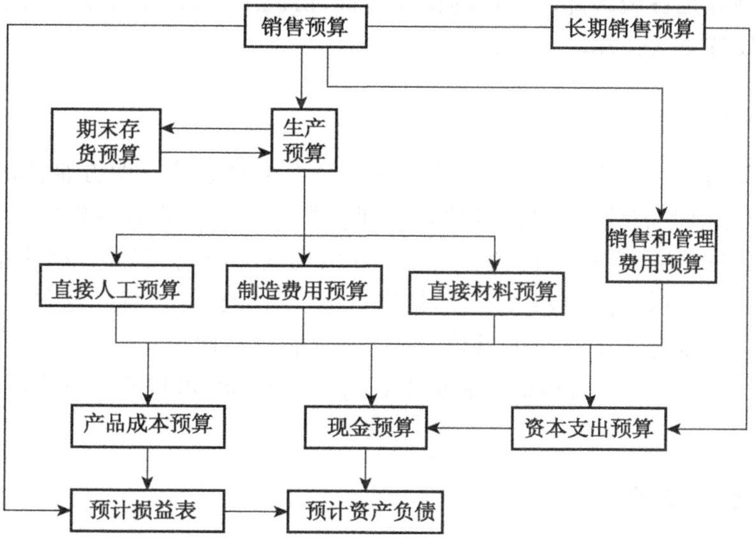

图 8-1　全面预算体系图

企业应根据长期市场预测和生产能力，编制长期销售预算。以此为基础，确定本年度的销售预算，并根据企业财力确定资本支出预算。销售预算是年度预算的编制起点，根据以销定产的原则确定生产预算，同时确定所需要的销售费用。生产预算的编制，除了考虑计划销售量外，还要考虑现有存货和年末存货。根据生产预算来确定直接材料、直接人工和制造费用预算。产品成本预算和现金预算是有关预算的汇总。预计利润表和预计资产负债表是全部预算的综合。

全面预算按其涉及的预算期分为长期预算和短期预算。长期销售预算和资本支出预算属于长期预算，有时还包括长期资金筹措预算和研究与开发预算。短期预算是指年度预算，或者时间更短的季度或月度预算，如直接材料预算、现金预算等。通常长期和短期的划分以1年为界限，有时把2～3年的预算称为中期预算。

全面预算按其涉及的内容分为总预算和专门预算。总预算是指预计利润表、预计资产负债表和现金预算，它们反映企业的总体状况，是各种专门预算的综合。专门预算是指其他反映企业某一方面经济活动的预算。

全面预算按其涉及的业务活动领域分为销售预算、生产预算和财务预算。前两个预算又统称业务预算，用于计划企业的基本经济业务。

二、全面预算的作用

企业预算是各级各部门工作的奋斗目标、协调工具、控制标准、考核依据，在经营管理中发挥重大作用。

（一）确立目标

企业的目标是多重的，不能用唯一的数量指标来表达。西方企业的主要目标是盈利，但也要考虑社会的其他限制。因此，需要通过预算分门别类、有层次地表达企业的各种目标，包括销售、生产、成本和费用、收入和利润等。这些企业的总目标，通过预算被分解成各级各部门的具体目标。它们根据预算安排各自的活动，如果各级各部门都完成了自己的具体目标，企业的总目标也就有了保障。预算中规定了企业一定时期的总目标及各级各部门的子目标，可以动员全体职工为此而奋斗。

（二）整合资源

企业内部各级各部门必须协调一致，才能最大限度地实现企业的总目标。各级各部门因其职责不同，往往会出现互相冲突的现象。例如，企业的销售、生产、财务等各部门可以分别编出对自己来说是最好的计划，而该计划在其他部门不一定能行得通。销售部门根据市场预测，提出个庞大的销售计划，生产部门可能没有那么大的生产能力。生产部门可以编制一个充分发挥生产能力的计划，但销售部门却可能无力将产品推销出去。销售和生产部门都认为应当扩大生产能力，财务部门却认为无法筹集到必要的资金。企业预算运用货币度量来表达，具有高度的综合能力，经过综合平衡以后可以体现解决各级各部门冲突的最佳办法。代表企业整体的最优方案，可以使各级各部门的工作在此基础上协调起来。

（三）控制业务

计划一经确定，就进入了实施阶级，管理工作的重心转入控制，即设法使经济活动按计划进行。控制过程包括经济活动状态的计量、实际状态和标准的比较，两者差异的确定和分析，以及采取措施调整经济活动等。预算是控制经济活动的依据和衡量其合理性的标准，当实际状态和预算有了较大差异时，要查明原因并采取措施。

（四）评价业绩

现代化生产是许多共同劳动的过程，不能没有责任制度，而有效的责任制度离不开工作成绩的考核。通过考核，对每个人的工作进行分析，并据此实行奖惩和安排人事任免，可以促使人们更好地工作。考核与不考核是大不一样的。当管理人员知道将根据他们的工作业绩来分析其能力并实行奖惩时，他们将会更努力地工作。作为考核的依据，预算比过去实际效果更好。超过上年或历史最好水平，只能说明有所进步，而不能说明这种进步已经达到了应有的程度。由于客观条件的变化，收入减少或成本增加并不一定是管理人员失职造成的，很难依据历史变化趋势说明工作的好坏。当然，考核时也不能只看预算是否被完全执行了，某些偏差可能是有利的，如增加推销费用可能对企业总体有利；反之，年终突击花钱，虽未超过预算，也不是一种好的现象。

为使预算发挥上述作用，除了要编制一个高质量的预算外，还应制定合理的预算管理制度，包括编制程序、修改预算的办法、预算执行情况的分析方法、调查和奖惩办法等。

三、全面预算的编制模式

（一）自上而下式

自上而下式就是由企业总部根据战略管理需要制定预算，各分部或分公司只是预算执行主体。这种模式的最大好处在于能保证总部利益，同时考虑企业战略发展需要。但这种模式的不足之处在于权力高度集中在总部，各分部或分公司人员的参与程度较低，不利于调动其积极性与创造性。这种模式主要适用于集权制企业。

（二）自下而上式

自下而上式主要由分部编制并上报预算，总部只设定目标，并对预算负有最终审批权。这种模式的优点在于让分部积极参与预算的制定，可以提高分部的积极性；不足之处就是容易造成预算目标制定过低，不利于分部盈利潜能的最大限度发挥。

（三）上下结合式

上下结合式是取前两种模式之长，在预算编制过程中，经历了自上而下和自下而上的反复过程，实现预算参与各方的有效沟通和协商，加强预算的科学性、合理性和可行性。这种模式克服了前两种预算的不足之处，但其耗时长、花费高也是无法克服的缺点。

四、全面预算的编制程序

企业预算的编制，涉及经营管理的各个部门，只有执行人参与预算的编制，才能使预算成为他们自愿努力完成的目标，而不是外界强加于他们的枷锁。企业预算的编制程序如下。

(一) 下达目标

最高领导机构根据长期规划，利用本量利分析等工具，提出企业一定时期的总目标，并下达规划指标。

(二) 编制上报

最基层成本控制人员自行草编预算，使预算较为可靠、符合实际。各部门汇总部门预算，并初步协调本部门预算，编制销售预算、生产预算、直接材料预算等业务预算。

(三) 审查平衡

预算委员会审查、平衡业务预算，汇总出公司的总预算。

(四) 审议批准

经过行政首长批准，审议机构通过或者驳回修改预算。主要预算指标报告给董事会或上级主管单位，讨论通过或驳回修改。

(五) 下达执行

批准后的预算下达给各部门执行。

第二节　全面预算的编制

一、业务预算

(一) 销售预算

销售预算是整个预算的编制起点，其他预算的编制都以销售预算作为基础。

表 8-1 是甲公司的销售预算。

表 8-1 甲公司销售预算 单位:元

季度	一	二	三	四	全年
预算销售量(件)	100	150	200	180	630
预计单位售价	200	200	200	200	200
销售收入	20 000	30 000	40 000	36 000	126 000
预计现金收入					
上年应收账款	6 200				6 200
第一季度(销售 20 000)	12 000	8 000			20 000
第二季度(销售 30 000)		18 000	12 000		30 000
第三季度(销售 40 000)			24 000	16 000	40 000
第四季度(销售 36 000)				21 600	21 600
现金收入合计	18 200	26 000	36 000	37 600	117 800

销售预算的主要内容是销售量、单价和销售收入。销售量是根据市场预测或销售合同并结合企业生产能力确定的。单价是通过价格决策确定的。销售收入是两者乘积,在销售预算中计算得出。

销售预算通常要分品种、分月份、分销售区域、分推销员来编制。为了简化,本例只划分了季度销售数据。

销售预算中通常还包括预计现金收入的计算,其目的是为编制现金预算提供必要的资料。第一季度的现金收入包括两部分,即上年应收账款在本年第一季度收到的货款,以及本季度销售中可能收到货款的部分。在本例中,假设每季度销售收入中,本季度收到现金 60%,另外的 40%现金要到下季度才能收到。

(二) 生产预算

生产预算是在销售预算的基础上编制的,其主要内容有销售量、期初和期末存货、生产量。表 8-2 是甲公司的生产预算。

表 8-2 甲公司生产预算 单位:件

季度	一	二	三	四	全年
预算销售量	100	150	200	180	630

（续表）

季　度	一	二	三	四	全　年
加：预计期末存货	15	20	18	20	20
合　计	115	170	218	200	650
减：预计期初存货	10	15	20	18	10
预计生产量	105	155	198	182	640

通常，企业的生产和销售不能做到“同步同量”，需要设置一定的存货，以保证能在发生意外需求时按时供货，并均衡生产。存货数量通常按下期销售量的一定百分比确定。本例按10%安排期末存货。年初存货是编制预算时预计的，年末存货根据长期销售趋势来确定。本例假设年初有存货10件，年末留存20件。存货预算也可单独编制。

生产预算的“预计销售量”来自销售预算，其他预算在本表中计算得出。

预计期末存货＝下季度销售量×10%

预计期初存货＝上季度期末存货

预计生产量＝（预计销售量＋预计期末存货）－预计期初存货

生产预算在实际编制时是比较复杂的，产量受到生产能力的限制，存货数量受到仓库容量的限制，只能在此范围内安排存货数量和各期生产量。此外，有的季度可能销售量很大，可以用赶工方法增产，为此要多付加班费。如果提前在淡季生产，会因增加存货而多付资金利息。因此，要权衡两者得失，选择成本最低的方案。

（三）直接材料预算

直接材料预算，是以生产预算为基础编制的，同时要考虑原材料存货水平。表8-3是甲公司的直接材料预算。其主要内容有直接材料的单位产品用量、生产需用量、期初和期末存量等。“预计生产量”的数据来自生产预算，“单位产品材料用量”的数据来自标准成本资料或消耗定额资料，“生产需用量”是上述两项的乘积。年初和年末的材料存货量是根据当前情况和长期销售预测估计的。各季度“期末材料存量”根据下季度生产量的一定百分比确定，本例按20%计算。各季度“期初材料存量”是季度的期末存货。预计各季度“采购量”根据表8-3计算确定。

为了便于其以后编制现金预算，通常要预计材料采购各季度的现金支出。每个季度的现金支出包括偿还上期应付账款和本期应支付的采购货款。本例假设材料采购的货款有50%在本季度付清，另外50%在下季度付清。这个百分比是根据经验确定的。如果材料品种很多，需要单独编制材料存货预算。

表8-3　甲公司直接材料预算

季　度	一	二	三	四	全　年
预计生产量(件)	105	155	198	182	640
单位产品材料用量(千克)	10	10	10	10	10
生产需用量(千克)	1 050	1 550	1 980	1 820	6 400
加:预计期末存量(千克)	310	396	364	400	400
合　计	1 360	1 946	2 344	2 220	6 800
减:预计期初存量(千克)	300	310	396	364	300
预计材料采购量(千克)	1 060	1 636	1 948	1 856	6 500
单价(元)	5	5	5	5	5
预计采购金额(元)	5 300	8 180	9 740	9 280	32 500
预计现金支出					
上年应付账款(元)	2 350				2 350
第一季度(采购5 300元)	2 650	2 650			5 300
第二季度(采购8 180元)		4 090	4 090		8 180
第三季度(采购9 740元)			4 870	4 870	9 740
第四季度(采购9 280元)				4 640	4 640
合　计	5 000	6 740	8 960	9 510	30 210

(四) 直接人工预算

直接人工预算也是以生产预算为基础的。其主要内容有预计产量、单位产品工时、人工总工时、每小时人工成本和人工总成本。“预计产量”数据来自生产预算。单位产品人工工时和每小时人工成本数据，来自标准成本资料。人工总工时和人工总成本是在直接人工预算中计算出来的。甲公司的直接人工预算见表8-4。由于人工工资都需要使用现金支付，所以，不需另外预计现金支出，可直接参加现金预算的汇总。

表 8-4 甲公司直接人工预算

季 度	一	二	三	四	全 年
预计产量(件)	105	155	198	182	640
单位产品工时(小时)	10	10	10	10	10
人工总工时(小时)	1 050	1 550	1 980	1 820	6 400
每小时人工成本(元)	2	2	2	2	2
人工总成本(元)	2 100	3 100	3 960	3 640	12 800

(五) 制造费用预算

制造费用预算通常分为变动制造费用和固定制造费用两部分。变动制造费用以生产预算为基础编制。如果有完善的标准成本资料,用单位产品的标准成本与产量相乘,即可得到相应的预算金额。如果没有标准成本资料,就需要逐项预计计划产量需要的各项制造费用。固定制造费用需要逐项进行预计,通常与本期产量无关,按每季度实际需用的支付额预计,然后求出全年数。表 8-5 是甲公司的制造费用预算。

表 8-5 甲公司制造费用预算　　单位:元

季 度	一	二	三	四	全 年
变动制造费用					
间接人工	105	155	198	182	640
间接材料	105	155	198	182	640
修理费	210	310	396	364	1 280
水电费	105	155	198	182	640
小 计	525	775	990	910	3 200
固定制造费用					
修理费	1 000	1 140	900	900	3 940
折旧	1 000	1 000	1 000	1 000	4 000
管理人员工资	200	200	200	200	200
保险费	75	85	110	190	460
财产费	100	100	100	100	400
小 计	2 375	2 525	2 310	2 390	9 600

（续表）

季　度	一	二	三	四	全　年
合　计	2 900	3 300	3 300	3 300	12 800
减:折旧	1 000	1 000	1 000	1 000	4 000
现金支出的费用	1 900	2 300	2 300	2 300	8 800

为了便于以后编制产品成本预算，需要计算小时费用率。

$$变动制造费用分配率=\frac{3\ 200}{6\ 400}=0.5(元/小时)$$

$$固定制造费用分配率=\frac{9\ 600}{6\ 400}=1.5(元/小时)$$

为了便于以后编制现金预算，需要预计现金支出。制造费用中，除折旧费外都须支付现金。所以，根据每个季度制造费用数额扣除折旧费后，即可得出“现金支出的费用”。

（六）产品成本预算

产品成本预算，是生产预算、直接材料预算、直接人工预算、制造费用预算的汇总。其主要内容是产品的单位成本和总成本。单位产品成本的有关数据，来自前述三个预算。生产成本、存货成本和销货成本等数字，根据单位成本和有关数据计算得出。表 8-6 是甲公司的产品成本预算。

表 8-6　甲公司产品成本预算

项　目	单位成本			生产成本（640 件）	期末存货（20 件）	销货成本（630 件）
	每千克或每小时	投入量	成本（元）			
直接材料	5	10 千克	50	32 000	1 000	31 500
直接人工	2	10 小时	20	12 800	400	12 600
变动制造费用	0.5	10 小时	5	3 200	100	3 150
固定制造费用	1.5	10 小时	15	9 600	300	9 450
合　计			90	57 600	1 800	56 700

（七）销售及管理费用预算

销售费用预算是指为了实现销售预算所需支付的费用预算。它以销售预算为基础，分析销售收入、销售利润和销售费用的关系，力求实现销售费用的最有效使用。在安排销售费用时，要利用本量利分析方法，费用的支出应能获取更多的收益。在草拟销售费用时，要对过去的销售费用进行分析，考察过去销售费用支出的必要性。销售费用预算应和销售预算相配合，应有按品种、按地区、按用途的具体预算数额。

管理费用是搞好管理业务所必要的费用。随着企业规模扩大，管理职能日益重要，其费用也相应增加。在编制管理费用预算时，要分析企业的业务成绩和一般经济状况，务必做到费用合理化。管理费用多属于固定成本，一般是以过去的实际开支为基础，按预算期的可预见变化调整。重要的是，必须充分考虑每种费用是否必要，以便提高费用效率。表 8-7 是甲公司的销售及管理费用预算。

表 8-7　甲公司销售和管理费用预算　　单位：元

销售费用	
销售人员工资	2 000
广告费	5 500
包装、运输费	3 000
保管费	2 700
管理费用	
管理人员薪金	4 000
福利费	800
保险费	600
办公费	1 400
合　计	20 000
每季度支付现金(20 000÷4)	5 000

二、现金预算

现金预算是以各项业务预算和资本支出预算为基础，它反映各项预算期的收入款项和支出款项，并作对比说明。其目的在于资金不足时筹措资金，资金多余时及时处理现金余额，并且提供现金收支的控制限额，发挥现金管理的作用。

现金预算的内容主要包括四个部分：现金收入、现金支出、现金多余或不足、资金的筹集和运用。现金收入包括期初现金结存数和预算期内预计发生的现金收入，如现销收入、收回前期的应收款项、应收票据到期兑现和票据贴现等。现金支出是指预算期内预计发生的现金支出，如采购材料支付款项、支付工资、支付部分制造费用、支付销售费用、管理费用及财务费用、偿还前期的应付款项、交纳税金和支付股利等。现金收支相抵后的余额，若收大于支，则现金多余，除了可用于偿还银行借款外，还可购买用于短期投资的证券；若收小于支，则现金不足，可向银行借款或发放短期商业票据筹集资金。表 8-8 是甲公司的现金预算表。

表 8-8　甲公司现金预算　　单位：元

季　度	一	二	三	四	全　年
期初现金余额	8 000	8 200	6 060	6 290	8 000
加：销售现金收入(表 8-1)	18 200	26 000	36 000	37 000	117 800
可供使用现金	26 200	34 200	42 060	43 890	125 800
减：各项支出					
直接材料(表 8-3)	5 000	6 740	8 960	9 510	30 210
直接人工(表 8-4)	2 100	3 100	3 960	3 640	12 800
制造费用(表 8-5)	1 900	2 300	2 300	2 300	8 800
销售及管理费用(表 8-7)	5 000	5 000	5 000	5 000	20 000
所得税	4 000	4 000	4 000	4 000	16 000
购买设备①		10 000			10 000
股利		8 000		8 000	16 000
支出合计	18 000	39 140	24 220	32 450	113 810
现金多余或不足	8 200	(4 940)	17 840	11 440	11 990
向银行借款		11 000			11 000
还银行借款			11 000		11 000
借款利息(年利率 10%)			550		550
合　计			11 550		11 550
期末现金余额	8 200	6 060	6 290	11 440	11 440

“现金支出”部分包括预算期的各项现金支出。“直接材料”“直接人工”“制造费用”“销售与管理费用”的数据分别来自前述有关预算。此外，还包括所得税、股

① 甲公司预计在第二季度购买设备一台，价款为 10 000 元。

利分配等现金支出，这些数据直接见表 8-8。

本例中，该企业需要保留的现金余额为 6 000 元，不足此数时需要向银行借款。假设银行借款的金额要求是 1 000 元的倍数，那么第二季度借款为

$$
\begin{aligned}
\text{借款金额} &= \text{最低现金余额} + \text{现金不足金额} \\
&= 6\ 000 + 4\ 940 \\
&= 10\ 940(\text{元})
\end{aligned}
$$

第三季度现金多余，可用于偿还借款。一般按"每期期初借入，每期期末归还"来预计利息，故本例借款期限为 6 个月。假设利率为 10%，则应计利息为 550 元。

$$
\begin{aligned}
\text{利息} &= 11\ 000 \times 10\% \times 6/12 \\
&= 550(\text{元})
\end{aligned}
$$

还款后，仍须保持最低现金余额，否则只能部分归还借款。

三、预计财务报表

预计财务报表是财务管理的重要工具，包括预计利润表和预计资产负债表等。预计财务报表的作用与实际财务报表不同。所有企业都要在年终编制实际财务报表，其主要目的是向外部报表使用人提供财务信息。而预计财务报表主要为企业财务管理服务，是控制资金、成本和利润总量的重要手段。因其可以从总体上反映一定期间企业经营的全局情况，通常称为企业的"总预算"。

（一）预计利润表

表 8-9 是甲公司的预计利润表，它是根据上述各有关预算编制的。

表 8-9　甲公司预计利润表　　单位:元

销售收入(表 8-1)	126 000
销货成本(表 8-6)	56 700
销售毛利	69 300
销售及管理费用(表 8-7)	20 000
利息(表 8-8)	550
利润总额	48 750
所得税(估计)	16 000
税后净利	32 750

其中,“销售收入”项目的数据来自销售收入预算;“销售成本”项目的数据来自销售成本预算;“销售毛利”项目的数据是前两项的差额;“销售及管理费用”项目的数据来自销售和管理费用预算;“利息”项目的数据来自现金预算。

其中,“所得税”项目是在利润规划时估计的,并已列入现金预算,它通常不是根据“利润总额”和所得税税率计算出来的,因为有诸多纳税调整的事项存在。此外,从预算编制程序上看,如果根据“利润总额”和所得税税率重新计算所得税,就需要修改“现金预算”,引起信贷计划修订,进而改变“利息”,最终又要修改“利润总额”,从而陷入数据的循环修改。

预计利润表与实际利润表内容、格式相同,只不过数字是面向预算期的。该表是在汇总销售、成本、销售及管理费用、营业外收支、资本支出等预算的基础上加以编制的。通过编制预计利润表,可以了解企业预期的盈利水平。如果预算利润与最初编制方针中的目标利润有较大的不一致,就需要调整部门预算,设法达到目标,或者经企业领导同意后修改目标利润。

(二)预计资产负债表

预计资产负债表与实际资产负债表内容、格式相同,只不过数据是反映预算期末的财务状况。该表是利用本期期初资产负债表,根据销售预算、生产预算、资本支出预算等的有关数据加以调整编制的。

表 8-10 是甲公司的预计资产负债表。该表大部分项目的数据来源已注明在表中。土地、普通股、长期借款三项本年度没有变化。

年末“未分配利润”计算如下:

$$
\begin{aligned}
\text{期末未分配利润} &= \text{期初未分配利润} + \text{本期利润} - \text{本期股利} \\
&= 16\ 250 + 32\ 750 - 16\ 000 \\
&= 33\ 000(\text{元})
\end{aligned}
$$

“应收账款”是根据表 8—1 中的第四季度销售额和本期收现率计算如下:

$$
\begin{aligned}
\text{期末应收账款} &= \text{本期销售额} \times (1 - \text{本期收现率}) \\
&= 36\ 000 \times (1 - 60\%) \\
&= 14\ 400(\text{元})
\end{aligned}
$$

“应付账款”是根据表 8-3 中的第四季度材料采购金额和付现率计算如下:

$$
\begin{aligned}
\text{期末应付账款} &= \text{本期采购额} \times (1 - \text{本期付现率}) \\
&= 9\ 280 \times (1 - 50\%) \\
&= 4\ 640(\text{元})
\end{aligned}
$$

编制预计资产负债表的目的在于判断全面预算反映的财务状况的稳定性和流动性。如果通过预计资产负债表的分析，发现某些财务比率不佳，必要时可修改有关预算，以改善财务状况。

表 8-10　甲公司预计资产负债表　　单位：元

资　产			权　益		
项　目	年　初	年　末	项　目	年　初	年　末
货币资金(表 8-8)	8 000	11 440	应付账款(表 8-3)	2 350	4 640
应收账款(表 8-1)	6 200	14 400	长期借款	9 000	9 000
直接材料(表 8-3)	1 500	2 000	普通股	20 000	20 000
产成品(表 8-6)	900	1 800	未分配利润(表 8-9)	16 250	33 000
土地	15 000	15 000			
房屋及设备(表 8-8)	20 000	30 000			
累计折旧(表 8-5)	4 000	8 000			
资产总额	47 600	66 640	权益总额	47 600	66 640

第三节　全面预算的编制方法

全面预算编制的常用方法主要包括弹性预算、零基预算、概率预算和滚动预算。

一、弹性预算与固定预算

根据全面预算编制所依据的业务量的数量特征，全面预算编制的方法可分为弹性预算和固定预算两类。

(一) 弹性预算

弹性预算(Flexible Budget)，是相对于固定预算(静态预算)而言的，是指在编制预算时，考虑到计划期间业务量可能发生的变化，根据业务量、成本和利润之间的逻辑关系，以多个业务量水平为基础，编制能够适应多种情况的一种方法。弹性预算主要用于各种间接费用预算的编制，有时也可用于成本和利润预算的编制。弹性预算的特点主要表现在以下两个方面：一是弹性预算按一系列业务量水平编制，扩大了预算的适用范围。编制成本预算时，由于弹性预算按成本的习性分别列示，便于在预算期终了时计算“实际业务量的预算成本”，从而使预算执行情况的评价和考核具有可比性和客观性。二是弹性预算具有灵活机动、便于分析、利于控制等优点，可以有效地弥补固定预算的不足。

弹性预算的前提条件是预算内容与业务量的变化有密切联系，其基本编制程序如下。

（1）确定业务量的计量标准及变化区间。不同的业务量，其计量标准不同，相应预算内容也不同。因此，为了明确预算内容和业务量的变动关系，必须选用一个对业务量具有代表性的计量标准。例如，销售预算中，核心是销售收入的测算，其相关的业务量主要是以实物形式计量的销售数量；又如直接人工预算中，同人工费用直接相关的业务量是生产工人工时的消耗，一般用工时计量等。

对业务量可能出现的各种情况（或称为变化区间）应给予科学估计，以便在某一变化区间内，划分不同的业务量标准来编制相应的预算，既要保证预算有足够多的业务量标准，具有较大的“弹性”，又要保证预算编制简便易行。

（2）确定业务量与预算内容之间的关系，使弹性预算更加科学、可靠。各种形式的业务量与预算内容数量变动之间的关系，是编制弹性预算的重要依据。例如，编制弹性成本预算时，就应明确划分变动成本和固定成本两部分，固定成本在相关范围内对业务量变化无反应、无“弹性”，而变动成本则随业务量变动呈正比例变动。

（3）按照一定的方式表达弹性预算的结果。弹性预算的表达方式主要有列表法、公式法和图解法三种。

现以制造费用预算为例，说明弹性预算的编制方法。

【例8-1】 某公司生产工时（业务量）分别为8 000小时、9 000小时、10 000小时、11 000小时和12 000小时。假定固定性制造费用数额不变，其组成为：管理人员工资3 000元；折旧费10 000元；保险费1 600元；财产税3 000元，共计17 600元。变动性制造费用在相关范围内的变动率为2元/小时，其中：间接人工0.6元/小时；间接材料0.5元/小时；维修费0.2元/小时；水电费0.4元/小时；固定资产租金0.3元/小时。要求：区分五种不同的业务量水平，编制制造费用的弹性预算并以列表法表示。

解　该公司制造费用的弹性预算如表8-11所示。

表 8-11 制造费用预算

项目		业务量(生产工时)				
		8 000 工时	9 000 工时	10 000 工时	11 000 工时	12 000 工时
变动制造费用						
间接人工	(0.6 元/小时)	4 800	5 400	6 000	6 600	7 200
间接材料	(0.5 元/小时)	4 000	4 500	5 000	5 500	6 000
维修费	(0.2 元/小时)	1 600	1 800	2 000	2 200	24 000
水电费	(0.4 元/小时)	3 200	3 600	4 000	4 400	48 000
固定资产租金	(0.3 元/小时)	2 400	3 700	3 000	3 300	36 000
小 计	(2 元/小时)	16 000	18 000	20 000	22 000	24 000
固定制造费用						
管理人员工资		3 000	3 000	3 000	3 000	3 000
折旧费		10 000	10 000	10 000	10 000	10 000
保险费		1 600	1 600	1 600	1 600	1 600
财产税		3 000	3 000	3 000	3 000	3 000
小 计		17 600	17 600	17 600	17 600	17 600
合 计		33 600	35 600	37 600	39 600	41 600

(二) 固定预算

固定预算,又称静态预算,是指根据预算期内正常的、可能实现的某一业务量水平作为唯一基础来编制预算的一种方法。其主要特点是:所编制预算的业务量水平固定不变,不考虑预算期内业务量水平可能发生的变动;在进行业绩考核评价时,也只能将实际执行结果与预计业务量水平下的预算数相比较。如果企业的实际业务量水平与预计业务量水平相关较大时,有关预算指标的实际数与预算数之间就会因业务量基础不同而失去可比性。因此,采用固定预算方法编制的预算不利于正确地控制、考核和评价企业预算的执行情况。

二、零基预算与增量预算

(一)零基预算

零基预算(Zero-base Planning and Budgeting),是相对于传统的增量预算而言的,是指对任何一个预算期、任何一种预算费用项目的开支都不是从原有的基础出发,即根本不考虑基期的费用开支水平,而是一切以零为起点,从零开始考虑各费用项目的必要性和合理性,从而确定预算收支,编制预算。其特点是:预算过程中不受基期既成事实的束缚,即不考虑基期的费用开支水平,一切以零为起点,按照预算期内应该达到的经营目标的工作水平,依次决策现有资源的分配顺序。采用零基预算法编制预算,以零为起点观察和分析企业的一切生产经营活动,而不考虑现成的、可参考的费用预算开支项目,工作量较大。该预算方法符合目前实际情况,具有先进性,可以保证预算指标不受以往既成事实的影响,有利于充分发挥各级管理人员的积极性和创造性。同时,还可促进基层单位精打细算,合理使用资金,提高资金的使用效果。

采用零基预算法编制预算可参考以下工作程序。

(1) 各部门和全体职工根据预算年度的企业经营总目标及本部门的具体指标,认真研究讨论预算期本部门需要开支的项目并制定相应的支出方案,包括支出目的和预计支出数额等。

(2) 对每一项开支进行"成本—效益分析",据此对各种支出方案进行评价,权衡各支出方案的利害得失,并将其分成若干层次,排定先后顺序。

(3) 根据预算期内可动用的资金来源,按照排定的先后顺序分配资金,落实预算。

(二)增量预算

增量预算,是以基期的费用水平为基础,根据预算期内业务量水平及有关影响成本变动的各种因素,通过调整原有费用项目而编制预算的一种方法。这种方法的基本思想是:现有的业务活动是企业所必需的,原有的各项开支都是合理的,增加费用预算是值得的。在这种假设之下,企业采用增量预算法编制预算时往往不加分析地保留、接受原有成本项目,或按主观臆断平均削减,或只增不减,容易造成浪费,有可能使不必要的开支合理化。

增量预算的优点在于编制方法简便,便于理解;同时由于考虑了上年预算的实际执行情况,编制的预算往往能够得到公司员工的理解和支持。增量预算的不足:

由于增量预算假定上年度经济业务活动在新的预算期内仍然发生，增量预算采用的结果可能导致保护落后、出现“鞭打快牛”现象，造成预算上的浪费，不利于调动各部门降低费用的积极性，甚至可能会阻碍企业的未来发展。

三、滚动预算与定期预算

（一）滚动预算

滚动预算（Rolling Budget），又称永续预算或连续预算，是指按照预算的执行过程自动延伸，使预算期永远保持在1年（12个月），每过1个月份（或季度），立即在期末增列1个月（或季度）的预算，逐期往后滚动。这种预算，能使企业管理人员有长远的计划，考虑和规划企业在未来1年内的生产经营活动，以保证企业经营管理工作能够稳定而有秩序地进行，使企业经营活动始终有一个长远的总体战略布局。

滚动预算的编制一般采用长计划短安排的方式进行，具体做法是在基期编制预算时，先按年度分类，并将第一季度按月划分，编制各月预算的明细数，而其他三个季度的预算可以粗略一点，只列各季度总数。到第一季度将结束时，再将第二季度的预算按月划分，予以具体化，同时立即增补下一年度的第一季度预算。滚动预算具体编制程序如表8-12所示。

表8-12 滚动预算编制程序

<table>
<tr><td colspan="6">2×16年度</td></tr>
<tr><td colspan="3">第一季度</td><td>第二季度</td><td>第三季度</td><td>第四季度</td></tr>
<tr><td>1月明细数</td><td>2月明细数</td><td>3月明细数</td><td>总数</td><td>总数</td><td>总数</td></tr>
<tr><td colspan="5">2×16年度</td><td>2×17年度</td></tr>
<tr><td colspan="3">第二季度</td><td>第三季度</td><td>第四季度</td><td>第一季度</td></tr>
<tr><td>4月明细数</td><td>5月明细数</td><td>6月明细数</td><td>总数</td><td>总数</td><td>总数</td></tr>
</table>

采用滚动预算，有利于企业管理人员对预算资料作经常的分析研究，对未来时期经营活动进行筹划，并根据预算执行情况，对预算不断调整与修正，使预算更加切合实际，充分发挥预算的指导和监控作用。

（二）定期预算

定期预算，是指在编制预算时以不变的会计期间（如日历年度）作为预算期的一种预算编制方法。这种预算方法的优点是能够使预算期间与会计年度相配合，便于考核和评价预算的执行结果。缺点是远期指导性差、灵活性差和连续性差。由于定期预算往往是在年初甚至提前两三个月编制的，对于整个预算年度的生产经营活动很难做出准确的预算，尤其是对预算后期的预算只能进行笼统的估算，数据含糊，缺乏远期指导性。其次，由于定期预算不能随情况的变化及时调整，当预算中所规划的各种经营活动在预算期内发生重大变化时，就会造成预算滞后过时，使之成为虚假预算。同时，由于受预算期的限制，致使经营管理者的决策视野局限于本期规划的经营活动，不能适应连续不断的经营过程，从而不利于企业的长远发展。

四、概率预算

概率预算(Probability Budget)，是相对于定值预算而言的。它是针对构成预算的各个变量的不确定性，分别估计它们在一定范围内的可能值及其出现的概率，再通过加权平均计算有关变量在预算期内期望值的一种预算编制方法。概率预算的优点是综合了各种变量乐观、正常和悲观等状态，使预算更接近于未来实际，从而能进一步发挥预算的计划和控制作用。

概率预算编制的具体做法如下。

(1) 在预测分析的基础上，估计各相关因素的可能值及其出现的概率。

(2) 计算联合概率，即具有递进关系的各相关因素的概率之积。

(3) 根据弹性预算提供的预算指标，以及与之对应的联合概率计算出预算对象的期望值，即概率预算下的预算结果。

思考题

1. 全面预算的内容有哪些？
2. 编制全面预算的作用有哪些？
3. 为什么说销售预算是编制全面预算的基础和关键？
4. 现金预算一般包括哪几个组成部分？
5. 固定预算的基本特点是什么？
6. 弹性预算和固定预算相比有哪些特点？
7. 在运用弹性预算法时，业务量范围应如何选择？
8. 零基预算的优点有哪些？
9. 定期预算有哪些缺点？

10. 滚动预算与定期预算相比有哪些优点？

练习题

一、单项选择题

1. 编制全面预算的基础是（　　）。

A. 直接材料预算　B. 直接人工预算　C. 生产预算　D. 销售预算

2. 资本支出预算是（　　）。

A. 财务预算　B. 生产预算　C. 专门决策预算　D. 业务预算

3. 随着业务量的变动作机动调整的预算是（　　）。

A. 滚动预算　B. 弹性预算　C. 增量预算　D. 零基预算

4. 滚动预算的基本特点是（　　）。

A. 预算期是相对固定的　B. 预算期是连续不断的

C. 预算期与会计年度一致　D. 预算期不可随意变动

5. 编制弹性预算首先应当考虑及确定的因素是（　　）。

A. 业务量　B. 变动成本　C. 固定成本　D. 计量单位

6. 全面预算按其涉及的业务活动领域分为财务预算和（　　）。

A. 业务预算　B. 销售预算　C. 生产预算　D. 现金预算

7. 可以概括了解企业在预算期间盈利能力的预算是（　　）。

A. 专门决策预算　B. 现金预算

C. 预计利润表　D. 预计资产负债表

8. 下列项目中，能够克服定期预算缺点的是（　　）。

A. 固定预算　B. 弹性预算　C. 滚动预算　D. 零基预算

9. 编制弹性成本预算的关键在于（　　）。

A. 分解制造费用

B. 确定材料标准耗用量

C. 选择业务量计量单位

D. 将所有成本划分为固定成本与变动成本两类

10. 零基预算的编制基础是（　　）。

A. 零　B. 基期费用水平

C. 国内外同行业费用水平　D. 历史上费用的最好水平

11. 被称为“总预算”的预算是（　　）。

A. 生产预算　B. 销售预算　C. 专门决策预算　D. 财务预算

12. 在以下各种预算中，应当首先编制的是（　　）。

A. 生产预算　　B. 销售预算
C. 直接材料预算　　D. 直接人工预算

二、多项选择题

1. 编制预算的方法按其业务量基础的数量特征不同，可分为（　　）。
A. 固定预算　　B. 零基预算
C. 滚动预算　　D. 弹性预算

2. 在下列预算中，属于业务预算内容的有（　　）。
A. 资本支出预算　B. 销售预算　C. 生产预算　D. 现金预算

3. 在管理会计中，构成全面预算内容的有（　　）。
A. 业务预算　B. 财务预算　C. 资本支出预算　D. 零基预算

4. 财务预算的主要内容包括（　　）。
A. 现金预算　　B. 预计利润表
C. 预计资产负债表　　D. 资本支出预算

5. 下列各项中，属于编制现金预算依据的有（　　）。
A. 销售预算和生产预算
B. 直接材料预算
C. 直接人工预算和制造费用预算
D. 产品成本预算

6. 编制弹性预算所采用的业务量包括（　　）。
A. 产量　　B. 销售量
C. 直接人工工时　　D. 机器台时

7. 全面预算的作用概括起来有（　　）。
A. 明确目标　　B. 整合资源
C. 控制业务　　D. 评价业绩

8. 零基预算与传统的增量预算相比较，其不同之处在于（　　）。
A. 一切从可能出发　　B. 以零为基础
C. 以现有的费用水平为基础　　D. 一切从实际需要出发

9. 按照定期预算方法编制预算的缺点有（　　）。
A. 灵活性　B. 滞后性　C. 盲目性　D. 间断性

10. 在编制现金预算时，（　　）是决定企业是否进行资金融通及融通数额的依据。
A. 期初现金余额
B. 期末现金余额
C. 预算期内发生的现金收入

D. 预算期内发生的现金支出

三、判断题

1. 生产预算是编制全面预算的关键和起点。（ ）
2. 销售预算是以生产预算为基础编制的。（ ）
3. 在全面预算体系中，增量预算属于业务预算的范畴。（ ）
4. 预计资产负债表和预计利润表构成了整个财务预算。（ ）
5. 弹性预算只适用于编制利润预算。（ ）
6. 销售预算是编制全面预算的关键和起点。（ ）
7. 在编制生产预算时，应考虑产成品期初期末存货水平。（ ）
8. 编制现金预算的目的在于了解企业计划期末的银行存款余额有多少。（ ）

四、计算题

1. 假设企业期末现金最低库存为 15 000 元，现金短缺主要以银行贷款解决，贷款最低起点 1 000 元，企业于期初贷款，于季末归还贷款本息，贷款利率为 5%。要求：填列现金预算表（表 8-13）中的空缺项(1)～(15)。

表 8-13 现金预算表

摘 要	第一季度	第二季度	第三季度	第四季度	全年合计
期初现金余额	18 000	(4)	15 691	(10)	18 000
加：现金收入	120 500	140 850	(6)	121 650	526 250
可动用现金合计	(1)	156 591	158 941	138 802	544 250
减：现金支出					
直接材料	25 424	34 728	34 576	(11)	126 976
直接人工	13 200	15 600	12 900	13 900	55 600
制造费用	6 950	7 910	6 830	7 230	28 920
销售费用	1 310	1 507	1 358	1 075	5 250
管理费用	17 900	17 900	17 900	17 900	71 600
购置设备	48 000	33 280	—	—	81 280
支付所得税	27 125	27 125	27 125	27 125	108 500
支付股利	10 850	10 850	10 850	10 850	43 400
现金支出合计	150 759	148 900	111 539	110 328	521 526
现金余缺	(2)	7 691	47 402	(12)	22 724

（续表）

摘　要	第一季度	第二季度	第三季度	第四季度	全年合计
银行借款	(3)	8 000	—	—	36 000
借款归还	—	—	(7)	(13)	(36 000)
支付利息	—	—	(8)	(14)	(1 337.5)
合　计	28 000	8 000	30 250	7 087.5	(1 337.5)
期末现金余额	15 741	(5)	(9)	21 386.5	(15)

2. 企业2×16年度现金预算部分数据如表8-14所示。如该企业规定各季季末必须保证有最低的现金余额5 000元。要求：填列该企业2×16年度现金预算表中的空缺项。

表8-14　现金预算表

摘　要	第一季度	第二季度	第三季度	第四季度	全年合计
期初现金余额	8 000				
加：现金收入		70 000	96 000		321 000
可动用现金合计	68 000	75 000		100 000	
减：现金支出					
直接材料	35 000	45 000		35 000	
制造费用		30 000	30 000		113 000
购置设备	8 000	8 000	10 000		36 000
支付股利	2 000	2 000	2 000	2 000	
现金支出合计		85 000			
现金余缺	(2 000)		11 000		
银行借款（期初）		15 000	—	—	
归还本息（期末）	—	—		(17 000)	
合　计					
期末现金余额					

3. 利达公司2×16年年初现金余额为4 000元，预测当年各季度的现金收支情况如表8-15所示。

表 8-15　现金收支情况表　　单位:元

项目 \ 季度	一	二	三	四
现金收入	60 000	75 000	85 000	100 000
现金支出	35 000	32 000	28 000	30 000
材料	31 000	33 000	30 500	29 000
人工		22 000	21 000	25 000
其他	24 000			
购置固定资产	16 000			

该公司要求每季季末至少保留10 000元现金余额,现金不足时向银行贷款,借款年利率为16%。假定借款在季初,还款在季末,借款利息按季支付。要求:编制该公司分季度的现金预算表(如表8-16所示)。

表 8-16　利达公司现金预算表　　单位:元

项　目	季　度				全　年
	一	二	三	四	
期初余额					
现金收入					
现金支出					
材料					
人工					
其他					
购置固定资产					
现金余额					
银行借款					
归还银行借款					
支付利息					
期末余额					

第九章 成本控制

【本章导读】

成本控制是指对企业生产过程中的各个方面、各个环节和各个阶段的全部成本的控制。标准成本制度是以标准成本为核心，通过标准成本的制定、执行、核算、控制、差异分析等一系列工作，将成本的事前控制、反馈控制及核算功能有机结合的一种成本控制系统。标准成本差异分析包括直接材料成本差异分析、直接人工成本差异分析和制造费用差异分析。存货决策主要有经济订货批量基本模型、基本模型扩展以及存在数量折扣、缺货条件下的决策。存货控制方法主要包括 ABC 控制法、归口分级管理法、储存期控制法和零存货管理。

通过本章学习，了解成本控制的含义、分类、原则、方法及程序；掌握标准成本的制定和成本差异的计算与分析；掌握存货订货量决策的相关模型；了解存货日常管理的各种方法。

第一节 成本控制概述

一、成本控制的意义

企业生产经营的主要目的是获得最大利润。提高企业的利润有很多途径，而控制成本是提高利润的主要途径之一。成本控制是指企业在生产经营活动中，对所发生的各项资源耗费和影响成本的各种因素进行分析与监督，及时发现与其预定的目标成本之间的差异，分析造成实际脱离计划的原因，积极采取相应的措施进行纠正，从而保证成本目标的最终实现。

企业为了实现利润最大化的目标，通过编制全面预算，明确了生产经营各个方面的目标和任务。为了保证其顺利实现，就必须对生产经营活动进行控制。控制生产、销售、成本、费用和财务等各个方面，而成本是衡量一个企业经济效益和竞争力的一项重要指标。成本控制是企业进行全面控制的关键，也是现代企业管理的核心环节。

二、成本控制的分类

（一）按照成本控制阶段分类

按照成本控制阶段分类是与产品生产周期相适应的，一般分为设计阶段成本控制、生产阶段成本控制和销售阶段成本控制。

设计阶段成本控制，也称为事前成本控制，是指在产品投产前，通过价值工程分析，确定目标成本进行成本控制。这一阶段的成本控制是降低成本最有效的途径。

生产阶段成本控制和销售阶段成本控制均属于日常成本控制，是在产品成本及费用形成过程中，按照目标成本衡量实际成本支出，两者若有偏差，应及时找出差异的类型及原因。同时对实际成本超支的差异及时纠正，对实际成本节约的差异予以保持并且给予有关责任部门和责任人员一定的奖励。

（二）按照成本控制原理分类

按照成本控制原理分类，可将成本控制分为前馈控制、防护控制和反馈控制。

根据现代控制论的原理，前馈控制是对产品设计、试制阶段进行的成本控制。防护控制是一种制度控制，它是通过建立企业内部制度来控制成本。反馈控制是产品成本发生过程中的成本控制，属于日常成本控制。

（三）按照成本控制内容分类

按照成本控制内容分类，可将成本控制分为产品成本控制和质量成本控制。

产品成本控制是对产品生产过程的全面控制。质量成本控制是质量控制与成本控制在产品生产过程中的有机结合，质量成本决策确定的最优水平可以作为质量成本控制的目标。

三、成本控制的原则

（一）全面性原则

全面性原则，是指从企业全范围角度进行成本控制，即在企业中要求人人、处处、时时都要进行成本控制，具体包括以下三个方面。

全员控制。成本控制不仅要靠成本控制的专职机构和人员，还要靠企业的每个部门和每个员工。应充分调动所有部门和员工参与成本控制的积极性和主动性。

全程控制。企业要对产品的成本从设计、试制、生产、销售至产品售后服务进行全程控制。

统筹考虑。企业进行成本控制要统筹考虑产品创新、质量提高、产品性能等因素，不能片面地追求低成本，忽视产品的品种和质量。

（二）责权利结合原则

成本控制必须严格按照经济责任制的要求，事先将企业的成本管理目标按照各有关责任中心层层分解，落实到每个责任中心和每个员工，明确规定有关方面或个人应承担的成本控制责任和义务，并赋予其相应的权力，进而实现成本控制的目标。同时还要对他们的工作业绩进行考评，做到奖惩分明。

（三）经济效益原则

成本控制必须考核各项成本支出是否符合以尽可能少的劳动消耗获得尽可能多的经济效益的原则，这样才能达到降低成本的最终目的。在成本控制的过程中要本着成本效益原则将成本控制所必须付出的代价限制在最经济的限度内，只有当成本控制取得的效益大于其代价时，成本控制才是可行的。

（四）分级归口管理原则

企业的成本控制目标要层层分解，落实到各成本责任中心，形成一个分级归口的成本控制系统。由于目标成本是企业的整体目标，不便于进行日常控制，通过分级归口管理可以使各责任单位明确责任范围，便于及时发现成本差异及原因，并采取相应的措施，进行纠正。

（五）例外管理原则

例外管理原则，是指在日常实施全面控制的同时，有选择性地分配人力、物力和财力，抓住那些重要的、不正常的、非常规的关键性差异（称之为“例外事件”）进行重点调查分析，集中力量解决这些主要矛盾。

例外管理原则是成本控制的一项重要原则。一般来说，确定需要进行例外管理的标准有以下四个。

（1）重要性。重要性是根据成本差异金额的大小来决定的。通常情况下，差异额大和差异率高的成本差异总是较为重要的，应给予足够的重视。应该注意的是，这里所说的成本差异应包括有利差异和不利差异。尽管有利差异对企业是有利的，但差异过大，很可能会包含某些损害企业长期利益的因素。比如，为了降低产品成本，采用一些不正当的降低成本的方法会引起产品质量下降，最终会给企业造成损失。因此，对这类有利差异也应视为“例外事件”。

（2）一贯性。有些成本差异虽然没有达到重要性标准，但却经常发生，对这些成本差异也应视为“例外事件。”这种“例外事件”产生的原因很可能是由于制定的标准并不符合实际情况。

（3）可控性。引起成本差异的原因，对企业来说有些是可控制的，有些则是不可控制的。凡是不可控因素造成的成本差异，即使差异再大，也不能视为“例外事件”。

（4）特殊性。对于那些对企业获利能力和未来发展能够产生至关重要的影响的成本项目，即使差异未达到重要性的衡量标准，也应作为例外管理，并查明原因。

四、成本控制的程序

成本控制是一项具有科学性的工作，为了收到良好的效果，需要按照以下程序进行。

（一）确定成本控制目标

成本控制目标是企业进行成本分析和评价的重要依据。企业应根据有关资料，采用科学的方法，确定成本控制的目标，作为企业进行成本控制的依据。

（二）分解落实成本控制目标

按照归口分级管理原则，层层分解成本控制的目标，将其具体落实到各岗位和人员，并严格控制实际发生的各项成本和费用，使实际成本尽可能地接近目标成本。

（三）计算并分析成本差异

通过将实际发生的成本费用与目标成本进行比较，能够及时发现两者之间的差异，以便确定成本的浪费与节约，并进一步分析成本超支或节约的原因。

（四）业绩评价

通过对成本责任部门的业绩评价，奖优罚劣，总结经验，能够促进成本责任部门不断改进工作。同时，通过业绩评价，可以发现目前成本控制中存在的问题，进而可以采取针对性的措施改进现行的成本控制制度，以便更有效地进行成本控制。

第二节　标准成本控制

标准成本控制是指以标准成本为核心，通过标准成本的制定、执行、核算、控制、差异分析等一系列工作，将成本的事前控制、反馈控制及核算功能有机结合的一种成本控制系统。

标准成本控制的内容包括：标准成本的制定、成本差异的计算与分析和成本差异的账务处理。通过标准成本的制定可以实现成本的事前控制；通过成本差异的计算与分析可以实现成本的事中控制；通过成本差异的账务处理不仅可以实现事后控制，而且还可以为下期的标准成本制定提供重要资料。

一、标准成本的含义

标准成本，是通过精确的技术经济分析确定的，在正常的生产经营条件下应该能够实现的，而且可以衡量工作绩效和控制成本开支的一种成本水平。通常情况下标准成本是指“单位产品标准成本”，它是根据产品的标准消耗量和标准单价计算出来的，即

单位产品标准成本＝单位产品标准消耗量×标准单价

二、标准成本的分类

在确定企业成本控制标准时，根据管理者的要求可以把标准成本分为以下

三类。

(一) 理想标准成本

理想标准成本,是一种理论标准,是指在理想(最佳)经营状态下的最低成本。由于它排除了一切浪费、机器故障、人员闲置等情况的可能性,因此这种标准成本要求很高。一般情况下,无论企业员工怎样努力,都难以达到该标准,这将削弱员工的积极性。如果一味地追求该标准,企业员工可能会采用某些不太合理的手段(如降低产品质量)来达到这一标准,最终会影响到企业经营效果(如质量成本上升),所以实际中很少采用理想标准成本。

(二) 现实标准成本

现实标准成本,也称正常标准成本,它是根据现有的生产技术水平和正常生产经营能力制定的标准成本。该标准成本适当地考虑了企业的一些不能完全避免的成本。因此,这一标准成本比较符合实际,只要企业员工尽最大努力就能达到。

(三) 基本标准成本

基本标准成本是以过去一段时间的实际成本作为标准的成本,用来衡量产品在以后年度的成本水平,并结合未来的变动趋势而制定的标准成本。由于它的水平偏低,所以在实际中较少采用。

三、标准成本的制定和差异分析

(一) 标准成本的制定

制定标准成本,通常首先确定直接材料标准成本和直接人工标准成本,其次确定制造费用标准成本,最后确定单位产品标准成本。单位产品标准成本取决于用量标准和价格标准两部分,其基本公式为:

标准成本=用量标准×价格标准

1. 直接材料标准成本的制定

直接材料标准成本=直接材料数量标准×直接材料价格标准

(1) 直接材料数量标准的制定。直接材料数量标准即标准消耗量,主要由生产技术部门制定，并参考执行标准的部门和职工意见。它是现有技术条件下生产单位产品所需的材料数量，其中包括必不可少的消耗及各种难以避免的损耗。在制定数量标准时，应按生产产品耗用的各种材料分别计算。

(2) 直接材料价格标准的制定。直接材料价格标准是以订货合同的价格为依据，并考虑市价及未来市场情况的变动来确定的。该价格是材料的采购价格，包括买价及附带成本，是由财务部门和采购部门共同协商制定的。

【例 9-1】 诚信公司生产某产品的主要原材料的数量标准和价格标准如表9-1所示。

表 9-1　原材料耗用标准

标　准	材料 A
单位产品数量标准	
主要材料耗用量	10 千克
辅助材料耗用量	3 千克
必要损耗量	1 千克
价格标准	
预计发票价格	5 元/千克
检验费	1 元/千克
正常损耗	1 元/千克

要求：计算该产品直接材料标准成本。

解　计算分析如下。

单位产品 A 材料标准数量 = 10 + 3 + 1 = 14(千克)

A 材料标准单价=5+1+1=7(元/千克)

单位产品 A 材料标准成本 = 14 × 7 = 98(元)

如果产品需耗用多种原材料，应将各种原料的标准成本加总，得到单位产品直接材料的标准成本。

2. 直接人工标准成本的制定

直接人工标准成本=直接人工工时标准×工资率标准

(1) 直接人工工时标准。直接人工工时标准，即用量标准，是指单位产品工时定额，一般由企业的工程技术部门制定。它包括直接加工工时、工人必要休息时间、机器停工及难以避免的形成废品所耗用的工时。

(2) 工资率标准。工资率标准是指价格标准，通常是由企业人力资源管理部门事先制定的，包括员工的基本工资及规定的附加。当企业采用计件工资制时，工资率标准就是单位产品应支付的计件单价；当采用计时工资制时，工资率标准就是每一标准工时应分配的工资。

【例 9-2】 诚信公司生产某产品的直接人工标准成本计算如表 9-2 所示。

表 9-2　直接人工标准成本计算表

标准成本	车　间
每月总工时(1)	4 000 小时
每月工资总额(2)	3 000 元
标准工资率(3)＝(2)÷(1)	0.75 元
单位产品工时	
理想作业时间(4)	1.5 小时
调整设备时间(5)	0.3 小时
工作间息(6)	0.2 小时
单位产品工时合计(7)＝(4)＋(5)＋(6)	2 小时
直接人工标准成本(8)＝(3)×(7)	1.5 元

3. 制造费用标准成本的制定

制造费用标准成本＝直接人工工时标准×分配率标准

(1) 直接人工工时标准。制造费用工时标准一般可用直接人工工时标准替代。

(2) 分配率标准。制定制造费用分配率标准时，应将制造费用按成本性态分类，分为固定性制造费用和变动性制造费用，并按下列公式确定制造费用分配率标准：

制造费用分配率标准＝标准制造费用总额÷标准总工时

【例 9-3】 诚信公司生产某产品的制造费用标准成本计算如表 9-3 所示。

表 9-3 制造费用标准成本计算表

项 目	标 准
月标准总工时(1)	32 000 小时
标准变动制造费用总额(2)	224 000 元
标准变动制造费用分配率(3)=(2)÷(1)	7 元/小时
单位产品工时标准(4)	2 小时
变动制造费用标准成本(5)=(3)×(4)	14 元
标准固定制造费用总额(6)	736 000 元
标准固定制造费用分配率(7)=(6)÷(1)	23 元/小时
固定制造费用标准成本(8)=(4)×(7)	46 元
单位产品制造费用标准成本(9)=(5)+(8)	60 元

单位产品成本中直接材料、直接人工、制造费用项目标准成本确定以后，即可编制该产品的标准成本单。

【例 9-4】 汇总诚信公司产品的标准成本，如表 9-4 所示。

表 9-4 产品标准成本单

成本项目	价格标准	用量标准	标准成本
直接材料	7 元/千克	14 千克	98 元
直接人工	0.75 元/小时	2 小时	1.5 元
变动制造费用	7 元/小时	2 小时	14 元
固定制造费用	23 元/小时	2 小时	46 元
单位产品标准成本			159.5 元

产品标准成本可以作为成本控制的手段，如果有关成本项目标准发生重大变化，则要作相应的调整。一般情况下，标准成本制定好以后，1 年内不作修订，以便更好地发挥标准成本的控制作用。

（二）标准成本差异分析

标准成本差异分析，是对企业一定时期内发生的实际成本与标准成本之间差异原因的分析，是企业规划与控制的重要手段。标准成本差异分析包括三个步骤：首先，计算差异的数额并分析其种类；其次，寻找差异产生的具体原因；最后，明确责任，采取积极措施改进成本控制。

标准成本差异有两种：一种是不利差异，即实际成本大于标准成本的差异，这种差异形成超支差异；另一种是有利差异，即实际成本小于标准成本的差异，这种差异形成节约差异。

基于成本性态分类，标准成本差异分析可分为变动成本差异分析和固定成本差异分析两部分。变动成本差异分析包括直接材料成本差异、直接人工成本差异和变动性制造费用成本差异的分析。固定成本差异分析即固定性制造费用差异分析。

在标准成本制定的过程中，任何一项费用的标准成本都是由用量标准和价格标准这两个因素决定的。因此，差异分析就应该从用量差异和价格差异两方面进行分析。

成本差异＝实际成本－标准成本
　　　　＝实际用量×实际价格－标准用量×标准价格
用量差异＝实际用量×标准价格－标准用量×标准价格
价格差异＝实际用量×实际价格－实际用量×标准价格
成本差异＝用量差异＋价格差异

1. 直接材料成本差异分析

直接材料成本差异，是指直接材料的实际成本与标准成本之间的差异。该差异还可以进一步分解为直接材料用量差异和直接材料价格差异。直接材料用量差异是由直接材料实际用量脱离标准用量引起的；直接材料价格差异是由直接材料实际价格脱离标准价格引起的。直接材料成本差异计算公式如下。

直接材料成本差异＝实际材料成本－实际产量下的标准材料成本
直接材料用量差异＝实际用量×标准价格－标准用量×标准价格
　　　　　　　　＝(实际用量－标准用量)×标准价格
直接材料价格差异＝实际用量×实际价格－实际用量×标准价格
　　　　　　　　＝实际用量×(实际价格－标准价格)

【例9-5】 诚信公司生产产品实际耗用A材料为4 800千克，实际产量为350件，原材料实际价格为每千克7.2元，该产品的标准成本资料如表9-4所示。要求：计算生产产品所用A材料成本差异并进行差异性质分析。

解 生产产品所用A材料成本差异计算如下：

直接材料用量差异 $= (4\ 800 - 14 \times 350) \times 7 = -700$(元)
直接材料价格差异 $= (7.2 - 7) \times 4\ 800 = 960$(元)
直接材料成本差异 $= -700 + 960 = 260$(元)

或

$$直接材料成本差异=4\ 800\times7.2-14\times350\times7=260(元)$$

计算结果表明，直接材料成本差异为不利差异260元，即实际成本比标准成本多出260元，其中价格差异为不利差异960元，用量差异为有利差异700元。

直接材料价格差异是在采购过程中形成的，采购部门的业绩报告应说明差异产生的原因。差异的原因有很多，其中有些差异是采购部门可以控制的，有些则是不可控制的。例如，由于采购批量、供应商的选择、运输工具等原因导致的价格差异是采购部门可以控制的；而由于通货膨胀、经济危机等原因导致的价格差异是采购部门无法控制的。因此，要具体调查差异原因，明确责任归属。值得注意的是，有些较大金额的有利差异可能是由于购买了大量质量较次而廉价的原料所致，因此该有利差异对于整个企业来讲，就是一个不利因素，它将导致日后大量质量成本的产生，最后影响到企业长远的经济效益。

直接材料用量差异应由企业的生产部门负责，其差异产生的原因也有很多。例如，产品设计结构、工人的技术熟练程度、生产设备的有效利用程度等。但有时多用料并非生产部门的责任，如原料质量差、工艺变更等原因造成的多用料。因此，也要具体调查差异原因，明确责任归属。

2. 直接人工成本差异分析

直接人工成本差异，是指直接人工实际成本与标准成本之间的差异。直接人工成本差异可以分为直接人工效率差异（用量差异）和直接人工工资率差异（价格差异）两部分。直接人工效率差异是由实际工时脱离标准工时引起的差异；直接人工工资率差异是由实际工资率脱离标准工资率引起的差异。直接人工成本差异计算公式如下。

直接人工成本差异=实际人工成本－实际产量下标准人工成本

直接人工效率差异=实际工时×标准工资率－标准工时×标准工资率

=(实际工时－标准工时)×标准工资率

直接人工工资率差异=实际工时×实际工资率－实际工时×标准工资率

=实际工时×(实际工资率－标准工资率)

【例9-6】 诚信公司用于产品生产的实际工时为650小时，实际每小时工资率为0.8元，实际产量为350件，其他资料如表9-4所示。要求：计算分析直接人工成本差异。

解 直接人工成本差异计算分析如下：

$$直接人工效率差异=(650-2\times350)\times0.75=-37.5(元)$$

直接人工工资率差异 = (0.8 − 0.75) × 650 = 32.5(元)

直接人工成本差异 = 32.5 − 37.5 = − 5(元)

或

直接人工成本差异 = 650 × 0.8 − 350 × 0.75 × 2 = − 5(元)

计算结果表明，直接人工成本差异为有利差异 5 元，是由直接人工工资率的不利差异 32.5 元和直接人工效率的有利差异 37.5 元引起的。

直接人工工资率差异应依据具体情况进行分析。

直接人工效率差异反映了劳动生产率的高低。产生直接人工效率差异的原因很多，如工人的生产效率、生产合理安排程度、生产设备的状况等。这些差异都是生产部门可以控制的，但是如果差异的产生是因为其他责任中心效率低下，那么就应分清责任，合理评价业绩。

3. 制造费用差异分析

变动制造费用一般与以工时表现的产量成正比例关系，如果生产产品的工时与预计数发生差异，变动制造费用肯定也将发生差异。而固定制造费用属于期间费用，与该期间的产量及工时没有直接关系。所以，在分析两类制造费用差异时，使用的方法是不同的。

1）变动制造费用差异分析。

变动制造费用差异是实际变动制造费用与标准变动制造费用之间的差额。它可以分为变动制造费用效率差异（用量差异）和变动制造费用耗费差异（价格差异）两部分。变动制造费用效率差异是由实际耗用的工时脱离标准应耗工时引起的差异；变动制造费用耗费差异是变动制造费用分配率差异，是由变动制造费用实际分配率脱离标准分配率引起的差异。变动制造费用差异计算公式如下。

变动制造费用差异＝实际变动制造费用－实际产量下的标准变动制造费用

效率差异＝实际工时×变动制造费用标准分配率－标准工时×变动制造费用标准分配率

＝(实际工时－标准工时)×变动制造费用标准分配率

耗费差异＝实际工时×变动制造费用实际分配率－实际工时×变动制造费用标准分配率

＝实际工时×(变动制造费用实际分配率－变动制造费用标准分配率)

【例 9-7】 诚信公司生产产品耗用变动制造费用的实际分配率为 7.5 元/小时，生产工时借用直接人工工时，实际产量为 350 件，其他资料如表 9-4 所示。要求：计算分析变动制造费用差异。

解 变动制造费用差异计算分析如下：

变动制造费用效率差异 = (650 − 2 × 350) × 7 = − 350(元)

变动制造费用耗费差异 = (7.5 − 7) × 650 = 325(元)

变动制造费用差异 = 325 − 350 = −25(元)

或

变动制造费用差异 = 650 × 7.5 − 2 × 7 × 350 = −25(元)

计算结果表明,变动制造费用差异为有利差异 25 元,是由变动制造费用耗费的不利差异 325 元和变动制造费用效率的有利差异 350 元引起的。

变动制造费用耗费差异的产生实际上既有价格差异的因素,又有耗用量差异的因素。实际工作中,对变动制造费用耗费差异的控制一般都是针对各费用的耗用数量差异的控制。变动制造费用效率差异与直接人工效率差异的形成原因相同。

2) 固定制造费用差异分析

固定制造费用是在相关范围内,不随业务量的变化而变化,成本总额保持相对稳定。它与企业生产规模的大小、时间长短有关。

固定制造费用差异是固定制造费用实际发生额与实际用量下标准数额之间的差异。对固定制造费用差异的分析可采用两种方法,即"二因素分析法"和"三因素分析法"。

(1) 二因素分析法。二因素分析法,是指将固定制造费用差异分解为预算差异和能量差异两部分的方法。二因素分析法下固定制造费用差异计算公式如下。

固定制造费用预算差异=固定制造费用实际发生额−固定制造费用预算额

能量差异=(预算产量下标准工时−实际产量下标准工时)×固定制造费用标准分配率

(2) 三因素分析法。三因素分析法,是将固定制造费用成本差异分解为预算差异、生产能力利用差异和效率差异三部分的方法。三因素分析法是将二因素分析法下的能量差异进一步划分为生产能力利用差异和效率差异。三因素分析法下固定制造费用差异计算公式如下。

固定制造费用预算差异=固定制造费用实际发生额−固定制造费用预算额

生产能力利用差异=(预算产量下标准工时−实际产量下实际工时)×标准分配率

效率差异=(实际产量下实际工时−实际产量下标准工时)×标准分配率

【例 9-8】 诚信公司生产的产品应负担的固定性制造费用预算总额为 16 000 元,预算产量为 360 件,固定制造费用实际发生额为 16 050 元,单位产品的实际工时 2.1 小时,实际产量为 350 件,其他资料如表 9−4 所示。要求:计算分析固定制造费用差异。

解 固定制造费用差异计算分析如下:

二因素分析法下：

$$预算差异 = 16\ 050 - 16\ 000 = 50(元)$$
$$能量差异 = (360 \times 2 - 350 \times 2) \times 23 = 460(元)$$
$$固定制造费用成本差异 = 50 + 460 = 510(元)$$

三因素分析法下：

$$预算差异 = 16\ 050 - 16\ 000 = 50(元)$$
$$生产能力利用差异 = (360 \times 2 - 350 \times 2.1) \times 23 = -345(元)$$
$$效率差异 = (350 \times 2.1 - 350 \times 2) \times 23 = 805(元)$$
$$固定制造费用成本差异 = 50 - 345 + 805 = 510(元)$$

计算结果表明，三因素分析法中的生产能力利用差异和效率差异之和等于二因素分析法中的能量差异。

分析固定制造费用差异时，必须结合企业实际，逐项分析形成这些差异的具体原因。导致固定制造费用预算差异的因素很多，如管理人员工资及职工福利费的调整、折旧方法的改变和修理费用的变化等。导致固定制造费用能量差异（生产能力利用差异和效率差异）的因素也很多，如机械发生故障、能源短缺、设备利用程度不高、材料供应存在问题和市场销路的变化等。

第三节　存货成本控制

存货是指企业在日常生产经营过程中为生产或销售而储备的物资。企业持有充足的存货，不仅有利于生产过程的顺利进行，节约采购费用与生产时间，而且能够迅速地满足客户各种订货的需要，从而为企业生产与销售提供较大的机动性，避免因存货不足带来的机会损失。然而，存货的增加必然要占用更多的资金而使企业付出更大的持有成本（即存货的机会成本），而且存货的储存与管理费用也会增加，影响企业获利能力的提高。因此如何在存货的功能（收益）与成本之间进行利弊权衡，在充分发挥存货功能的同时降低成本、增加收益、实现它们的最佳组合成为存货管理的基本目标。

一、存货功能与成本

（一）存货功能

存货功能是指存货在企业生产经营过程中所具有的作用，主要表现在以下四个方面。

1. 防止停工待料

考虑到企业生产经营持续不断地进行，适量的原材料存货和在产品、半成品存货，能使各生产环节的生产活动更加协调，不至于因等待原材料或半成品而影响生产。所以适量的存货能防止企业停工待料事件的发生，维持生产的连续性。

2. 适应市场变化

存货储备特别是产成品和商品储备，能增强企业在销售方面的机动性从而适应市场变化。企业有了足够的产成品或商品，在满足顾客需要的同时，也使企业利用市场获得了收益。相反，若企业某种畅销产品库存不足，将会坐失目前的或未来的推销良机，并有可能因此而失去顾客，使企业蒙受损失。

3. 降低进货成本

企业采用批量集中进货，往往会获得较多的商业折扣。另外，通过增加每次进货的数量，减少购货的次数，可以降低采购费用支出。所以即使在推崇以零存货为管理目标的今天，仍有不少企业采用大批量的购货方式，原因在于这种方式可使企业降低进货成本。只要进货成本的降低额大于因存货增加的各项储存费用，便是可行的。

4. 维持均衡生产

对于那些所生产产品具有季节性的公司、生产所需材料的供应具有季节性的公司，为实行均衡生产，降低生产成本，就必须适当储备一定的半成品存货或保持一定的原材料存货。否则，这些公司若按照季节变动组织生产活动，难免会出现忙时超负荷运转、闲时生产能力得不到充分利用的情况，这也会导致生产成本的提高。其他公司在生产过程中，同样会出现上述情况，拥有一定数量的存货，可以缓冲这种变化对公司生产活动及获利能力的影响。

（二）存货成本

存货成本，是指企业为了保持一定数量的存货而付出的代价。存货成本通常按年计算，主要包括取得成本、储存成本和缺货成本三个部分。

1. 取得成本

取得成本是指为取得某种存货而发生的成本，通常用 TC_a 来表示。取得成本又可分为订货成本和购置成本两个部分。

1）订货成本

订货成本是指企业取得存货订单的成本，如办公费、差旅费、邮费、电话费等支出。订货成本中有一部分与订货次数无关，如常设采购机构的办公经费等，称为订货固定成本，用 F_1 表示；另一部分与订货次数有关，如差旅费、邮费等，称为订货变动成本。订货成本包括固定性订货成本和变动性订货成本。订货成本可用回归分析法、高低点法及散布图法等进行分解。每次订货变动成本用 K 表示；订货次数等于存货年需要量(D)与每次进货量(Q)之商。订货成本的计算公式如下。

$$订货成本 = F_1 + \frac{D}{Q}K$$

【例9-9】 某企业采购部门全年订货 12 次，订货成本为 5 000 元，全年订货 24 次，订货成本为 8 600 元。要求：将订货成本分解为固定性订货成本和变动性订货成本。

解 采用高低点法分解订货成本计算如下

$$每次订货成本 = \frac{8\ 600 - 5\ 000}{24 - 12} = 300(元/次)$$

固定性订货成本＝8 600－24×300＝1 400(元)

高点订货成本中的变动性订货成本＝8 600－1 400＝7 200(元)

低点订货成本中的变动性订货成本＝5 000－1 400＝3 600(元)

2）购置成本

购置成本是指存货本身的价值，经常用数量与单价的乘积来确定。如果存货年需要量用 D 表示，单价用 U 表示，则购置成本为 DU。

订货成本加上购置成本，就等于存货的取得成本。存货取得成本计算公式如下。

$$TC_a = F_1 + \frac{D}{Q}K + DU$$

2. 储存成本

储存成本是指为保持存货而发生的成本，包括存货占用资金所应计的利息[①]、仓库费用、保险费用、存货破损和变质损失等，通常用 TC_c 表示。

储存成本也分为固定性储存成本和变动性储存成本。固定性储存成本与存货数量无关，如仓库折旧、保管人员工资等，常用 F_2 表示。变动性储存成本与存货数量有关，如存货占用资金应计利息、破损和变质损失、保险费用等，单位储存成本用 K_c 来表示。储存成本用公式表示如下。

$$TC_c = F_2 + K_c\frac{Q}{2}$$

① 若企业用现金购买存货，便失去了现金存放银行或投资于证券本应取得的利息，视为“放弃利息”；若企业借款购买存货，便要支付利息费用，视为“付出利息”。

3. 缺货成本

缺货成本是指由于存货供应中断而造成的损失，包括材料供应中断造成的停工损失、产成品库存缺货造成的拖欠发货损失和丧失销售机会的损失、商誉损失等；如果生产企业以紧急采购代用材料解决库存材料中断之急，那么缺货成本表现为紧急额外购入成本。缺货成本通常用 TC_s 表示。

如果以 TC 来表示存货总成本，则存货总成本计算公式如下。

$$TC = TC_a + TC_c + TC_s = F_1 + \frac{D}{Q}K + DU + F_2 + K_c\frac{Q}{2} + TC_s$$

企业存货数量的最优化，即是使上式 TC 值最小的存货数量。

二、存货批量决策

(一) 存货订货批量决策

存货决策涉及四项内容：决定进货项目、选择供应单位、决定进货时间和决定进货批量。决定进货项目和选择供应单位是销售部门、采购部门和生产部门的职责。财务部门需要解决的是决定进货时间和决定进货批量。按照存货管理的目的，需要通过合理的进货批量和进货时间，使存货总成本最低，这个批量称为经济批量。有了经济订货批量，就可以合理确定适宜的进货时间。

与存货成本有关的变量很多，为了解决比较复杂的问题，有必要简化或舍弃一些变量，先研究解决简单的问题，然后再扩展到复杂的问题。这需要设立一些假设，在此基础上建立经济订货批量的基本模型。

1. 经济订货批量基本模型

1) 经济订货批量基本模型的假设条件

经济订货批量基本模型的建立需要的假设条件如下：

(1) 企业能够及时补充存货，即需要订货时便可立即取得存货；

(2) 能集中到货，而不是陆续入库；

(3) 不允许缺货，即无缺货成本，TC_s 为零；

(4) 需求量稳定，并且能预测，即 D 为已知常量；

(5) 存货单价不变，不考虑现金折扣，即 U 为已知常量；

(6) 企业现金充足，不会因现金短缺而影响进货；

(7) 所需存货市场供应充足。

2) 经济订货批量的基本模型

设立上述假设后，存货总成本公式可以简化为

$$TC = F_1 + \frac{D}{Q}K + DU + F_2 + K_c \frac{Q}{2}$$

当 F_1，K，U，F_2，K_c 为常数时，TC 的大小取决于 Q。为了求出 TC 的极小值，对其进行求导，并令其倒数值为零，可得出下列公式：

$$Q^* = \sqrt{\frac{2KD}{K_c}}$$

这一公式称为经济订货批量基本模型，求出的每次订货批量，可使 TC 达到最小值。根据经济订货批量的基本模型可进行其他相关指标的推导公式如下。

每年最佳订货次数公式：

$$N^* = \frac{D}{Q^*} = \sqrt{\frac{DK_c}{2K}}$$

最低存货相关成本公式：

$$TC_{(Q^*)} = \frac{KD}{\sqrt{\frac{2KD}{K_c}}} + \frac{\sqrt{\frac{2KD}{K_c}}}{2} \times K_c = \sqrt{2KDK_c}$$

最佳订货周期公式：

$$t^* = \frac{1}{N^*} = \frac{1}{\sqrt{\frac{DK_c}{2K}}}$$

经济订货批量占用资金公式：

$$I^* = \frac{Q^*}{2}U$$

【例 9-10】 某企业每年耗用某种材料 3 600 千克，该材料单位成本为 10 元，单位存货年储存成本为 2 元，每次存货订货成本 25 元。要求：计算经济订货批量、最佳订货次数、最低存货相关成本、最佳订货周期和经济订货批量占用资金。

解 相关指标计算如下：

$$Q^* = \sqrt{\frac{2KD}{K_c}} = \sqrt{\frac{2 \times 3\,600 \times 25}{2}} = 300(\text{千克})$$

$$N^* = \frac{D}{Q^*} = \frac{3\,600}{300} = 12(\text{次})$$

$$TC_{(Q^*)} = \sqrt{2KDK_c} = \sqrt{2 \times 25 \times 3\,600 \times 2} = 600(\text{元})$$

$$t^* = \frac{1}{N^*} = \frac{1}{12}(\text{年}) = 1(\text{个月})$$

$$I^* = \frac{Q^*}{2}U = \frac{300}{2} \times 10 = 1\,500(\text{元})$$

经济订货批量也可以用图解法求得:先计算出一系列不同批量的各有关成本,然后在坐标图上描述出由各有关成本构成的订货成本线、储存成本线和总成本线,总成本线的最低点(或者是订货成本线和储存成本线的交点)相应的批量,即为经济订货批量。

【例 9-11】 仍用[例 9-10]的相关资料,不同批量下的有关指标计算如表 9-5 所示。

表 9-5 不同批量下的有关指标计算表

订货批量	100	200	300	400	500	600
平均存量	50	100	150	200	250	300
储存成本	100	200	300	400	500	600
订货次数	36	18	12	9	7.2	6
订货成本	900	450	300	225	180	150
总成本	1 000	650	600	625	680	750

不同批量的有关成本变动情况见图 9-1。从以上成本指标的计算和图形中可以很清楚地看出,当订货批量为 300 千克时总成本最低,小于或大于这一批量都是不合算的。

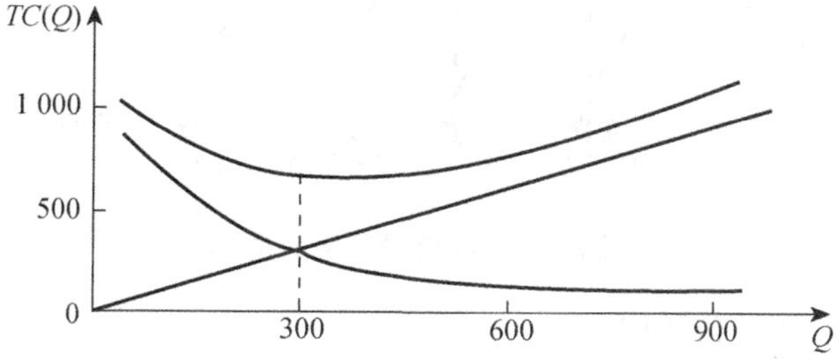

图 9-1 不同批量的有关成本变动情况图

2. 基本模型扩展

经济订货批量的基本模型是在前述各假设条件下建立的,但现实生活中能够满足这些假设条件的情况不多。为了使模型更接近于实际情况,具有较高的可用性,需逐一放宽假设,同时改进模型。

1）订货提前期

一般情况下，企业的存货不能做到随用随补充，因此不能等存货储存量为零时再去订货，而需要在建立保险储备量的情况下提前订货。在提前订货的情况下，企业再次发出订货单时，尚有存货的库存量，称为再订货点，用 R 来表示。再订货点等于交货时间（L）和每日平均需用量（d）的乘积，即

$$R = L \times d$$

【例 9-12】 续［例 9-11］，企业订货日至到货期的时间为 10 天，每日存货需要量为 10 千克。要求：计算存货再订货点。

解 存货再订货点计算如下

$$R = L \times d = 10 \times 10 = 100(\text{千克})$$

即企业在尚存 100 千克存货时，就应当再次订货，等到下批订货到达时（再次发出订货单 10 天后），原有库存刚好用完。此时，有关存货的每次订货批量、订货次数、订货间隔时间等并无变化，与瞬间补充相同。订货提前期的情形见图 9-2。这就是说，订货提前期对经济订货批量并无影响，仍以原来瞬间补充情况下的 300 千克为订货批量，只不过在达到再订货点（库存 100 千克）时即需要发出订货单。

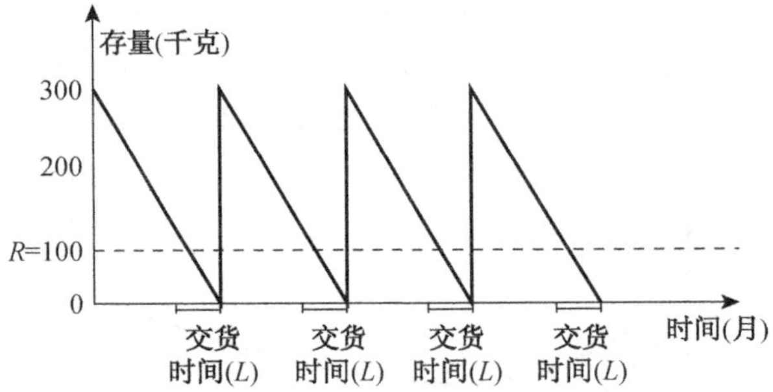

图 9-2 订货提前期的情形

2）存货陆续供应和使用

在建立基本模型时是假设存货一次全部入库，故存货增加时存货量表现为一条垂直的直线。事实上，各种存货可能陆续入库，使存量陆续增加。尤其是产成品入库和产品转移，几乎总是陆续供应和陆续耗用的。在这种情况下需要对基本模型作一些修改。

【例 9-13】 某零件年需用量（D）为 3 600 件，每日送货量（P）为 30 件，每日耗用量（d）为 10 件，单价（U）为 10 元，每次订货成本（生产准备成本）为 25 元，单位

储存变动成本为 2 元。存货数量的变动如图 9-3 所示。

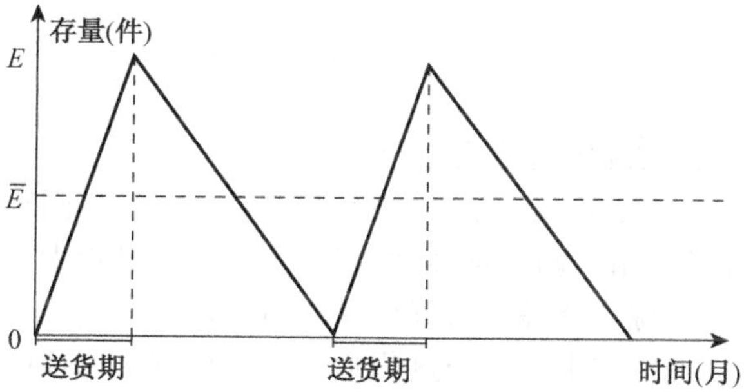

图 9-3 存货数量变动

设每批订货数为 Q。由于每日送货量为 P,故该批存货全部送达所需日数为 Q/P,称之为送货期。

因零件每日耗用量为 d,故送货期内的全部耗用量为 $\frac{Q}{P}d$,由于零件边送边用,所以每批送完时,最高库存量为 $Q-\frac{Q}{P}d$,平均库存量则为 $\frac{1}{2}(Q-\frac{Q}{P}d)$。图 9-3 中的 E 表示最高库存量,$\bar{E}$ 表示平均库存量。这样,与批量有关的总成本为:

$$TC(Q)=\frac{D}{Q}K+\frac{1}{2}(Q-\frac{Q}{P}d)K_c$$
$$=\frac{D}{Q}K+\frac{Q}{2}(1-\frac{d}{P})K_c$$

在订货变动成本与储存变动成本相等时,$TC(Q)$有最小值,故存货陆续供应和使用的经济订货批量公式为:

$$Q^*=\sqrt{\frac{2KD}{K_c}\cdot\frac{P}{P-d}}$$

将这一公式代入上述 $TC(Q)$,可得出存货陆续供应和使用的经济订货批量相关总成本公式为

$$TC(Q^*)=\sqrt{2KDK_c(1-\frac{d}{P})}$$

将上述例题数据代入,则为:

$$Q^* = \sqrt{\frac{2\times 25\times 3\ 600}{2}\times\frac{30}{30-10}} = 367(\text{件})$$

$$TC(Q^*) = \sqrt{2\times 25\times 3\ 600\times 2\times(1-\frac{10}{30})} = 490(\text{元})$$

3）存在数量折扣的经济进货批量模型

为了鼓励客户购买更多的商品，销售企业通常会给予不同程度的价格优惠，即实行商业折扣或价格折扣。购买越多，所获得的价格优惠越大。此时，进货企业对经济进货批量的确定，除了考虑进货费用与储存成本外，还应考虑存货的进价成本，因为此时的存货进价成本已经与进货数量的大小有了直接的联系，属于决策的相关成本。

在经济进货批量基本模型其他各种假设条件均具备的前提下，存在数量折扣时的存货相关总成本可按下式计算。

$$TC = DU + \frac{D}{Q}K + \frac{Q}{2}K_c$$

数量折扣条件下经济订货批量可以按如下步骤确定。

(1) 计算不考虑数量折扣条件的经济订货批量，作为进货批量的第一选择，并计算出相关存货总成本。

(2) 以销售公司提供的价格折扣的下限作为第二、第三或更多的选择，并按照这些进货数量和相应价格分别计算出相关的存货总成本。

(3) 对比不同进货数量下的存货总成本，找出总成本最低的方案，该进货批量即为有数量折扣下的经济进货批量。

【例 9-14】 某种材料全年总需用量为 24 000 个。每次订货成本为 3 600 元，每件材料每个月的储存费 10 元。购买 2 000 个以下每个买价为 100 元，购买2 000 个(含)以上每个买价为 95 元。要求：计算确定存货经济订货批量及其相关总成本。

解 存货经济订货批量及其相关总成本计算如下：

首先，计算不考虑数量折扣条件下的经济订货批量。

$$Q^* = \sqrt{\frac{2DK}{K_c}} = \sqrt{\frac{2\times 3\ 600\times 24\ 000\div 12}{10}} \approx 1\ 200(\text{个})$$

其次，计算每次订货 1 200 个和每次订货 2 000 个时的存货相关总成本。

$$T_{1\ 200} = \frac{1\ 200}{2}\times 10\times 12 + \frac{24\ 000}{1\ 200}\times 3\ 600 + 24\ 000\times 100 = 2\ 544\ 000(\text{元})$$

$$T_{2\ 000} = \frac{2\ 000}{2}\times 10\times 12 + \frac{24\ 000}{2\ 000}\times 3\ 600 + 24\ 000\times 95 = 2\ 443\ 200(\text{元})$$

由于按照经济订货批量1 200个订货，相关总成本为2 544 000元；考虑数量折扣按照每次2 000个订货，相关总成本只有2 443 200元。因此，每次订货2 000个比每次订货1 200个更优。

（4）允许缺货的经济订货批量模型

允许缺货的情况下，企业对经济进货批量的确定，就不仅要考虑进货费用与储存费用，而且还必须对可能的缺货成本加以考虑，即能够使三项成本总和最低的批量便是经济进货批量。

设缺货量为S，单位缺货成本为R，其他符号同上，则有：

$$Q=\sqrt{(2DK\div K_c)\times(K_c+R)\div R}$$
$$S=Q\times K_c\div(K_c+R)$$

即：

$$\text{经济进货批量}=\sqrt{2\times\frac{\text{存货需要总量}\times\text{平均每次进货费用}}{\text{单位存货储存成本}}\times\frac{\text{单位存货储存成本}\times\text{单位存货缺货成本}}{\text{单位存货缺货成本}}}$$

$$\text{平均缺货量}=\text{允许缺货经济进货批量}\times\frac{\text{单位存货储存成本}}{\text{单位存货储存成本}+\text{单位存货缺货成本}}$$

【例9-15】 某企业甲材料年需要量为32 000千克，每次进货费用为60元，单位储存成本为4元，单位缺货成本为8元。要求：计算确定允许缺货情况下的经济进货批量。

解 允许缺货情况下的经济进货批量计算如下：

$$\text{允许缺货的经济进货批量}=\sqrt{\frac{2\times 32\,000\times 60}{4}\times\frac{4+8}{8}}=1\,200(\text{元})$$

$$\text{平均缺货量}=1\,200\times\frac{4}{4+8}=400(\text{千克})$$

（5）保险储备

经济订购批量基本模型假定需求量不变，交货时间不变。实际上，每日需求变化，交货时间也可能变化，按照某一订货批量和再订货点发出订单后如果需求增大或送货延迟，就会发生缺货或供货中断。为了防止由此造成的损失，就需要多储备一些存货以备应急之需。其基本计算公式如下：

$$\text{保险库存量}=(\text{预计每天最大耗用量}-\text{平均每天正常耗用量})\times\text{订货提前期}$$

这些存货在正常情况下是不动用的，只有当存货过量使用或送货延迟时才动用。这时的再订货点为：

$$R=\text{交货时间}\times\text{平均日需求}+\text{保险库存量}$$

一个公司增加保险储备,可以有效地减少缺货所造成的损失。但保险储备的负面影响是储存费用的增加。研究保险储备的目的就是要找出合理的保险储备量,使缺货成本和储备成本之和最小。确定保险储备量时可先计算出各种不同保险储备量的总成本,然后再对总成本进行比较,选定其中最低的总成本。

缺货成本=缺货数量×缺货概率×单位缺货成本×订货次数

储存总成本=保险储备量×单位储存成本

实际工作中,通常还存在着数量优惠及允许一定程度的缺货等情形,企业必须同时结合数量优惠及缺货成本等不同的情况具体进行分析,灵活运用经济进货批量模型。

(二) 存货生产批量决策

在企业的生产经营过程中,产品所消耗的原材料往往是外购的,需要利用经济订货批量模型合理地确定对外订货的批量和次数。同时制造企业也存在着大量的自制存货。对于自制存货而言,使全年相关总成本最小的每批生产量,称为经济生产批量。

在计算经济生产批量时,不存在订货费用,取代它的是生产准备成本。生产准备成本包括每批产品投产以前所需的设计图纸、模具、工艺规程、工具等所耗用的人工和原材料等成本。在全年投产总量不变的情况下,投产批次越少,生产准备成本越低,但每次批量也就越大。同时,正因为批量大,储存费用也高。反之,投产批次多,准备成本就高。但因每次批量小,储存费用却可节约。总之,经济生产批量的要求是务必使两种成本合计最小。

设全年存货生产量为 D,每批生产批量为 Q,每日生产量为 P,故该批存货全部生产出来所需日数为$\frac{Q}{P}$。设存货每日耗用量为 d,故每批存货生产阶段的全部耗用量为$\frac{Q}{P}d$。

由于存货边生产边耗用,所以每批生产终了时,最高库存量为 $Q-\frac{Q}{P}d$,平均库存量为$\frac{1}{2}(Q-\frac{Q}{P}d)$。

设每批生产准备成本为 K,单位产品年平均储存成本为 K_c,与经济生产批量有关的全年总成本为:

$$TC=\frac{D}{Q}K+\frac{Q}{2}(1-\frac{d}{P})K_c$$

对 TC 求 Q 的导数并整理，得到经济生产批量为：

$$Q^{*}=\sqrt{\frac{2DK}{K_c}\times\frac{P}{P-d}}$$

最优生产次数为：

$$\frac{D}{Q^{*}}=\sqrt{\frac{DK_c}{2K}\left(1-\frac{d}{P}\right)}$$

将经济生产批量代入相关总成本公式，可得出经济生产批量总成本公式为：

$$TC^{*}=\sqrt{2DKK_c\left(1-\frac{d}{P}\right)}$$

经济生产批量模型除可直接判定最优生产批量外，还可以用于自制和外购存货的选择决策。自制零件属于边送边用的情况，单位成本可能较低，但每批零件投产的生产准备成本比一次外购订货的订货成本可能高出许多。外购零件的单位成本可能较高，但订货成本可能比较低。要在自制零件和外购零件之间做出选择，需要全面衡量它们各自的总成本，才能得出正确的结论。这时，就可借用经济生产批量模型。

【例 9-14】　某生产企业使用的某件零件可以外购也可以自制。如果外购，单位成本为 5 元，每次订货成本为 18 元；如果自制，单位成本为 4 元，每次生产准备成本为 660 元，每日产量为 50 件。零件的全年需求量为 3 600 件，储存变动成本为零件价值的 20%，每日平均需求量为 10 件。要求：分别计算零件外购和自制的总成本，以选择较优的方案。

解　(1) 外购零件：

$$Q^{*}=\sqrt{\frac{2\times 3\,600\times 18}{5\times 20\%}}=360(\text{件})$$

$$TC^{*}=\sqrt{2\times 3\,600\times 18\times 5\times 20\%}=360(\text{元})$$

$$T=3\,600\times 5+360=18\,360(\text{元})$$

(2) 自制零件：

$$Q^{*}=\sqrt{\frac{2\times 3\,600\times 660}{4\times 20\%}\times\frac{50}{50-10}}=2\,725(\text{件})$$

$$TC^{*}=\sqrt{2\times 3\,600\times 660\times 4\times 20\%\times\left(1-\frac{10}{50}\right)}=1\,744(\text{元})$$

$$T=3\,600\times 4+1\,744=16\,144(\text{元})$$

由于自制零件的总成本 16 144 元低于外购零件的总成本 18 360 元，故以自制零件为宜。

三、存货日常控制方法

在存货管理中，确定了再订货点和经济订货批量，解决了什么时候再订货和订多少货的问题，这仅仅是存货管理的开始。而如何能使存货经常保持在最佳水平上，这需要对存货进行日常有效的控制。存货控制常用的方法有以下几种。

（一）ABC控制法

1. ABC控制法的基本原理

ABC控制法，又称重点管理法，是把不同项目的存货按其重要程度分成ABC三类，并对A类存货重点管理的一种方法。

ABC控制法适用于大型企业对存货的管理控制。在一个大型企业，存货项目成千上万种，有的价值昂贵，有的价值较低，有的数量庞大，有的寥寥无几，如果不分主次，面面俱到，对每一种存货都进行周密规划，严格控制，会浪费大量的人力、财力，而且也没有必要。采用ABC控制法就可以抓住重点，合理有效地控制存货资金。

一般而言，A类存货品种只占全部存货总品种数的10%左右，而这类存货的金额要占到全部存货总金额的70%左右。C类存货品种数占到全部存货总品种数的70%左右，而这类存货的金额只占全部存货总金额的10%左右。B类存货则介于这两者之间，从品种数和金额看，只占全部存货总数的20%左右。ABC控制法的一般分类标准如表9-6所示。

表9-6　ABC控制法分类标准

类　别	金额比重	品种数比重
A	70%左右	10%左右
B	20%左右	20%左右
C	10%左右	70%左右
合计	100%	100%

2. ABC控制法的操作步骤

运用ABC法控制存货资金占用量时，一般可分如下步骤。

(1) 计算每一种存货在一定时间内(一般为1年)资金占用额。

(2) 计算每一种存货资金占用额占全部存货资金占用额的百分比，并按大小顺序排列，编成表格。

（3）根据事先测定好的标准，把重要的存货划为A类，把一般存货划为B类，把不重要的存货划为C类，并画图表示出来。

（4）对A类存货进行重点规划和管理，对B类进行次重点管理，对C类只进行一般管理即可。

【例9-15】 某企业共40种材料，计划年度材料的耗用总额为1 000 000元，按占用资金多少的顺序排列后，根据企业规定的控制标准把40种材料划分为A、B、C三类，编制材料资金ABC分类表，见表9-7所示。

表9-7　材料资金A、B、C分类表　　单位：元

材料品种	各种材料耗用资金数额	各类材料资金占用		各类材料品种		管理类别
		金额	比重	品种数	比重	
1# 2# 3# 4#	300 000 180 000 150 000 120 000	750 000	75%	4	10%	A
5# 6# 7# ⋮ 13# 14#	42 000 30 000 27 000 ⋮ 12 000 10 000	200 000	20%	10	25%	B
15# 16# 17# ⋮ 38# 39# 40#	9 200 8 000 6 800 ⋮ 450 230 120	50 000	5%	26	65%	C

根据已知资料，材料资金A、B、C分布图如图9-4所示。

从表9-7和图9-4可以看出，A类材料种类虽少，只有四种，占全部存货比例的10%，但占用资金达750 000元之多，比重占75%，所以对A类材料收、发、经济批量、储存期都要进行严格控制；C类材料虽然品种多，有26种，占全部存货比例达65%，但占用资金为50 000元，比重仅为5%，所以对C类材料只作一般管理；而B类材料，介于A类与C类之间，不必像A类那样进行严格的控制，也应给予相当重视。

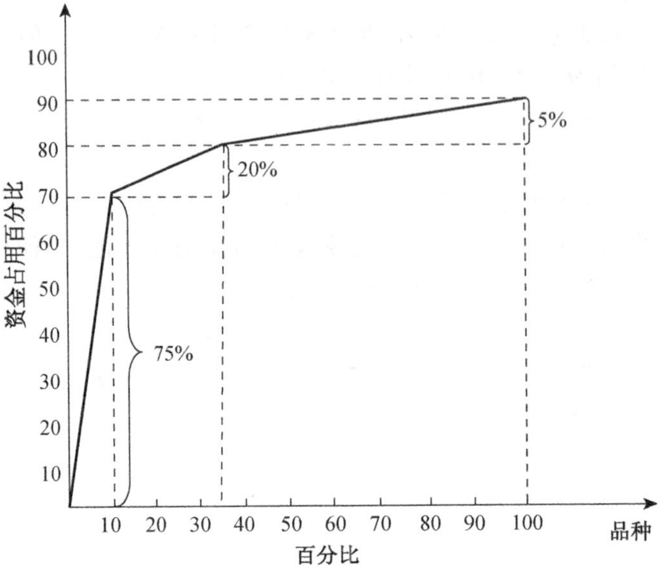

图 9-4　材料资金 A、B、C 分布图

(二) 归口分级管理法

1. 存货资金统一管理

财务部门对存货实行统一管理,实现资金使用的综合平衡。财务部门对存货统一管理的内容包括:根据财务制度和企业具体情况,制定资金管理的各种制度;测算原材料、在产品、产成品的资金占用定额,汇总编制存货资金计划;将有关控制指标分别归口落实到供应、生产、销售等部门具体负责;对各部门资金运用情况进行检查、分析和考核。

2. 存货资金归口管理

根据物资管理和资金管理相结合的原则,每项物资由哪个部门使用,其资金就由哪个部门管理。资金归口管理的分工一般如下:原材料、燃料、包装物等占用的资金归物资供应部门负责;在产品和自制半成品占用的资金归生产部门负责;产成品占用的资金归销售部门负责;工具用具的占用资金归工具部门负责;修理用备件占用的资金归维修部门负责。

3. 存货资金分级管理

各归口的管理部门要根据具体情况,将资金控制计划进行层层分解,分配给所属的仓库、车间、班组等基层单位:原材料资金计划指标分解到供应计划、材料采购、仓库保管、整理准备等业务组管理;在产品资金计划指标分解给各车间、半成品库管理;产成品资金计划指标分解给仓库保管、成品发运、销售等业务组管理。

(三)存货储存期控制法

无论是商品企业,还是制造企业,其商品一旦买进入库,产品一旦生产完工入库,便面临着如何尽快销售出去的问题。不考虑未来市场供求关系如何变化,仅就存货储存本身就会给企业造成较多的费用支出。这些费用支出按照与储存时间的关系可以分为固定储存费用与变动储存费用两类,其中固定储存费用与存货储存期长短没有直接联系,如进货运杂费、包装费、行政管理费等;变动储存费用则随着存货储存期的长短成正比例增减变动,如保管费、库存商品占用资金的利息、储存期间损耗等。

企业在生产经营过程中,售出商品后,实现的毛利要抵补费用和税金,剩下的才是企业经营利润,计算公式如下:

$$利润=销售毛利-固定储存费-销售税金及附加-变动储存费\times储存天数$$

由上述公式可见,变动储存费用的大小,会直接影响到企业利润的减少与增加。这样随着存货储存期的延长,利润将日渐减少。当"销售毛利-固定储存费-销售税金及附加"的金额被"变动储存费"抵消到等于企业目标利润时,表明存货储存到了保利期,当完全被变动储存费抵消时,便意味着存货储存已经到了保本期。毫无疑问,存货如果能够在保利期内售出,所获得的利润将会超过目标值,反之将难以实现预期的利润目标。如果存货不能在保本期内售出,便会使企业蒙受损失。

存货储存期控制法,就是要通过计算、分析其保本期、保利期,尽量缩短存货储存时间,节约资金使用,加速资金周转。存货储存期计算公式如下:

$$存货保本储存天数=\frac{销售毛利-固定储存费-销售税金及附加}{每日变动储存费}$$

$$存货保利储存天数=\frac{销售毛利-固定储存费-销售税金及附加-目标利润}{每日变动储存费}$$

【例 9-16】 某商品企业购进甲商品 1 000 件,单位进价(不含增值税)为 100 元,单位售价(不含增值税)为 120 元,经销该批商品固定费用为 10 000 元,若货款均来自银行贷款,年利率为 10.8%,该批存货月保管费用率为 3‰,销售税金及附加为 800 元。要求:

(1) 计算该批存货的保本储存期;

(2) 若企业要求获得 3%的投资利润率,计算保利期;

(3) 若该批存货实际储存了 200 天,问能否实现目标投资利润额,差额是多少?

(4) 若该批存货亏损了 2 000 元，则实际储存了多久？

解 有关指标计算如下：

$$(1)\ 保本储存天数=\frac{(120-100)\times 1\ 000-10\ 000-800}{100\times 1\ 000\times(1-10.8\%\div 360+3‰\div 30)}=230(天)$$

$$(2)\ 保利储存天数=\frac{(120-100)\times 1\ 000-10\ 000-800-100\times 1\ 000\times 3\%}{100\times 1\ 000\times(10.8\%\div 360+3‰\div 30)}=155(天)$$

$$(3)\ 经销该批商品获利额=100\times 1\ 000\times\left(\frac{10.8\%}{360}+\frac{3‰}{30}\right)\times(230-200)=1\ 200(元)$$

$$(4)\ 实际利润-目标利润=1\ 200-100\times 1\ 000\times 3\%=-1\ 800(元)$$

$$(5)\ 实际储存天数=230+\frac{2\ 000}{40}=280(天)$$

通过对存货储存期的分析与控制，可以及时地将存货信息传递给经营决策部门，如有多少存货已过保本期或保利期，比重多高，金额多大，这样决策者就可以针对不同情况，采取相应的措施。一般而言，凡是已过保本期的商品产品，大多属于积压呆滞的存货，对此企业应当积极推销，降低损失；对超过保利期但未过保本期的存货，需尽早采取措施；至于那些尚未超过保利期的存货，应密切监督、控制，以实现企业经济效益。

(四) 零存货管理

零存货管理系统(Just in time Inventory System)的特征是争取存货为零，即在生产刚开始时，供应商发出的原材料刚好到达；在生产线上，没有留存的半成品，只有不断运动的在产品；产品一旦完工，马上销售出去。零存货库存突破了传统的存货库存模式，这种模式能够使公司加速流动资金周转，减少利息支出，减少库存仓储存放费用和运输装卸费用，降低原材料费用成本。同时还避免随着商品不断更新，库存物资因不适合市场需要和生产质量工艺要求，出现削价处理、报废处理，甚至霉烂变质等损失。

零存货库存的管理要有严密的生产计划。公司根据产品销售订货合同，按照交货进度，与供应原材料公司订立供货原材料合同；按照原材料交货时间和质量标准、数量多少和交货时间来组织生产，安排生产计划，尽可能在生产、供应、销售三个环节实现零存货库存，进而逐步做到不需要建立原材料、外购件、在产品、半成品及产成品的库存准备或者少储存。同时，这种管理模式也对供应商、员工、生产系统等提出了更高的要求。只有这些要求能够得到满足，零存货管理才能取得成功。

思考题

1. 什么是成本控制？成本控制应遵守哪些原则？
2. 什么是标准成本？标准成本有哪些类型？
3. 标准成本如何制定？
4. 如何进行标准成本差异分析？
5. 存货具有哪些功能和成本？
6. 存货经济订货批量的确定应该具备哪些基本假设？
7. 存货控制的方法有哪些？
8. 什么是零存货管理？零存货管理有什么意义？

练习题

一、单项选择题

1. 计算价格差异的公式是(　　)。

A. 价格差×实际产量下的实际用量

B. 价格差×实际产量下的标准用量

C. 标准价格×实际产量下的用量差

D. 实际价格×实际产量下的用量差

2. 固定制造费用成本差异是(　　)之间的差异。

A. 实际产量下，实际固定制造费用与标准固定制造费用

B. 预算产量下，实际固定制造费用与标准固定制造费用

C. 实际产量下的实际固定制造费用，预算产量下的标准固定制造费用

D. 预算产量下的实际固定制造费用，实际产量下的标准固定制造费用

3. 标准成本控制的重点是(　　)。

A. 成本控制　　B. 标准成本的制定

C. 成本差异的计算分析　　D. 成本差异的账务处理

4. 根据ABC分类法，某材料占一个企业整个储存成本的69%，实物量比重为12%，则该种材料应(　　)。

A. 重点控制　　B. 简单控制　　C. 一般控制　　D. 任意控制

5. 与生产数量没有直接联系，而与批次成正比的成本有（　　）。

A. 缺货成本　　B. 储存成本　　C. 调整准备成本　D. 单位储存成本

6. 存货经济批量基本模型所依据的假设不包括（　　）。

A. 存货集中到货　　B. 一定时期的存货需求量能够确定

C. 存货进价稳定　　D. 允许缺货

7. 每日耗用10件，每日进货30件，其余条件相同，则陆续到货的经济批量比基本模型的经济批量要（　　）。

A. 大　　B. 小　　C. 相等　　D. 无法判断

二、多项选择题

1. 关于固定制造费用的三因素分析法和二因素分析法说法，错误的有（　　）。

A. 开支差异等于预算差异

B. 能力差异等于能量差异

C. 效率差异与开支差异之和等于能量差异

D. 效率差异等于预算差异

2. 现代成本管理的完整系统构成包括（　　）。

A. 成本预测　　B. 成本考核　　C. 成本决策　　D. 成本控制

3. 标准成本的种类有（　　）。

A. 实际标准成本　　B. 现实标准成本

C. 平均标准成本　　D. 理想标准成本

4. 再订货点受到（　　）影响。

A. 经济批量　　B. 库存量　　C. 交货期　　D. 保险储备量

5. 与存货有关成本包括（　　）。

A. 采购成本　　B. 订货成本　　C. 储存成本　　D. 缺货成本

6. ABC库存分类管理法的标准主要有（　　）。

A. 重量　　B. 金额　　C. 品种和数量　　D. 长度

7. 下列对ABC库存分类管理法的描述，正确的有（　　）。

A. A类存货金额巨大，但品种数量较少

B. C类存货金额巨大，但品种数量较少

C. 对A类存货应重点控制

D. C类存货金额较小，但品种数量繁多

8. 要实现成本的全面控制原则，必须做到（　　）。

A. 全员控制　　B. 全过程控制　　C. 全方位控制　　D. 全社会控制

9. 变动性制造费用成本差异可分解为（　　）。

A. 耗费差异　　B. 预算差异　　C. 开支差异　　D. 效率差异

10. 下列各项中,能正确表述变动订货成本特征的有(　　)。

A. 它与订货次数多少有关　　B. 它与订货次数多少无关

C. 它与每次订货数量无关　　D. 它是相关成本

三、判断题

1. 广义成本控制是指对产品生产阶段全过程的控制。　(　　)

2. 按照例外原则,那些具有重要性、一贯性、可控性或特殊性特征的成本差异属于例外事件。　(　　)

四、计算题

1. 甲公司本月共生产乙产品 8 100 件,实际耗用 A 材料 550 千克,实际成本为 86 800 元。已知乙产品标准成本为每件耗用 A 材料 0.068 千克,A 材料每千克单价为 160 元。要求:

(1) 计算该产品耗用 A 材料的实际成本与标准成本的差异总额。

(2) 将上述直接材料成本的差异分解为价格差异与数量差异。

2. 长胜公司计划年度共生产产品 60 000 件,实际耗用工时 12 500 小时,直接人工实际总成本为 62 500 元。已知生产产品的标准工时为每件 0.2 小时,每小时标准工资率为 4.8 元。要求:计算该产品人工成本总差异、人工效率差异和工资率差异。

3. VS 公司是一家面向零售商店的空气过滤器分销商,它从几家制造企业处购买过滤器。每次订货成本为 40 元。零售店对过滤器的需求是每月 20 000 件,过滤器的储存成本是每月每件 0.1 元。要求:

(1) 经济订货批量应为多少件?

(2) 如果每件过滤器每月的储存成本下降 0.05 元,最佳订货量应是多少?

(3) 如果订货成本下降为每次 10 元,最佳订货批量应是多少?

4. 某企业计划生产 A、B 两种产品,耗用甲材料的单耗分别为 10 千克和 20 千克,产量分别为 1 000 件和 500 件,甲材料计划单价为 10 元,每次采购费用为 1 600 元,单位材料年保管费为其价值的 40%。要求:计算甲材料的经济订货批量。如果每次进货 5 000 千克有 2%的折扣,应如何选择订货批量。

5. 达时利公司全年需甲材料 43 200 千克,一次订货成本为 400 元,单位储存成本为 20 元,该公司的订货陆续到货,每日到货量为 200 千克。要求:计算该公司陆续到货情况下的经济批量(1 年按 360 天计算)。

6. 某公司正考虑是否选择在购入原材料时享受 1%的销售价格折扣。如果每次订购超过 2 000 件就可以享受销售折扣。该公司每年需要这种材料 16 000 件,每次订购费用为 100 元,每单位储存成本为 12.8 元,折扣前每次单位材料售价为 100 元。该公司是否应该采用折扣购货?

第十章　责任会计

【本章导读】

责任会计是指以企业内部责任单位为主体，以责、权、利相统一的制度为基础，以分权为前提，以责任预算为控制目标的一种内部控制制度。责任中心按其责任范围不同，可以划分为成本（费用）中心、利润中心和投资中心。

通过本章学习，掌握责任中心的概念，成本中心、利润中心和投资中心的内涵及其考核指标。

第一节　责任会计概述

一、责任会计的产生和发展

责任会计是西方现代管理会计中的重要内容，实行责任会计是西方企业将庞大的组织机构分而治之的一种做法。责任会计最早产生于19世纪末20世纪初。这一时期，西方资本主义经济迅速发展，企业组织规模不断扩大，责任会计得到了充分的发展，其标志是以泰罗的“科学管理理论”为基础的标准成本制度的出现。管理科学理论的出现使责任会计体系得到进一步完善。责任会计在理论和方法上的成熟，则是在20世纪40年代以后。第二次世界大战后，国际经济迅速发展，市场竞争日趋激烈，企业的规模以前所未有的速度发展，出现了越来越多的股份公司、跨行业公司和跨国公司等各种集团企业。这些企业规模庞大，管理层次繁多，组织机构复杂，其分支机构遍布世界各地，传统的管理模式已不适用或者效率低下。这样一来，现代分权管理模式应运而生，责任会计受到人们的普遍重视，其方法也被不断改进并最终形成了现代管理会计中的责任会计。

实行分权管理，就是将生产经营决策权在不同层次的管理人员之间进行适当划分，并将决策权随同相应的经济责任下放给不同层次的管理人员，有效地调动各级管理人员的积极性和创造性，使他们都能对日常的经济活动及时做出有效的决策，不断提高工作效率和质量。为了保证企业上下目标一致，并建立各管理层次的分工协作关系，对每一管理层次的主管人员都规定了相应的职责和权限，并实行管理控制程序，用以考核各责任中心的工作成绩，及时协调企业的生产经营活动。责任会计正是顺应这种管理要求而不断发展和完善起来的一种行之有效的控制制度。责任会计已形成一套完整的体系，在西方企业已经制度化。

二、责任会计的定义

责任会计，是指以企业内部责任单位为主体，以责、权、利的协调统一为目标，以分权为前提，以责任预算为控制基础，通过编制责任报告进行业绩考评的一种内部会计制度。责任会计的核心工作是：根据授予各单位的权利、责任及对其业绩的计量评价，在企业内部建立若干个不同形式的责任中心，并建立起以责任中心为主体，以责、权、利相统一为特征，以责任预算、责任控制、责任考核为内容，通过信息的积累、加工和反馈等方式以实现对各责任中心分工负责的经济活动进行规划与控制的一种内部制度。

责任会计的关键是控制问题。企业在预测分析与决策分析的基础上编制了全面预算，为企业在预算期间生产经营活动的各个方面规定了总的目标和任务。为了保证这些目标和任务的实现，必须将全面预算中确定的指标按照企业内部管理系统的各个责任中心进行分解，形成“责任预算”，使各个责任中心明确自己的目标和任务。全面预算通过责任预算得到落实和具体化，而责任预算的评价与考核则通过责任会计来进行。

三、责任会计的作用

责任会计在企业经营管理中的作用主要有以下 5 点。

1. 有利于贯彻经济责任制

实行责任会计制度，可使各级管理人员目标明确、权责分明，而且责任者有职有权。通过责任会计的一系列方法把企业的总经营目标进行分解并层层落实，将使企业内部经济责任制得以完善和充实。

2. 有利于提高决策质量

实行责任会计制度，可使各级管理人员具有较多的决策自由，促使他们及时掌握情况和改进工作。同时，实行责任会计制度也便于各级管理人员及时了解在决策制定中存在的问题，从而收集更充分的信息使各项决策更加及时、准确。

3. 有利于评价和考核部门业绩

实行责任会计制度，各责任层次分工明确，有的只对其所能控制的成本负责，有的兼对成本和利润负责，有的对资金运用效益负责，因而权责明确，考核有据，便于对各责任中心制定出具体的评价指标和考核办法，全面而且客观公正地反映各责任中心的工作业绩和经营成果。

4. 有利于保证经营目标的一致性

实行责任会计制度，各责任单位的经营目标就是整个企业经营总目标的具体体现，因而在日常经营活动中，必须随时注意各责任中心的经营目标是否符合企业的总目标，并随时进行调整。这样就便于把各责任中心的经营目标与企业总目标统一起来，从而保证企业上下经营目标的一致性。

5. 有利于及时进行信息反馈

实行责任会计制度，为进行内部控制建立了会计信息反馈系统，可以及时地反馈各部门、各层次责任预算的执行情况，以便分析出现的偏差和产生偏差的原因，并采取措施及时加以纠正。

四、责任会计的基本原则

各企业实行责任会计的具体做法可因企业的类型、规模、管理要求等情况的不同而有所差别，但在设计和建立责任会计制度时，都应遵循以下几项基本原则。

（一）责任主体原则

当企业建立责任会计制度时，企业所发生的每一项经济业务都由特定的责任中心负责。因此，责任会计的核算应以企业内部各责任中心为对象，责任会计资料的收集、记录、整理、计算、对比和分析等各项工作，都必须按责任中心进行。

（二）可控性原则

对于各级责任中心所赋予的责任，应以其能够控制为前提。各责任中心只对其能够控制的因素指标负责。生产部门应划分哪些项目属于可控成本，哪些为不可控成本；对于供销部门也应分清哪些成本和收益属于本部门的可控因素，哪些为不可控因素，这样才能划清经济责任。在考核时，应尽可能排除责任中心不能控制的因素。

（三）一致性原则

确定各责任中心的权责范围、工作目标和业绩考核标准时，应当要求各责任中心的工作目标必须与企业的总目标相一致，兼顾各责任中心的局部利益和企业的整体利益。防止各责任中心的工作偏离企业总目标。实行责任会计的最终目的是要提高企业的经济效益，如果各责任中心各行其是，不顾企业整体利益，那么实行责任会计的意义也就不存在了。

（四）责权利相结合原则

实行责任会计制度，要为每个收支项目确定责任者，而且责任者必须有职有权。同时，还要为每个责任中心制定出合理的绩效考评标准。制定考核标准时，一定要考虑到尽可能充分调动各个责任中心的工作积极性，兼顾国家、集体和个人三方面的经济利益，做到奖罚分明，真正做到责、权、利三者的有机结合。

（五）反馈性原则

在责任会计制度中要求对责任预算的执行有一套健全的跟踪系统和反馈系统，使各责任中心不仅能保持良好完善的记录和报告制度，及时掌握预算的执行情况；而且要通过实际数与预计数的对比分析，及时发挥各责任中心的作用，控制和调节生产经营活动，以保证企业预定目标和任务的实现。

（六）激励性原则

实行责任会计制度的目的就是为了最大限度地调动企业职工的积极性和创造性，保证企业整体利益的实现。因此，责任预算的制定、责任业绩的评价考核标准要具有激励作用。目标太高，会挫伤有关责任中心工作的积极性；目标太低，不利于提高企业的经济利益。要使各责任中心都感到目标是合理的，经过努力可以实现，达到目标后所能得到的奖励和报酬与所付出的劳动相比是值得的，这样就可以不断激励各责任中心为实现其责任预算而努力工作。

（七）例外管理原则

例外管理原则，也称重要性原则，就是在分析评价各责任中心的责任执行情况和编制责任报告时，应重点分析和报告对各责任中心和企业有重大影响的事项或重大的差异，这样企业能够集中精力和节省时间解决重大的问题，达到事半功倍的效果。

五、责任会计的基本内容

责任会计是将会计资料与责任中心紧密联系起来的信息系统，同时也是强化企业内部管理所实施的一种内部控制制度，是管理会计的一个子系统。它是在分权管理的条件下，为适应经济责任制的要求，在企业内部建立若干责任单位，并对其分工负责的经济活动进行规划与控制的一整套专门制度。责任会计一般包括以下内容。

(一) 设置责任中心，明确权责范围

根据企业组织结构的特点和管理的需要，按照“分工明确、权责分明、业绩易辨”的原则，将它们划分为若干个责任中心，并规定每一个责任中心的权责范围。

(二) 分解奋斗目标，编制责任预算

将企业全面预算所确定的奋斗目标和任务进行层层分解，落实到每一个责任中心，形成责任预算，并以此作为各责任中心开展经营活动、评价工作成果的主要依据和基本标准。

(三) 建立跟踪系统，进行反馈控制

在预算的实施过程中，每个责任中心应建立一套责任预算执行情况的跟踪系统，定期编制业绩报告，将实际数和预算数进行对比，据以找出差异，分析原因，并通过信息反馈，使责任中心的负责人及上级领导能够及时总结经验，纠正偏差。控制和调节经营活动，以保证企业总体目标的实现。

(四) 分析评价业绩，建立奖罚机制

通过定期编制业绩报告，全面分析和评价各个责任中心的工作成果，并按工作成果的好坏进行相应的奖罚，做到功过分明，奖罚有据，最大限度地调动各个责任中心的积极性，做到责、权、利相结合。

第二节　责 任 中 心

一、责任中心概述

(一) 责任中心的定义

企业为了有效地进行内部控制，通常都要采用统一领导、分级管理的原则。根据企业组织结构的不同将整个企业逐级划分为若干个责任区域，也就是各个责任

层次能够严格进行控制的活动范围，即责任中心。责任中心是指具有一定的管理权限，并承担相应经济责任的企业内部责任单位。责任中心按照规定完成某项特定的任务，并接受企业提供的为完成这些任务所需要的资源。

划分责任中心的标准并不在于范围的大小。凡是在管理上可以划清管理范围，明确经济责任，能够单独进行业绩考核的内部单位，大到分公司、地区、工厂或部门，小到产品、班组甚至单台设备，都可以划分为责任中心。

（二）责任中心的建立条件

建立责任中心是建立责任会计制度的首要问题。概括来说，建立责任中心必须满足以下四个条件。

（1）具有承担经济责任的主体——责任者。

（2）具有确定经济责任的客体——资金。

（3）具有考核经济责任的标准——责任预算。

（4）具备承担经济责任的条件——职责和权限。

凡不具备以上条件的单位和个人，不能构成责任中心，不能作为责任会计的基本单位。

责任中心按其责任范围不同，可以划分为成本（费用）中心、利润中心和投资中心。

二、成本中心

（一）成市中心的定义

成本中心是指只对成本负责的责任中心。成本中心通常是没有收入的。因此它只能控制成本，对成本负责，无需对收入和利润负责。任何发生成本、费用的责任区域都可以定为成本中心。

成本中心的应用范围最广，任何对成本、费用负有责任的部门都属于成本中心。例如，企业里每一个分公司、分厂、车间都是成本中心，而它们下属的工段、班组甚至个人也是成本中心，只不过所能控制的成本范围更小一些。至于企业中不进行生产活动而提供专业性服务的职能管理部门，如计划部门、会计部门、统计部门、总务部门等，也属于广义的成本中心。

按照所能控制的成本范围的大小，成本中心可以划分为若干层次。上一层次的成本中心所负责的成本指标是较广的，而下一层次的成本中心所负责的成本指标往往是较窄的，也是比较具体的。一个较大的成本中心一般是由若干个较小的成本中心所组成，而较小的成本中心又可能再细分为若干个更小的成本中心。

（二）成本中心的类型

成本中心有两种类型：标准成本中心和费用中心。

标准成本中心又称技术性成本中心。所谓技术性成本，是指成本发生的数额经过技术分析可以相对可靠地估算出来的成本。例如间接材料、直接人工、间接制造费用等，其发生额可通过标准成本或弹性预算加以控制，其特点是投入量与产出量有密切关系。标准成本中心是对那些实际产出量的标准成本负责的成本中心，它可以为企业提供一定的物质成果，如在产品、半成品、产成品。

费用中心也称酌量性成本中心。酌量性成本是否发生及发生数额的多少是由管理人员的决策所决定的，主要包括各种管理费用和某些间接成本，适用于那些产出物不能用货币来计量或者投入和产出之间没有密切关系的单位。这些单位包括一般行政管理部门，如会计、人事、劳资、计划等；研究开发部门，如设备改造、新产品研制等；某些销售部门，如广告、宣传、仓储等。政府机关及非营利机构，常采用这一制度，对其控制着重于预算总额的审批上。费用中心是以直接控制经营管理为主的成本中心。

（三）成本中心的控制范围

成本中心只对成本或费用负责，但并不一定能对其责任区域内的全部成本或费用负责。可控性是责任会计的一个重要原则。责任会计在对责任中心的各种成本进行核算时，必须首先根据可控性原则对全部成本进行分析。在责任会计看来，各责任中心所发生的成本应区分为可控成本和不可控成本两类。

可控成本，是指成本中心真正能够控制和调节的、受其经营活动和业务工作直接影响的有关成本，它是衡量和考核成本中心工作业绩的主要依据。不可控成本则是成本中心无法控制和调节的，不受其经营活动和业务工作直接影响的成本。例如，某一工段为成本中心，在其工段内直接发生的材料消耗、人工消耗属于可控成本，而在车间发生的，分摊给这一工段的车间经费，则属于不可控成本。

将成本中心的成本区分为可控成本和不可控成本不是绝对的，而是相对的。一个成本中心的可控成本往往是另一个成本中心的不可控成本；下一层次成本中心的不可控成本，对上一层次成本中心来说则可能是可控成本。例如，材料的买价和采购费用对于材料采购部门来说属于可控成本，而对生产部门来说则是不可控成本；又如广告费，对于决定其最高限额的最高管理部门来说是可控的，而对于只能在限额内使用、不能随意增减的有关基层单位来说就是不可控成本。还有一些成本，从较短期间来看属于不可控成本，如折旧费、租赁费等，但是从较长期间来看又属于可控成本了。总之，判断一项成本是不是可控成本，应根据以下四个条件判定。

（1）成本中心能够预知将要发生的成本。

（2）成本中心能够对发生的成本进行计量。

（3）成本中心能够对成本加以调节和控制。

（4）成本中心能够分解落实责任成本。

凡不能同时满足上述四个条件的成本，通常是不可控成本，一般不属于成本中心的责任范围。对于特定成本中心来说，它不应当承担不可控成本的相应责任。

就一个成本中心来说，变动成本一般是可控成本，固定成本是不可控成本。但也不完全如此。例如，在手表厂的装配车间，表壳和表带属于变动成本，随着产销量的变动而按正比例变动；但如果表壳和表带是外购的，对于装配车间责任者来说就是不可控成本了。又例如，车间管理人员工资属于固定成本，但车间责任者如果可以决定或影响它的发生，就可作为可控成本。

（四）责任成本与产品成本

由于责任会计是围绕各责任中心来组织的，因此成本资料的收集、整理和分析，不是以产品为对象，而是以各责任中心为对象。以产品为对象归集和计算的成本称为产品成本，而以责任中心为对象归集和计算的成本称为责任成本。一般来说，只有责任中心的可控成本，才能构成该责任中心的责任成本，不可控成本不能列为责任成本。因此，某责任中心的各项可控成本之和，即构成该责任中心的责任成本。

责任成本与产品成本是有联系的，一个企业在一定时期内发生的全部责任成本和全部产品成本应一致，因为责任成本与产品成本反映的都是生产过程中所发生的耗费。但责任成本与产品成本又是有区别的，主要表现在以下四个方面。

（1）成本归集的方法不同。产品成本是按“谁受益、谁承担”的成本归集方法，由受益产品负担所发生的成本；责任成本采取的是“谁负责、谁承担”的成本归集方法，由责任中心负担其责任范围内的可控成本，各项可控成本之和构成该责任中心的责任成本。

（2）成本考核的目的不同。产品成本反映和监督产品成本计划完成情况，是实行经济核算制的需要；责任成本反映和考核责任预算执行情况，是贯彻经济责任制的重要手段。

（3）遵循的原则不同。责任成本遵循“谁负责、谁承担”的原则，承担责任成本的是“人”；产品成本遵循“谁受益、谁承担”的原则，负担产品成本的是“物”。

（4）所处的会计系统不同。责任成本是管理会计的责任会计子系统中最基本的考核指标；产品成本是财务会计或成本会计系统中的基本考核指标。

（五）成本中心的评价与考核

由于成本中心没有收入，只能对成本负责，因而对成本中心的评价与考核应以责任成本为重点。成本中心编制的责任报告，亦称业绩报告。在编制责任报告时，既要注意报告的适时性和适用性，尽量使报告的时间与对生产经营活动进行规划、控制的时间相适应，使责任报告的内容最大限度地满足企业内部不同管理层次和管理人员的信息需要，又要注意报告的相关性和确切性，尽可能保证责任报告所提供的资料、数据的准确度和可信度，使各级管理者对其责任区域内的真正能够控制的经济活动，进行切实有效的管理。

成本中心的责任报告一般包括该中心可控成本的各明细项目的预算数、实际数和差异数。对不可控成本则可采用两种处理方式：一种是全部省略，不予列示，以便突出重点；另一种是把不可控成本作为参考资料列入业绩报告，以便管理当局了解成本中心在一定期间内耗费的全貌。

责任报告中的成本差异是评价与考核成本中心工作业绩的重要标志。如果实际数小于预算数，称为有利差异，它表示成本的节约额；如果实际数大于预算数，称为不利差异，它表示成本的超支额。责任报告中还应有差异原因分析，以便采取措施巩固业绩，纠正偏差。

由于各责任中心是逐级设置的，因而责任预算和责任报告也应自下而上，从最基层的成本中心逐级向上汇编，直至最高管理层次。在进行责任成本核算时，责任成本是由不同层次的责任成本逐级汇总计算的。某一责任层次的责任成本等于其所属的下一责任层次的责任成本之和加上本层次的责任成本。例如某企业的成本中心共设置三个责任层次，即班组、车间和分厂，它们的责任成本由下而上逐级汇总计算的具体做法如下：

首先，班组责任成本由班组长负责，计算公式为：

$$\text{班组责任成本}=\text{可控直接材料成本}+\text{可控直接人工成本}+\text{可控间接成本}$$

其次，车间责任成本由车间主任负责，计算公式为：

$$\text{车间责任成本}=\sum(\text{各班组责任成本}+\text{车间可控间接成本})$$

再次，分厂责任成本由分厂厂长负责，计算公式为：

$$\text{分厂责任成本}=\sum(\text{各车间责任成本}+\text{分厂可控间接成本})$$

责任会计通过对各成本中心的实际成本与预算成本的比较，评价成本中心业务活动的优劣。其指标包括责任成本变动额和责任成本变动率。计算公式为：

$$责任成本变动额=实际责任成本-预算责任成本$$

$$责任成本变动率=\frac{责任成本变动额}{预算责任成本}\times 100\%$$

其中：

$$预算责任成本=实际产量\times 预算单位成本$$

在对成本中心进行考核时，需要注意的是，如果预算产量与实际产量不一致，应按弹性预算的方法首先调整预算指标，然后再计算上述指标。

成本中心的业绩报告通常是按成本中心的可控成本的各明细项目列示其预算数、实际数和成本差异数，其基本形式如表 10-1 所示。

表 10-1　××成本中心业绩报告

2×16 年 9 月　　　　单位：元

项　目	预算数	实际数	成本差异数
下属单位转来的责任成本			
甲工段	8 000	8 400	400(U)
乙工段	9 600	9 920	320(U)
小　计	17 600	18 320	720(U)
本车间可控成本			
间接材料	4 000	3 600	400(F)
间接人工	2 000	1 920	80(F)
管理人员薪金	2 400	2 240	160(F)
设备维修费	1 200	1 280	80(U)
物料费	400	480	80(U)
小　计	10 000	9 520	480(F)
本车间责任成本合计	27 600	27 840	240(U)
本车间不可控成本			
房屋租金	—	1 600	—
固定资产折旧费	—	3 200	—
其他分配费用	—	2 000	—
合　计	—	6 800	—
总　计	27 600	34 640	240(U)

三、利润中心

（一）利润中心的定义

利润中心，是指既能控制成本，又能控制收入的责任中心。由于利润等于收入减去成本和费用，所以利润中心实际上既要对收入负责，又要对成本、费用负责。利润中心属于企业中的较高层次，同时具有生产和销售的职能，有独立的、经常性的收入来源，可以决定生产什么产品、生产多少、生产资源在不同产品之间如何分配，也可以决定产品销售价格、制定销售政策，它与成本中心相比具有更大的自主经营权。

（二）利润中心的分类

利润中心可分为自然利润中心和人为利润中心两类。自然利润中心是指能够直接与外界发生经营业务往来，获得业务收入，并独立核算盈亏的责任单位。这类利润中心主要是企业内部管理层次较高、具有独立收入来源的分公司、下属工厂等。人为利润中心则是指不直接对外销售，而是通过内部转移价格结算形成收入，从而形成内部收益或利润的责任单位。企业内部如果存在相互提供产品或服务的现象，为了公正地对各责任单位进行业绩考核，企业要制定内部转移价格，在这种情况下，形成人为的利润中心。这类利润中心主要是企业中为其他责任中心提供产品或半成品的生产部门，或为其他责任中心提供劳务的动力、维修等部门。显然，当企业为各责任中心相互提供的产品、半成品或劳务规定了内部转移价格后，大多数成本中心可转化为人为利润中心。此时，各责任中心之间虽然没有现金结算，但在会计账务处理上，供应方视同取得收入，受益方视同发生成本或费用，因而也就可以对供求双方的业绩进行考评。

（三）利润中心的评价与考核

利润中心业绩的评价，主要是通过一定期间实际实现的利润同“责任预算”所确定的预计利润数进行比较，并进而对差异形成的原因和责任进行具体剖析，借以对其经营上的得失和有关人员的功过做出全面而正确的评估。实际工作中，在考核自然利润中心的业绩时，通常是以贡献毛益与税前利润为重点；考核人为利润中心时，则是以内部结算价格为计算依据，重点考核内部利润的完成情况。

对利润中心的考核指标是利润。但在责任会计里，利润具有特定的内涵。

部门贡献毛益＝部门销售收入－部门变动成本

部门可控利润＝部门贡献毛益－部门可控固定成本

部门利润＝部门可控利润－部门不可控固定成本

部门税前利润＝部门利润－公司分配的各种管理费用等

以贡献毛益作为评价依据不够全面，可能导致部门经理尽可能多支出固定成本以减少变动成本，尽管这样做并不能降低总成本。因此，业绩评价时至少应包括可控制的固定成本。

以部门可控利润作为评价依据可能是最好的，因为它反映了部门经理在其权限和控制范围内有效使用资源的能力。这一衡量标准的主要问题是可控固定成本和不可控固定成本的区分比较困难。即如果部门经理有权决定本部门雇用多少职工和决定他们的工资水平，则工资成本是其可控成本；如果部门经理既不能决定工资水平又不能决定雇员人数，则工资成本是不可控成本。

以部门利润作为评价依据，可能更适合评价该部门对企业利润和管理费用的贡献，而不适合于部门经理的评价。若要决定该部门的取舍，该指标可提供重要信息。

以部门税前利润作为评价依据通常是不合适的，因为公司总部的管理费用是部门经理无法控制的成本。由于分配公司管理费用会引起部门利润的不利变化，所以不能由部门经理负责。许多企业把所有的总部管理费用分配给下属部门，其目的是提醒部门经理注意各部门提供的贡献毛益必须抵补总部的管理费用，否则企业作为一个整体就不会盈利。其实，通过给每个部门建立一个期望能达到的可控贡献毛益标准，可以更好地达到上述目的。这样，部门经理可集中精力增加收入并降低可控成本，而不必在分析那些他们不可控的分配来的管理费用上花费精力。因此，对利润中心进行业绩评价的指标应选择部门可控利润。

利润中心编制的责任报告包括预算数、实际数和差异数。就销售收入来说，如果实际销售收入超过预算销售收入，其差异额为有利差异；反之，则为不利差异。对成本来说，如果实际成本超过预算成本，其差异额为不利差异；反之，则为有利差异。如实际利润额超过预算利润，其差异额为有利差异；反之，则为不利差异。利润中心的业绩报告也是自下而上逐级汇编的，直至整个企业的息税前利润。利润中心的业绩报告的基本形式如表 10-2 所示。

表 10-2 ××利润中心业绩报告

2×16 年 9 月　　单位：元

项　目	预算数	实际数	差异数
销售收入	216 000	222 000	6 000(F)
减：变动成本			
变动生产成本	111 600	115 200	3 600(U)

（续表）

项　目	预算数	实际数	差异数
变动销售及管理费用	15 600	16 800	1 200(U)
变动成本合计	127 200	132 000	4 800(U)
贡献毛益	88 800	90 000	1 200(F)
减：可控性固定成本	21 840	21 600	240(F)
责任中心可控利润	66 960	68 400	440(F)
减：不可控性固定成本	18 000	18 000	0
营业利润	48 960	50 400	1 440(F)

四、投资中心

（一）投资中心的定义

投资中心，是指既对成本、收入和利润负责，又对资金及其利用效果负责的责任中心。这类责任中心不仅在产品和销售上享有较大的经营自主权，而且能够相对独立地运用其所掌握的资金，一般是企业的最高层，如大型集团公司下面的分公司、子公司等。投资中心的责任对象必须是其能影响和控制的成本、收入、利润和资金。

投资中心同时也是利润中心。投资中心与利润中心的区别表现在以下 2 个方面。

(1) 权利不同。利润中心没有投资决策权，它只是在企业投资形成后进行具体的经营.

(2) 评价方法不同。评价利润中心业绩时，不进行投入产出的比较，而在评价投资中心业绩时，必须将所获得的利润与所占用的资产进行比较。

从组织形式上看，投资中心通常都是独立的法人，只有具备经营决策权和投资决策权的独立经营单位才能成为投资中心。大型企业集团中具有投资决策权的事业部、子公司、分厂等，或者一个独立经营的常规法人企业，就是一个投资中心。因为它们拥有经营决策权和投资决策权，必须对投资的经济效益负责。投资中心的目标通常也就是企业的总目标，投资中心的责任预算从形式上看类似于企业总预算。为此，投资中心目标确定的前提是企业要有明晰且正确的战略导向。

由于投资中心要对其投资效益负责，为保证其考核结果的公正、公平和准确，各投资中心应对其共同使用的资产进行划分，对共同发生的成本进行分配，各投资中心之间相互调剂使用的现金、存货、固定资产等也应进行有偿使用。

（二）投资中心的评价与考核

投资中心是最高层次的责任中心，它拥有最高的决策权，也承担最大的责任。投资中心必然是利润中心，但利润中心并不都是投资中心。利润中心没有投资决策权，而且在考核利润时也不考虑所占用的资产。投资中心可以看作是有投资决策权的利润中心，其权责都高于利润中心。它不仅要对成本、利润负责，而且必须对投资效益负责。因此对投资中心进行业绩评价时，要全面考核成本、利润和投资等方面的指标，重点考核投资经济效益方面的指标。一般来说，反映投资中心经营成果的指标主要有投资报酬率、剩余收益等。

1. 投资报酬率

投资报酬率（Reture on Investment，ROI），又称投资获利能力，是经营净利润与经营资产的比率，其计算公式为

$$投资报酬率=\frac{经营净利润}{经营资产}\times 100\%$$

投资报酬率的计算公式，可作以下变换形式

$$\begin{aligned}投资报酬率&=\frac{经营净利润}{营业收入}\times\frac{营业收入}{经营资产}\times 100\%\\&=销售利润率\times 资产周转率\times 100\%\end{aligned}$$

运用投资报酬率指标时应注意：分子、分母均应为投资中心可控的因素，这里的经营净利润可以是税前净利润，也可以是税后净利润。经营资产是指按平均占用额计算的固定资产和流动资产的总额。

投资报酬率综合反映了投资中心的经营业绩。作为评价考核指标，它具有以下四个方面的作用。

（1）投资报酬率属于相对数指标，剔除了因经营资产不同而导致的利润差异的不可比因素，有利于判断各投资中心经营业绩的优劣。

（2）投资报酬率在评价部门业绩时，能同时兼顾利润与经营资产，计量企业资产使用的效率水平，可以反映投资中心的综合盈利能力。

（3）可促使部门经理将其注意力集中于利润最大的投资，鼓励充分运用其现有资产，并鼓励仅取得足以增进投资报酬率的资源，有利于调整资本流量和存量。

（4）以投资报酬率作为评价投资中心业绩的指标，有利于正确引导投资中心的管理行为，使其行为长期化。

投资报酬率在使用过程中也存在自身的缺陷。该指标可能会使管理者拒绝接

受超出企业平均投资报酬率而低于该投资中心投资报酬率的投资项目，有损企业的整体利益。同时，由于通货膨胀的影响，使资产账面价值失实，从而每年少计折旧，虚增利润，使投资报酬率升高。为弥补这些缺陷，管理会计中引入"剩余收益"考核评价投资中心的业绩。

2. 剩余收益

剩余收益(Residual Income, RI)，是指投资中心的经营净利润减去按规定(或预期)的最低投资报酬率(或资本成本)计算的投资报酬后的余额，其计算公式为：

剩余收益＝经营净利润－(经营资产×最低投资报酬率)

这里的最低投资报酬率一般是指企业各投资中心的平均报酬率或整个企业的预期报酬率。这一指标的含义是指只要投资收益率超过平均或预期的投资报酬率，就对企业和投资中心都有利。利用剩余收益指标来考核投资中心的业绩，要求投资中心不仅要努力提高投资报酬率，而且还要尽量增加剩余收益。这样，可以克服评价投资中心工作绩效采用投资报酬率的片面性，使各投资中心的局部目标同企业的总体目标保持一致。它的缺点是该指标为绝对数指标，不利于不同投资中心之间的比较。因此，在进行业绩评价时，应综合考虑这两个指标的互补作用，不能只凭一个指标就断下结论。

值得注意的是，责任业绩评价并非只局限于上述财务指标基础上的评价。面对企业日益复杂的内、外部环境，单纯的财务指标已经难以全面评价企业的经营业绩，只有突破单一的财务指标，采用包括财务指标和非财务指标相结合的多元化指标体系，才能对企业各个部门(责任中心)的经营业绩做出全面正确的评价。

(三) 投资中心责任报告

由于投资中心不仅要对利润负责，而且还要对投资效果负责。所以，投资中心的责任报告应包括销售收入、成本、利润、投资报酬率及剩余收益等项内容。一般格式如表10-3所示。

表10-3　××投资中心业绩报告

2×16年9月　　单位:元

项　目	实际数	预算数	差异数
销售收入	840 000	800 000	40 000(F)
变动成本			
变动生产成本	500 000	480 000	20 000(F)
变动销售管理费用	90 000	100 000	10 000(F)

（续表）

项　目	实际数	预算数	差异数
贡献毛益	250 000	220 000	30 000(F)
固定成本			
固定制造费用	120 000	120 000	0
固定销售管理费用	80 000	52 000	28 000(F)
税前利润	50 000	48 000	2 000(F)
经营资产平均占用额	100 000	100 000	0
销售利润率	5.95%	6%	0.05%(F)
投资报酬率	50%	48%	2%(F)
预期投资报酬率(30%)			
投资报酬额	30 000	30 000	0
剩余收益	20 000	18 000	2 000(F)

第三节　内部转移价格

一、内部转移价格的意义

（一）内部转移价格的定义

内部转移价格，也称内部结算价格，是指企业办理内部交易结算和内部责任划分所使用的价格。

在企业中要客观公正地衡量一个责任中心的业绩，就必须很好地解决各部门之间转移产品或劳务的计价问题。如果企业内每一个部门只和企业外部发生往来，则产品和劳务的价格基本上由市场价格决定。但是，在很多实行分权管理的企业中，企业内各部门之间也要互相提供产品和劳务，这就必须借助于内部转移价格来进行结算。实行责任会计制度的企业，不仅各利润中心或投资中心之间相互提供产品或劳务时，需要按内部转移价格进行结算；一个成本中心向其他成本中心提供产品或劳务时，也应按照适当的单位成本进行成本结转，这种单位成本可以视为内部转移价格。

(二)内部转移价格的意义

1. 内部转移价格有利于分清各责任中心的经济责任

划分各责任中心之间的经济责任是实行责任会计制度的重要内容。而制定合理的内部转移价格又是明确划分经济责任的必要条件。要划清各责任中心的经济责任,除正确计量和核算直接发生在各责任中心的成本外,还应合理确定由其他责任中心转来的材料、中间产品或劳务的结算价格。没有合理的内部转移价格,就无法划清各责任中心的责任界限,从而使责任会计制度流于形式。

2. 内部转移价格有利于正确评价各责任中心的经营业绩

合理的内部转移价格,能恰当地衡量企业内部各责任中心的工作业绩,准确计算和考核各责任中心责任预算的实际执行情况。因为内部转移价格充分考虑到了各责任中心的成本费用的消耗和补偿,并充分考虑到了各责任中心的经营成果。同时,又充分考虑到了各责任中心的客观性和公正性,因而能够对各责任中心的工作业绩进行统一的比较和综合的评价,使业绩考评公正合理。

3. 内部转移价格有利于进行正确的经营决策

制定和运用内部转移价格,可以对企业内部各责任中心的业绩进行公正而客观的评价,因而企业的最高管理层可以根据各责任中心的业绩报告来决定哪些部门的业务应当发展,哪些部门的业务应当缩小或淘汰,哪些产品和劳务应当自制或外购。各部门的责任者也可以根据本部门责任预算执行情况的会计信息,做出有关本部门生产经营的决策。

二、内部转移价格的制定

(一)制定内部转移价格的原则

1. 整体性原则

由于内部转移价格直接决定着每个责任中心的利益,每个责任中心出于自身利益的考虑,会为争取最大利益而努力,如希望能够尽量压低购进的半成品的价格、尽量提高售出半成品的价格等。这样各责任中心的利益将会出现矛盾。因此,制定内部转移价格时,一定要从企业整体利益出发。如果因内部转移价格不合理,导致某一责任中心利润虚增,或某一责任中心的利润反映不足,将影响各责任中心的积极性,可能使整个企业的经济效益受到影响。

2. 简便性原则

企业内部各个层次的责任中心很多,包括生产或提供多种多样的产品和劳务。

因此，制定内部转移价格，确定转账、结算、计价方法时，一定要注意简便易行，以减少不必要的工作量，并使各责任中心心中有数，操作方便。这样才能真正发挥内部转移价格的作用，达到责任会计制度的预期目的。

3. 稳定性原则

制定内部转移价格的方法一经确定，应力求稳定，使各责任中心安排任务、评价工作时有据可依。合理的、公正的内部转移价格有利于分清各责任中心的成绩与不足，也使各责任中心乐于接受。在这种情况下轻易改变内部转移价格会导致不利的影响。

（二）内部转移价格的制定方法

1. 标准（定额）成本

以标准（定额）成本作为内部转移价格，是制定内部转移价格最简便的方法。这种方法适用于成本中心之间相互提供产品或劳务。在管理工作较好的企业里，各种产品的定额资料比较完整，能够容易地计算出各中间产品和半成品的定额成本，而实行标准成本计算的企业则更有完整的标准成本资料。其优点是将管理和核算工作结合起来，避免供应方成本的高低对需求方的影响，使责任清楚，有利于调动供需双方降低成本的积极性。

2. 标准成本加成

按标准成本加成制定内部转移价格，是指根据提供产品或劳务的标准成本，加上以合理的成本利润率计算的利润作为内部转移价格的方法。这种方法适用于提供产品或劳务的利润中心和投资中心。其优点是能分清供需双方的经济责任，有利于成本控制。但成本利润率的确定具有一定的主观性，一般认为以最终产品成本利润率确定较为合理。因为最终产品是各有关责任中心共同创造完成的，由此创造的利润应由有关责任中心参加的份额进行分配。各责任中心有了相同的利益，就能相互配合，更好地发展生产。

3. 市场价格

以市场价格作为内部转移价格，是指以产品和劳务的市场价格作为内部转移价格。在西方国家，通常认为市场价格是制定内部转移价格的最好依据。因为市场价格比较客观，对买卖双方均无所偏袒，因而特别能促使卖方努力改善经营管理，不断降低成本。同时，市场价格也最能体现责任中心的基本要求，那就是在企业内部引进市场机制，造成一种竞争的气氛，使每个利润中心都成为独立的机构，各自经营，相互竞争，再通过利润指标来评价与考核其经营成果。但是，采用市场价格也有一定的局限性。有些产品或劳务没有现成的市场价格可供参考，或者只有非完全竞争条件下的市场价格。在这种情况下，只能借助于其他方法来制定内部转移价格。

4. 双重价格

以双重价格作为内部转移价格，是指针对供需双方分别采用不同的内部转移价格而制定的价格。当某种产品或劳务有不止一种市场价格时，供应方希望采用较高的市场价格，而需求方则希望采用较低的市场价格。为了满足不同责任中心的需要，可允许双方各自按照自己希望的市场价格进行结算，而不强求一致。一般供应方以市场价格作为内部转移价格，而需求方则以供应方的变动成本作为购入产品的结算价格。双重市场价格的区别对待，可以较好地满足各责任中心在不同方面的需要，从而可以激励双方在生产经营中更好地发挥其主动性和积极性。

5. 协商价格

内部转移价格也可以由供需双方协商确定。这种由供需双方协商确定的价格叫作协商价格。协商价格适用于某种产品或劳务没有现成的市场价格，或有不止一种市场价格的情况。协商价格不仅要使供需双方乐于接受，而且不能损害企业的整体利益。一般来说，应把市场价格作为协商价格的上限，把标准成本作为协商价格的下限。双方经过协商，确定一个都能接受的“公允市价”作为计价基础。当具体情况发生变化时，双方可以重新协商，调整价格。

6. 共同成本分配

共同成本，又称服务成本，它是由服务部门（如动力部门、维修部门等）为生产部门提供服务所发生的成本。由于这些服务使各生产部门共同受益，其服务成本需要各受益部门共同负担，故称之为共同成本。服务成本的分配，可以看成是内部转移价格的一种转换形式，是一种“广义的转移价格”。服务成本的分配方法主要有：按固定比例分配全部服务成本；按受益部门实用劳务量和实际单位成本分配全部实际服务成本；按受益部门实用劳务量和预算单位成本分配服务成本。

三、内部结算方式

我国在实行责任会计核算的实践中，企业内部各责任中心之间发生经济业务往来，除了要以内部转移价格作为计价标准进行计量外，应采用适当的内部结算方式进行内部结算。具体做法是通过企业的内部结算中心（财务公司）对各责任中心之间相互提供产品或劳务，按照内部转移价格进行结算。按照内部结算采用的手段不同，企业内部结算方式通常包括以下几种。

（一）内部支票方式

内部支票方式，是指由付款一方签发内部支票通知内部银行从其账户中支付款项的内部结算方式。内部支票结算方式主要适用于收、付款双方直接进行经济往来的业务结算，如车间到仓库领用材料、车间将完工产品交库等。采用这种方式可以避免由于产品质量、价格等原因在结算过程中发生纠纷，影响责任中心正常的资金周转。

（二）转账通知单方式

转账通知单方式是指由收款一方根据有关原始凭证或业务活动证明签发转账通知单，通知内部银行将转账通知单转给付款一方，让其付款的一种内部结算方式。转账通知单方式适用于经常性的、质量与价格较稳定的往来业务，如辅助车间向生产车间供汽、供水、供电等业务，它手续简便，结算及时。但因转账通知单是单向发出指令，付款一方若有异议，可能拒付，需要交涉。

（三）厂币方式

厂币方式是指使用内部银行发行的限于企业内部流通的货币（包括内部货币、资金本票、流通券、资金券等）进行内部往来结算的一种内部结算方式。各责任中心有结算业务时，直接用厂币进行结算，而不必通过结算中心。因此，采用这种方式会削弱结算中心对各责任中心的监督、控制作用。这种结算方式一般只适用于收、付款双方零星小额的款项结算，以及层次较低、未开设内部结算账户的责任中心之间的结算。

思考题

1. 什么是责任会计？为什么需要建立责任会计制度？
2. 分权管理和责任会计有何关系？
3. 什么是成本中心？成本中心的考核指标是什么？
4. 什么是利润中心？利润中心的考核指标是什么？
5. 什么是投资中心？投资中心的考核指标是什么？
6. 什么是内部转移价格？内部转移价格有哪几种？
7. 内部交易结算和内部责任结转有什么异同？
8. 制定内部转移价格应遵循哪些原则？

练习题

一、单项选择题

1. 只要有费用支出的地方，就可以建立（　　）。

A. 利润中心　　B. 投资中心　　C. 费用中心　　D. 成本中心

2. 企业中控制经营管理费用的责任中心是（　　）。

A. 成本中心　　B. 费用中心

C. 标准成本中心　　D. 利润中心

3. 建立责任会计的目标是为了（　　）。

A. 实现责权利的协调统一　　B. 划分责任中心

C. 编制责任预算　　D. 提交责任报告

4. 责任会计的主体是（　　）。

A. 责任中心　　B. 产品成本　　C. 生产部门　　D. 管理部门

5. 成本中心控制和考核的内容是（　　）。

A. 责任成本　　B. 产品成本　　C. 直接成本　　D. 目标成本

6. 下列项目中，不属于利润中心负责范围的是（　　）。

A. 成本　　B. 收入　　C. 利润　　D. 投资效果

二、多项选择题

1. 与成本中心考核有关的成本有（　　）。

A. 产品成本　　B. 责任成本　　C. 可控成本　　D. 不可控成本

2. 与利润中心的考核有关的指标有（　　）。

A. 成本　　B. 剩余收益　　C. 利润　　D. 收入

3. 对投资中心考核的重点有（　　）。

A. 投资利润率　　B. 销售收入　　C. 剩余收益　　D. 营业利润

4. 内部转移价格的类型有（　　）。

A. 市场价格　　B. 协商价格

C. 双重价格　　D. 标准成本

5. 下列各项中，属于建立责任会计制度必须遵循的原则有（　　）。

A. 责权利相结合原则　　B. 可控性原则

C. 一致性原则　　D. 激励性原则

6. 下列各项中，属于责任会计制度内容的有（　　）。

A. 设置责任中心　　B. 编制责任预算

C. 提交责任报告　　D. 评价经营业绩

7. 责任中心一般可以分为（　　）。

A. 成本中心　　B. 生产中心　　C. 利润中心　　D. 投资中心

三、判断题

1. 导致责任会计产生的主要原因是由于企业规模的扩大。（　）

2. 责任会计制度的最大优点是可以精确计算产品成本。（　）

3. 剩余收益指标的优点是可以使投资中心的业绩评价与企业目标协调一致。（　）

4. 编制责任预算需要在责任报告上进行；责任报告是考核评价经营业绩的载体。（　）

5. 以实际成本为内部转移价格可以避免责任转嫁现象。（　）

附表 1

复利终值

期数	1%	2%	3%	4%	5%	6%	7%	8%	9%	10%
1	1.0100	1.0200	1.0300	1.0400	1.0500	1.0600	1.0700	1.0800	1.0900	1.1000
2	1.0201	1.0404	1.0609	1.0816	1.1025	1.1236	1.1449	1.664	1.1881	1.2100
3	1.0303	1.0612	1.0927	1.1249	1.1576	1.1910	1.2250	1.2597	1.2950	1.3310
4	1.0406	1.0824	1.1255	1.1699	1.2155	1.2625	1.3108	1.3605	1.4116	1.4641
5	1.0510	1.1041	1.1593	1.2167	1.2763	1.3382	1.4026	1.4693	1.5386	1.6105
6	1.0615	1.1262	1.1941	1.2653	1.3401	1.4185	1.5007	1.5809	1.6771	1.7716
7	1.0721	1.1487	1.2299	1.3159	1.4071	1.5036	1.6058	1.7738	1.8280	1.9487
8	1.0829	1.1717	1.2668	1.3686	1.4775	1.5938	1.7182	1.8509	1.9926	2.1436
9	1.0937	1.1951	1.3048	1.4233	1.5513	1.6895	1.8385	1.9990	2.1719	2.3579
10	1.1046	1.2190	1.3439	1.4802	1.6289	1.7908	1.9672	2.1589	2.3674	2.5937
11	1.1157	1.2434	1.3824	1.5395	1.7103	1.8983	2.1049	2.3316	2.5804	2.8531
12	1.1268	1.2682	1.4258	1.6010	1.7959	2.0122	2.2522	2.5182	2.8127	3.1384
13	1.1381	1.2936	1.4685	1.6651	1.8856	2.1329	2.4098	2.7196	3.0658	3.4523
14	1.1459	1.3195	1.5126	1.7317	1.9799	2.2609	2.5785	2.9372	3.3417	3.7975
15	1.1610	1.3459	1.5580	1.8009	2.0789	2.3966	2.7590	3.1722	3.6425	4.1772
16	1.1726	1.3728	1.6047	1.8730	2.1829	2.5404	2.9522	3.4259	3.9703	4.5950
17	1.1843	1.4002	1.6528	1.9479	2.2920	2.6928	3.1588	3.7000	4.3276	5.0545
18	1.1961	1.4282	1.7024	2.0258	2.4066	2.8543	3.3799	3.9960	4.7171	5.5599
19	1.2081	1.4568	1.7535	2.1068	2.5270	3.0256	3.6165	4.3157	5.1417	6.1159
20	1.2202	1.4859	1.8061	2.1911	2.6533	3.2071	3.8697	4.6610	5.6044	6.7275
21	1.2324	1.5157	1.8603	2.2788	2.7860	3.3996	4.1406	5.0338	6.1088	7.4002
22	1.2447	1.5460	1.9161	2.3699	2.9253	3.6035	4.4304	5.4365	6.6586	8.1403
23	1.2572	1.5769	1.9736	2.4647	3.0715	3.8197	4.7405	5.8715	7.2579	8.2543
24	1.2697	1.6084	2.0328	2.5633	3.2251	4.0489	5.0724	6.3412	7.9111	9.8497
25	1.2824	1.6406	2.0938	2.6658	3.3864	4.2919	5.4274	6.8485	8.6231	10.835
26	1.2953	1.6734	2.1566	2.7725	3.5557	4.5494	5.8076	7.3964	9.3992	11.918
27	1.3082	1.7069	2.2213	2.8834	3.7335	4.8823	6.2139	7.9881	10.245	13.110
28	1.3213	1.7410	2.2879	2.9987	3.9201	5.1117	6.6488	8.6271	11.167	14.421
29	1.3345	1.7758	2.3566	3.1187	4.1161	5.4184	7.1143	9.3173	12.172	15.863
30	1.3478	1.8114	2.4273	3.2434	4.3219	5.7435	7.6123	10.063	13.268	17.449
40	1.4889	2.2080	3.2620	4.8010	7.0400	10.286	14.794	21.725	31.408	45.259
50	1.6446	2.6916	4.3839	7.1067	11.467	18.420	29.457	46.902	74.358	117.39
60	1.8167	3.2810	5.8916	10.520	18.679	32.988	57.946	101.26	176.03	304.48

系数表

12%	14%	15%	16%	18%	20%	24%	28%	32%	36%
1. 1200	1. 1400	1. 1500	1. 1600	1. 1800	1. 2000	1. 2400	1. 2800	1. 3200	1. 3600
1. 2544	1. 2996	1. 3225	1. 3456	1. 3924	1. 4400	1. 5376	1. 6384	1. 7424	1. 8496
1. 4049	1. 4815	1. 5209	1. 5609	1. 6430	1. 7280	1. 9066	2. 0872	2. 300	2. 5155
1. 5735	1. 6890	1. 7490	1. 8106	1. 9388	2. 0736	2. 3642	2. 6844	3. 0360	3. 4210
1. 7623	1. 9254	2. 0114	2. 1003	2. 2878	2. 4883	2. 9316	3. 4360	4. 0075	4. 6526
1. 9738	2. 1950	2. 3131	2. 4364	2. 6996	2. 9860	3. 6352	4. 3980	5. 2899	6. 3275
2. 2107	2. 5023	2. 6600	2. 8262	3. 1855	3. 5832	4. 5077	5. 6295	6. 9826	8. 6054
2. 4760	2. 8526	3. 0590	3. 2784	3. 7589	4. 2998	5. 5895	7. 2508	9. 2170	11. 703
2. 7731	3. 2519	3. 5179	3. 8030	4. 4355	5. 1598	6. 9310	9. 2234	12. 166	15. 917
3. 1058	3. 7072	4. 0456	4. 4114	5. 2338	6. 1917	8. 5944	11. 806	16. 060	21. 647
3. 4785	4. 2262	4. 6524	5. 1173	6. 1759	7. 4301	10. 657	15. 112	21. 119	29. 439
3. 8960	4. 8179	5. 3503	5. 9360	7. 2876	8. 9161	13. 215	19. 343	27. 983	40. 037
4. 3635	5. 4924	6. 1528	6. 8858	8. 5994	10. 699	16. 386	24. 759	36. 937	54. 451
4. 8871	6. 2613	7. 0757	7. 9875	10. 147	12. 839	20. 319	31. 69	48. 757	74. 053
5. 4736	7. 1379	8. 1371	9. 2655	11. 974	15. 407	25. 196	40. 565	64. 395	100. 71
6. 1304	8. 1372	9. 3576	10. 748	14. 129	18. 448	31. 243	51. 923	84. 954	136. 97
6. 8660	9. 2765	10. 761	12. 468	16. 672	22. 186	38. 741	66. 461	112. 14	186. 28
7. 6900	10. 575	12. 375	14. 463	19. 673	26. 623	48. 039	86. 071	148. 02	253. 34
8. 6128	12. 056	14. 232	16. 777	23. 214	31. 948	59. 568	108. 89	195. 39	344. 54
9. 6463	13. 743	16. 367	19. 461	27. 393	38. 338	73. 864	139. 38	257. 92	468. 57
10. 804	15. 668	18. 822	22. 574	32. 324	46. 005	91. 592	178. 41	340. 45	637. 26
12. 100	17. 861	21. 645	26. 186	38. 142	55. 206	113. 57	228. 36	449. 39	866. 67
13. 552	20. 362	24. 891	30. 376	45. 008	66. 247	140. 83	292. 30	593. 20	1 178. 7
15. 179	23. 212	28. 625	35. 236	53. 109	79. 497	174. 63	374. 14	783. 02	1 603. 0
17. 000	26. 462	32. 919	40. 874	62. 669	95. 396	216. 54	478. 90	1 033. 6	2 180. 1
19. 040	30. 167	37. 857	47. 414	73. 949	114. 48	268. 51	613. 00	1 364. 3	2 964. 9
21. 325	34. 390	43. 535	55. 000	87. 260	137. 37	332. 95	784. 64	1 800. 9	4 032. 3
23. 884	39. 204	50. 006	63. 800	102. 97	164. 84	412. 86	1 004. 3	2 377. 2	5 483. 9
26. 750	44. 693	57. 575	74. 009	121. 50	197. 81	511. 95	1 285. 6	3 137. 9	7 458. 1
29. 960	50. 950	66. 212	85. 850	143. 37	237. 38	634. 82	1 645. 5	4 142. 1	10 143
93. 051	188. 83	267. 86	378. 72	750. 38	1 469. 8	5 455. 9	1 9427	66 521	*
289. 00	700. 23	1 083. 7	1 670. 7	3 927. 4	9 100. 4	46 890	*	*	*
897. 60	2 595. 9	4 384. 0	7 370. 2	20 555	56 348	*	*	*	*

* >999 99

附表 2

复利现值

期数	1%	2%	3%	4%	5%	6%	7%	8%	9%	10%
1	.9901	.9804	.9709	.9615	.9524	.9434	.9346	.9259	.9174	.9091
2	.9803	.9712	.9426	.9246	.9070	.8900	.8736	.8573	.8417	.8264
3	.9706	.9423	.9151	.8890	.8638	.8396	.8163	.7938	.7722	.7513
4	.9610	.9238	.8885	.8548	.8227	.7921	.7629	.7350	.7084	.6830
5	.9515	.9057	.8626	.8219	.7835	.7473	.7130	.6806	.6499	.6209
6	.9420	.8880	.8375	.7903	.7462	.7050	.6663	.6302	5963	.5645
7	.9327	.8606	.8131	.7599	.7107	.6651	.6227	.5835	.5470	.5132
8	.9235	.8535	.7874	.7307	.6768	.6274	.5820	.5403	.5019	.4665
9	.9143	.8368	.7664	.7026	.6446	.5919	.5439	.5002	.4604	.4241
10	.9053	.8203	.7441	.6756	.6139	.5584	.5083	.4632	.4224	.3855
11	.8963	.8043	.7224	.6496	.5847	.5268	.4751	.4289	.3875	.3505
12	.8874	.7885	.7014	.6246	.5568	.4970	.4440	.3971	.3555	.3186
13	.8787	.7730	.6810	.6006	.5303	.4688	.4150	.3677	.3262	.2897
14	.8700	.7579	.6611	.5775	.5051	.4423	.3878	.3405	.2992	.2633
15	.8613	.7430	.6419	.5553	.4810	.4173	.3624	.3152	.2745	.2394
16	.8528	.7284	.6232	.5339	.4581	.3936	.3387	.2919	.2519	.2176
17	.8444	.7142	.6050	.5134	.4363	.3714	.3166	.2703	.2311	.1978
18	.8360	.7002	.5874	.4936	.4155	.3505	.2959	.2502	.2120	.1799
19	.8277	.6864	.5703	.4746	.3957	.3305	.2765	.2317	.1945	.1635
20	.8195	.6730	.5537	.4564	.3769	.3118	.2584	.2145	.1784	.1486
21	.8114	.6598	.5375	.4388	.3589	.2942	.2415	.1987	.1637	.1351
22	.8034	.6468	.5219	.4220	.3418	.2775	.2257	.1839	.1502	.1228
23	.7954	.6342	.5067	.4057	.3256	.2618	.2109	.1703	.1378	.1117
24	.7876	.6217	.4919	.3901	.3101	.2470	.1971	.1577	.1264	.1015
25	.7798	.6095	.4776	.3751	.2953	.2330	.1842	.1460	.1160	.0923
26	.7720	.5976	.4637	.3604	.2812	.2198	.1722	.1352	.1064	.0839
27	.7644	.5859	.4502	.3468	.2678	.2074	.1609	.1252	.0976	.0763
28	.7568	.5744	.4371	.3335	.2551	.1956	.1504	.1159	.0895	.0693
29	.7493	.5631	.4243	.3207	.2429	.1846	.1406	.1073	.0822	.0630
30	.7419	.5521	.4120	.3083	.2314	.1741	.1314	.0994	.0754	.0573
35	.7059	.5000	.3554	.2534	.1813	.1301	.0937	.0676	.0490	.0356
40	.6717	.4529	.3066	.2083	.1420	.0972	.0668	.0460	.0318	.0221
45	.6391	.4102	.2644	.1712	.1113	.0727	.0476	.0313	.0207	.0137
50	.6080	.3715	.2281	.1407	.0872	.0543	.0339	.0213	.0134	.0085
55	.5785	.3365	.1968	.1157	.0683	.0406	.0242	.0145	.0087	.0053

系数表

12%	14%	15%	16%	18%	20%	24%	28%	32%	36%
.8929	.8772	.8696	.8621	.8475	.8333	.8065	.7813	.7576	.7353
.7972	.7695	.7561	.7432	.7182	.6944	.6504	.6104	.5739	.5407
.7118	.6750	.6575	.6407	.6086	.5787	.5245	.4768	.4348	.3975
.6355	.5921	.5718	.5523	.5158	.4823	.4230	.3725	.3294	.2923
.5674	.5194	.4972	.4762	.4371	.4019	.3411	.2910	.2495	.2149
.5066	.4556	.4323	.4104	.3704	.3349	.2751	.2274	.1890	.1580
.4523	.3996	.3759	.3538	.3139	.2791	.2218	.1776	.1432	.1162
.4039	.3506	.3269	.3050	.2660	.2326	.1789	.1388	.1085	.0854
.3606	.3075	.2843	.2630	.2255	.1938	.1443	.1084	.0822	.0628
.3220	.2697	.2472	.2267	.1911	.1615	.1164	.0847	.0623	.0462
.2875	.2366	.2149	.1954	.1619	.1346	.0938	.0662	.0472	.0340
.2567	.2076	.1869	.1685	.1373	.1122	.0757	.0517	.0357	.0250
.2292	.1821	.1625	.1452	.1163	.0935	.0610	.0404	.0271	.0184
.2046	.1597	.1413	.1252	.0985	.0779	.0492	.0316	.0205	.0135
.1827	.1401	.1229	.1079	.0835	.0649	.0397	.0247	.0155	.0099
.1631	.1229	.1069	.0980	.0709	.0541	.0320	.0193	.0118	.0073
.1456	.1078	.0929	.0802	.0600	.0451	.0259	.0150	.0089	.0054
.1300	.0946	.0808	.0691	.0508	.0376	.0208	.0118	.0068	.0039
.1161	.0829	.0703	.0596	.0431	.0313	.0168	.0092	.0051	.0029
.1037	.0728	.0611	.0514	.0365	.0261	.0135	.0072	.0039	.0021
.0926	.0638	.0531	.0443	.0309	.0217	.0109	.0056	.0029	.0016
.0826	.0560	.0462	.0382	.0262	.0181	.0088	.0044	.0022	.0012
.0738	.0491	.0402	.0329	.0222	.0151	.0071	.0034	.0017	.0008
.0659	.0431	.0349	.0284	.0188	.0126	.0057	.0027	.0013	.0006
.0588	.0378	.0304	.0245	.0160	.0105	.0046	.0021	.0010	.0005
.0525	.0331	.0264	.0211	.0135	.0087	.0037	.0016	.0007	.0003
.0469	.0291	.0230	.0182	.0115	.0073	.0030	.0013	.0006	.0002
.0419	.0255	.0200	.0157	.0097	.0061	.0024	.0010	.0004	.0002
.0374	.0224	.0174	.0135	.0082	.0051	.0020	.0008	.0003	.0001
.0334	.0196	.0151	.0116	.0070	.0042	.0016	.0006	.0002	.0001
.0189	.0102	.0075	.0055	.0030	.0017	.0005	.0002	.0001	*
.0107	.0053	.0037	.0026	.0013	.0007	.0002	.0001	*	*
.0061	.0027	.0019	.0013	.0006	.0003	.0001	*	*	*
.0035	.0014	.0009	.0006	.0003	.0001	*	*	*	*
.0020	.0007	.0005	.0003	.0001	*	*	*	*	*

* <000 1

附表 3

年金终值

期数	1%	2%	3%	4%	5%	6%	7%	8%	9%	10%
1	1.0000	1.0000	1.0000	1.0000	1.0000	1.0000	1.0000	1.0000	1.0000	1.0000
2	2.0100	2.0200	2.0300	2.0400	2.0500	2.0600	2.0700	2.0800	2.0900	2.1000
3	3.0301	3.0604	3.0909	3.1216	3.1525	3.1836	3.2149	3.2464	3.2781	3.3100
4	4.0604	4.1216	4.1836	4.2465	4.3101	4.3746	4.4399	4.5061	4.5731	4.6410
5	5.1010	5.2040	5.3091	5.4163	5.5256	5.6371	5.7507	5.8666	5.9847	6.1051
6	6.1520	6.3081	6.4684	6.6330	6.8019	6.9753	7.1533	7.3359	7.5233	7.7156
7	7.2135	7.4343	7.6625	7.8983	8.1420	8.3938	8.6540	8.9228	9.2004	9.4872
8	8.2857	8.5830	8.8923	9.2142	9.5491	9.8975	10.260	10.637	11.028	11.436
9	9.3685	9.7546	10.159	10.583	11.027	11.491	11.978	12.488	13.021	13.579
10	10.462	10.950	11.464	12.006	12.578	13.181	13.816	14.487	15.193	15.937
11	11.567	12.169	12.808	13.486	14.207	14.972	15.784	16.645	17.560	18.531
12	12.683	13.412	14.192	15.026	15.917	16.870	17.888	18.977	20.141	21.384
13	13.809	14.680	15.618	16.627	17.713	18.882	20.141	21.495	22.953	24.523
14	14.947	15.974	17.086	18.292	19.599	21.015	22.550	24.214	26.019	27.975
15	16.097	17.293	18.599	20.024	21.579	23.276	25.129	27.152	29.361	31.772
16	17.258	18.639	20.157	21.825	23.657	25.673	27.888	30.324	33.003	35.950
17	18.430	20.012	21.762	23.698	25.840	28.213	30.840	33.750	36.974	40.545
18	19.615	21.412	23.414	25.645	28.132	30.906	33.999	37.450	41.301	45.599
19	20.811	22.841	25.117	27.671	30.539	33.760	37.379	41.446	46.018	51.159
20	22.019	24.297	26.870	29.778	33.066	36.786	40.955	45.752	51.160	57.275
21	23.239	25.783	28.676	31.969	35.719	39.993	44.865	50.423	56.765	64.002
22	24.472	27.299	30.537	34.249	38.505	43.392	49.006	55.457	62.873	71.403
23	25.716	28.845	32.453	36.618	41.430	46.996	53.436	60.883	69.532	79.543
24	26.973	30.422	34.426	39.083	44.502	50.816	58.177	66.765	76.790	88.497
25	28.243	32.030	36.459	41.646	47.727	54.863	63.294	73.106	84.701	98.347
26	29.526	33.671	38.553	44.312	51.113	59.156	68.676	79.954	93.324	109.18
27	30.821	35.344	40.710	47.084	54.669	63.706	74.484	87.351	102.72	121.10
28	32.129	37.051	42.931	49.968	58.403	68.528	80.698	95.339	112.97	134.21
29	33.450	38.792	45.219	52.966	62.323	73.640	87.347	103.97	124.14	148.63
30	34.785	40.568	47.575	56.085	66.439	79.058	94.461	113.28	136.31	164.49
40	48.886	60.402	75.401	95.026	120.80	154.76	199.64	259.06	337.88	442.59
50	64.463	84.579	112.81	152.67	209.35	290.34	406.53	573.77	815.08	1 163.9
60	81.670	114.05	163.05	237.99	353.58	533.13	813.52	1 253.2	1 944.8	3 034.8

系数表

12%	14%	15%	16%	18%	20%	24%	28%	32%	36%
1.0000	1.0000	1.0000	1.0000	1.0000	1.0000	1.0000	1.0000	1.0000	1.0000
2.1200	2.1400	2.1500	2.1600	2.1800	2.2000	2.2400	2.2800	2.3200	2.3600
3.3744	3.4396	3.4725	3.5056	3.5724	3.6400	3.7776	3.9184	3.0624	3.2096
4.7793	4.9211	4.9934	5.0665	5.2154	5.3680	5.6842	6.0156	6.3624	6.7251
6.3528	6.6101	6.7424	6.8771	7.1542	7.4416	8.0484	8.6999	9.3983	10.146
8.1152	8.5355	8.7537	8.9775	9.4420	9.9299	10.980	12.136	13.406	14.799
10.089	10.730	11.067	11.414	12.142	12.916	14.615	16.534	18.696	21.126
12.300	13.233	13.727	14.240	15.327	16.499	19.123	22.163	25.678	29.732
14.776	16.085	16.786	17.519	19.086	20.799	24.712	29.369	34.895	41.435
17.549	19.337	20.304	21.321	23.521	25.959	31.643	38.593	47.062	57.352
20.655	23.045	24.349	25.733	28.755	32.150	40.238	50.398	63.122	78.988
24.133	27.271	29.002	30.850	34.931	39.581	50.895	65.510	84.320	108.44
28.029	32.089	34.352	36.786	42.219	48.497	64.110	84.853	112.30	148.47
32.393	37.581	40.505	43.672	50.818	59.196	80.496	109.61	149.24	202.93
37.280	43.842	47.580	51.660	60.965	72.035	100.82	141.30	198.00	276.98
42.753	50.980	55.717	60.925	72.939	87.442	126.01	181.87	262.36	377.69
48.884	59.118	65.075	71.673	87.068	105.93	157.25	233.79	347.31	514.66
55.750	68.394	75.836	84.141	103.74	128.12	195.99	300.25	459.45	770.94
63.440	78.969	88.212	98.603	123.41	154.74	244.03	385.32	607.47	954.28
72.052	91.025	102.44	115.38	146.63	186.69	303.60	494.21	802.86	1 298.8
81.699	104.77	118.81	134.84	174.02	225.03	377.46	633.59	1 060.8	1 767.4
92.503	120.44	137.63	157.41	206.34	271.03	469.06	812.00	1 401.2	2 404.7
104.60	138.30	159.28	183.60	244.49	326.24	582.63	1 040.4	1 850.6	3 271.3
118.16	185.66	184.17	213.98	289.49	392.48	723.46	1 332.7	2 443.8	4 450.0
133.33	181.87	212.79	249.21	342.60	471.98	898.09	1 706.8	3 226.8	6 053.0
150.33	208.33	245.71	290.09	405.27	567.38	1 114.6	2 185.7	4 260.4	8 233.1
169.37	238.50	283.57	337.50	479.22	681.85	1 383.1	2 798.7	5 624.8	11 198.0
190.70	272.89	327.10	392.50	566.48	819.22	1 716.1	3 583.3	7 425.7	15 230.3
214.58	312.09	377.17	456.30	669.45	984.07	2 129.0	4 587.7	9 802.9	20 714.2
241.33	356.79	434.75	530.31	790.95	1 181.9	2 640.9	5 873.2	12 941	28 172.3
767.09	1 342.0	1 779.1	2 360.8	4 163.2	7 343.2	27 290	69 377	*	*
2 400.0	4 994.5	7 217.7	10 436	21 813	45 497	*	*	*	*
7 471.6	18 535	29 220	46 058	*	*	*	*	*	*

* >99 999

附表 4

年金现值

期数	1%	2%	3%	4%	5%	6%	7%	8%	9%
1	0.9901	0.9804	0.9709	0.9615	0.9524	0.9434	0.9346	0.9259	0.9174
2	1.9704	1.9416	1.9135	1.8861	1.8594	1.8334	1.8080	1.7833	1.7591
3	2.9410	2.8839	2.8286	2.7751	2.7232	2.6730	2.6243	2.5771	2.5313
4	3.9020	3.8077	3.7171	3.6299	3.5460	3.4651	3.3872	3.3121	3.2397
5	4.8534	4.7135	4.5797	4.4518	4.3295	4.2124	4.1002	3.9927	3.8897
6	5.7955	5.6014	5.4172	5.2421	5.0757	4.9173	4.7665	4.6229	4.4859
7	6.7282	6.4720	6.2303	6.0021	5.7864	5.5824	5.3893	5.2064	5.0330
8	7.6517	7.3255	7.0197	6.7327	6.4632	6.2098	5.9713	5.7466	5.5348
9	8.5660	8.1622	7.7861	7.4353	7.1078	6.8017	6.5152	6.2469	5.9952
10	9.4713	8.9826	8.5302	8.1109	7.7217	7.3601	7.0236	6.7101	6.4177
11	10.3676	9.7868	9.2526	8.7605	8.3064	7.8869	7.4987	7.1390	6.8052
12	11.2551	10.5753	9.9540	9.3851	8.8633	8.3838	7.9427	7.5361	7.1607
13	12.1337	11.3484	10.6350	9.9856	9.3936	8.8527	8.3577	7.9038	7.4869
14	13.0037	12.1062	11.2961	10.5631	9.8986	9.2950	8.7455	8.2442	7.7862
15	13.8651	12.8493	11.9379	11.1184	10.3797	9.7122	9.1079	8.5595	8.0607
16	14.7179	13.5777	12.5611	11.6523	10.8378	10.1059	9.4466	8.8514	8.3126
17	15.5623	14.2919	13.1661	12.1657	11.2741	10.4773	9.7632	9.1216	8.5436
18	16.3983	14.9920	13.7535	12.6896	11.6896	10.8276	10.0591	9.3719	8.7556
19	17.2260	15.6785	14.3238	13.1339	12.0853	11.1581	10.3356	9.6036	8.9601
20	18.0456	16.3514	14.8775	13.5903	12.4622	11.4699	10.5940	9.8181	9.1285
21	18.8570	17.0112	15.4150	14.0292	12.8212	11.7641	10.8355	10.0618	9.2922
22	19.6604	17.6580	15.9369	14.4511	13.4886	12.3034	11.0612	10.2007	9.4426
23	20.4558	18.2922	16.4436	14.8568	13.4886	12.3034	11.2722	10.3711	9.5802
24	21.2434	18.9139	16.9355	15.2470	13.7986	12.5504	11.4693	10.5288	9.7066
25	22.0232	19.5235	17.4131	15.6221	14.0939	12.7834	11.6536	10.6748	9.8226
26	22.7952	20.1210	17.8768	15.9828	14.3752	13.0032	11.8258	10.8100	9.9290
27	23.5596	20.7059	18.3270	16.3296	14.6430	13.2105	11.9867	10.9352	10.0266
28	24.3164	21.2813	18.7641	16.6631	14.8981	13.4062	12.1371	11.0511	10.1161
29	25.0658	21.8444	19.1885	16.9837	15.1411	13.5907	12.2777	11.1584	10.1983
30	25.8077	22.3965	19.6004	17.2920	15.3725	13.7648	12.4090	11.2578	10.2737
35	29.4086	24.9986	21.4872	18.6646	16.3742	14.4982	12.9477	11.6546	10.5668
40	32.8347	27.3555	23.1148	19.7928	17.1591	15.0463	13.3317	11.9246	10.7574
45	36.0945	29.4902	24.5187	20.7200	17.7741	15.4558	13.6055	12.1084	10.8812
50	39.1961	31.4236	25.7298	21.4822	18.2559	15.7619	13.8007	12.2335	10.9617
55	42.1472	33.1748	26.7744	22.1086	18.6335	15.9905	13.9399	12.3186	11.0140

系数表

10%	12%	14%	15%	16%	18%	20%	24%	28%	32%
0. 9091	0. 8929	0. 8772	0. 8696	0. 8621	0. 8475	0. 8333	0. 8065	0. 7813	0. 7576
1. 7355	1. 6901	1. 6467	1. 6257	1. 6052	1. 5656	1. 5278	1. 4568	1. 3916	1. 3315
2. 4869	2. 4018	2. 3216	2. 2832	2. 2459	2. 1743	2. 1065	1. 9813	1. 8684	1. 7663
3. 1699	3. 0373	2. 9137	2. 8550	2. 7982	2. 6901	2. 5887	2. 4043	2. 2410	2. 0957
3. 7908	3. 6048	3. 4331	3. 3522	3. 2743	3. 1272	2. 9906	2. 7454	2. 5320	2. 3452
4. 3553	4. 1114	3. 8887	3. 7845	3. 6847	3. 4976	3. 3255	3. 0205	2. 7594	2. 5342
4. 8684	4. 5638	4. 2882	4. 1604	4. 0386	3. 8115	3. 6046	3. 2423	2. 9370	2. 6775
5. 3349	4. 9676	4. 6389	4. 4873	4. 3436	4. 0776	3. 8372	3. 4212	3. 0758	2. 7860
5. 7590	5. 3282	4. 9464	4. 7716	4. 6065	4. 3030	4. 0310	3. 5655	3. 1842	2. 8681
6. 1446	5. 6502	5. 2161	5. 0188	4. 8332	4. 4941	4. 1925	3. 6819	3. 2689	2. 9304
6. 4951	5. 9377	5. 4527	5. 2337	5. 0284	4. 6560	4. 3271	3. 7757	3. 3351	2. 9776
6. 8137	6. 1944	5. 6603	5. 4206	5. 1971	4. 7932	4. 4392	3. 8514	3. 3868	3. 0133
7. 1034	6. 4235	5. 8424	5. 5831	5. 3423	4. 9095	4. 5327	3. 9124	3. 4272	3. 0404
7. 3667	6. 6282	6. 0021	5. 7245	5. 4675	5. 0081	4. 6106	3. 9616	3. 4587	3. 0609
7. 6061	6. 8109	6. 1422	5. 8474	5. 5755	5. 0916	4. 6755	4. 0013	3. 4834	3. 0764
7. 8237	6. 9740	6. 2651	5. 9542	5. 6685	5. 1624	4. 7296	4. 0333	3. 5026	3. 0882
8. 0216	7. 1196	6. 3729	6. 0472	5. 7487	5. 2223	4. 7746	4. 0591	3. 5177	3. 0971
8. 2014	7. 2497	6. 4674	6. 1280	5. 8178	5. 2732	4. 8122	4. 0799	3. 5294	3. 1039
8. 3649	7. 3658	6. 5504	6. 1982	5. 8775	5. 3162	4. 8435	4. 0967	3. 5386	3. 1090
8. 5136	7. 4694	6. 6231	6. 2593	5. 9288	5. 3527	4. 8696	4. 1103	3. 5458	3. 1129
8. 6487	7. 5620	6. 6870	6. 3125	5. 9731	5. 3837	4. 8913	4. 1212	3. 5514	3. 1158
8. 7715	7. 6446	6. 7429	6. 3587	6. 0113	5. 4099	4. 9094	4. 1300	3. 5558	3. 1180
8. 8832	7. 7184	6. 7921	6. 3988	6. 0442	5. 4321	4. 9245	4. 1371	3. 5592	3. 1197
8. 9847	7. 7843	6. 8351	6. 4338	6. 0726	5. 4509	4. 9371	4. 1428	3. 5619	3. 1210
9. 0770	7. 8431	6. 8729	6. 4641	6. 0971	5. 4669	4. 9476	4. 1474	3. 5640	3. 1220
9. 1609	7. 8957	6. 9061	6. 4906	6. 1182	5. 4804	4. 9563	4. 1511	3. 5656	3. 1227
9. 2372	7. 9426	6. 9352	6. 5135	6. 1364	5. 4919	4. 9636	4. 1542	3. 5669	3. 1233
9. 3066	7. 9844	6. 9607	6. 5335	6. 1520	5. 5016	4. 9697	4. 1566	3. 5679	3. 1237
9. 3696	8. 0218	6. 9830	6. 5509	6. 1656	5. 5098	4. 9747	4. 1585	3. 5687	3. 1240
9. 4269	8. 0552	7. 0027	6. 5660	6. 1772	5. 5168	4. 9789	4. 1601	3. 5693	3. 1242
9. 6442	8. 1755	7. 0700	6. 6166	6. 2153	5. 5386	4. 9915	1. 1644	3. 5708	3. 1248
9. 7791	8. 2438	7. 1050	6. 6418	6. 2335	5. 5482	4. 1659	4. 1659	3. 5712	3. 1250
9. 8628	8. 2825	7. 1232	6. 6543	6. 2421	5. 5523	4. 9986	4. 1664	3. 5714	3. 1250
9. 9148	8. 3045	7. 1327	6. 6605	6. 2463	5. 5541	4. 9995	4. 1666	3. 5714	3. 1250
9. 9471	8. 3170	7. 1376	6. 6636	6. 2482	5. 5549	4. 9998	4. 1666	3. 5714	3. 1250

参考文献

[1] 隋静.管理会计学[M].北京:北京交通大学出版社,2014.
[2] 孙茂竹,文光伟,杨万贯.管理会计学[M].北京:中国人民大学出版社,2012.
[3] 余绪缨,汪一凡.管理会计学[M].3版.北京:中国人民大学出版社,2010.
[4] 吴大军,牛彦秀,王满.管理会计[M].大连:东北财经大学出版社,2005.
[5] 曹海敏.管理会计学[M].北京:北京交通大学出版社,2004.
[6] 潘飞.管理会计[M].北京:清华大学出版社,2007.
[7] 刘运国.管理会计学[M].北京:中国人民大学出版社,2011.
[8] 王文清,甘永生.管理会计[M].北京:清华大学出版社,2007.
[9] 张巧良,牛成喆.管理会计学[M].北京:经济科学出版社,2006.
[10] 钟新桥,龙子午.管理会计学[M].武汉:武汉理工大学出版社,2007.
[11] 余恕莲.管理会计[M].北京:对外经济贸易大学出版社,2004.
[12] 高树凤.管理会计[M].北京:清华大学出版社,2006.
[13] 张华伦.管理会计[M].西安:西安交通大学出版社,2009.
[14] 葛家澍,常勋.管理会计[M].沈阳:辽宁人民出版社,2009.
[15] 刘金星,薛祖云.管理会计[M].上海:上海财经大学出版社,2009.
[16] 亨格瑞.管理会计[M].北京:北京大学出版社,2011.
[17] 余恕莲,李相志,吴革.管理会计[M].北京:对外经济贸易大学出版社,2013.
[18] 冯巧根.管理会计[M].北京:中国人民大学出版社,2013.
[19] 许萍.管理会计[M].厦门:厦门大学出版社,2010.
[20] 张一贞,胡静.管理会计[M].上海:上海财经大学出版社,2013.
[21] 孙世敏.管理会计[M].北京:清华大学出版社,2013.
[22] 吴大军.管理会计[M].北京:中央广播电视大学出版社,1999.
[23] 陈汉文.管理会计[M].北京:中央广播电视大学出版社,2010.